무엇이
임원의 성패를
결정하는가

무엇이
임원의 성패를
결정하는가

WHAT INSIDERS KNOW ABOUT EXECUTIVE SUCCESS

스콧 에블린 지음 | 고현숙 옮김

올림

지은이_ **스콧 에블린** Scott Eblin

리더십 개발과 코칭을 전문으로 하는 에블린그룹(The Eblin Group, Inc.)의 공동 설립자이자 대표다. 임원으로 승진했거나 임원으로서 더 큰 역할을 맡았을 때 취하고 버려야 할 행동을 다루는 분야에서 선구적인 이론가로 알려져 있다. 데이비드슨대학을 졸업하고 하버드대학에서 행정학 석사학위를 받았다. 〈포춘〉 선정 500대 기업에서 임원을 역임했으며, 조지타운대학의 리더십 코칭 프로그램을 진행하면서 임원 코치, 리더십 전문가, 강사, 저자로 활발한 활동을 벌이고 있다. 글로벌 기업의 임원들을 비롯한 유수의 리더들을 고객으로 두고 있다.
'내게 꼭 필요한 리더십 뉴스'를 주제로 홈페이지(www.scotteblin.com)에 정기적으로 글을 올리고 있으며, 〈거번먼트 이그제큐티브(www.govexec.com)〉 잡지에 임원 코칭 칼럼을 연재 중이다.

옮긴이_ **고현숙** 국민대 경영학부 교수

리더십과 코칭 등 HRD 분야에서 근무(한국리더십센터 대표, 한국코칭센터 대표 역임)하며 실무 경험을 쌓았고, 삼성전자, 현대차, 두산, SK, CJ 등 대기업과 듀폰, 화이자 등 글로벌 기업의 경영자들을 코치해온 한국의 대표적 경영자 코치다.
현재 국민대 경영학부 교수로 재직 중이며, 코칭경영원 대표 코치로 연구와 교육, 코치 양성에 힘쓰고 있다. 지은 책으로 《유쾌하게 자극하라》, 《티칭하지 말고 코칭하라》, 옮긴 책으로 《여자에게 일이란 무엇인가》 등이 있다.

무엇이 임원의 성패를 결정하는가

초판 1쇄 발행_ 2014년 2월 20일
초판 10쇄 발행_ 2021년 1월 25일

지은이_ 스콧 에블린
옮긴이_ 고현숙
펴낸이_ 이성수

펴낸곳_ 올림
주소_ 04117 서울시 마포구 마포대로21길 46, 2층
등록_ 2000년 3월 30일 제300-2000-192호(구:제20-183호)
전화_ 02-720-3131
팩스_ 02-6499-0898
이메일_ pom4u@naver.com
홈페이지_ http://cafe.naver.com/ollimbooks

값_ 18,000원
ISBN 978-89-93027-56-3 03320

이 도서의 국립중앙도서관 출판시도서목록(CIP)은 서지정보유통지원시스템 홈페이지(http://seoji.nl.go.kr)와 국가자료공동목록시스템(http://www.nl.go.kr/kolisnet)에서 이용하실 수 있습니다. (CIP제어번호 : CIP2014003166)

무엇을 버리고 무엇을 취할 것인가

이 책(원제 The Next Level)의 초판이 나온 지 5년이 흘렀다. 그동안 기업의 임원들 수천 명과 이야기를 나누었고, 수백 명에게 리더십을 코칭했다. 그들에겐 공통의 고민이 있었다. 승진으로 더 큰 역할을 맡거나 시시각각 변하는 환경에서 조직을 이끌면서 회사가 자신에게 기대하는 결과를 얻으려면 어떻게 해야 할지 고민했다.

이 책을 쓰기 위해 나는 기업의 임원들에게 다음과 같은 질문을 던지고 그들의 지혜로운 답을 정리했다. 조직의 리더들이 더 큰 임무를 맡게 되었을 때 행동과 사고방식에서 어떤 것을 취하고 어떤 것을 버리도록 권고할 것인가? 이와 관련하여 지난 몇 년 동안 수많은 이야기를 들었다. 그들은 그때까지 큰 도움이 되었던 행동과 태도를 과감히 버리고 새로운 습관과 사고방식을 갖춰야 한다는 생각에 전적으로 공감했다. 나는 그 과정에서 많은 교훈을 얻었다. 이 책의 초판에서 내가 제시한 조언들이 옳았다는 것을 재삼 확인하게 되었을 뿐만 아니라 새로운 통찰력을 제공받을 수 있었다. 그 탁월한 식견들을 여러분과 나누고자 한다.

나는 지난 5년 동안 더 높은 지위에 오른 리더들을 코칭하고, 그들과 대화하고, 그들의 행동과 사고방식을 연구하는 데 거의 모든 시간을 바쳤다. 이를 통해 쌓은 실용적인 지식을 바탕으로 초판을 개정해서 2판을 내게 되었다. 이 책의 특징을 요약하면 다음과 같다.

- 글로벌 비즈니스 환경에서 새로운 리더십 역할을 맡았을 때 취하고 버릴 것들을 잘 가려 실천에 옮긴 세계적인 기업 임원들의 체험과 새로운 통찰력
- 코칭 팁(Coaching Tips) : 한 단계 더 높은 차원에서 성공하려면 어떻게 행동하고 사고해야 하는지 각 장의 주제에 맞는 코칭 정보 제공
- 데이터 포인트(Data Points) : 잠재력이 뛰어난 기업의 임원들 수백 명을 대상으로 에블린그룹이 실시하는 '넥스트 레벨 리더 360도 피드백 조사'에서 얻은 핵심 자료
- 리더십 효과를 키우는 데 활용할 수 있는 실용적이고, 간단하며, 즉시 적용 가능한 도구들
- 성공하는 임원의 석세스 플랜(Executive Success Plan™, ESP™) : 지난 5년간 에블린그룹의 고객들이 효율적으로 사용한 실행 방법을 정리한 부록

• 문제 해결 맞춤형 가이드(Situation Solutions Guide) : 대다수 임원
들이 실제로 직면하게 되는 각각의 상황에 맞추어 각 장의 정보를 일
목요연하게 정리한 표

이 책의 집필에 도움을 준 사람이 그토록 많다는 사실에 새삼 놀라면
서 겸허한 마음이 든다. 어떤 책이건 마찬가지겠지만, 특히 리더십과 비
즈니스를 다룬 책은 저자에게 영감과 조언, 가르침을 준 모든 사람들의
생각을 대변한다. 나도, 이 책도 예외가 아니다. 5년 전과 마찬가지로 이
책도 헤아릴 수 없을 정도로 많은 분들의 도움을 받았다.

5년간 경험과 재능을 기꺼이 나누어준 고객, 청중, 동료들에게 깊은
감사와 존경을 표한다. 인터뷰에 응해준 기업의 임원들 모두에게도 감사
의 뜻을 전한다. 지면의 제약 때문에 모든 임원들의 견해를 전부 담아내
지는 못했다. 그러나 그들과의 대화 하나하나가 이 책의 바탕이 된 것은
분명한 사실이다. 인터뷰 대상을 섭외해주고 귀중한 시간을 할애해 원고
초안을 읽어준 친구들과 동료들에게도 감사한다. 특히 이 책을 검토하고
적절한 논평을 제공한 스티브 볼링과 캐런 스테드먼에게 감사의 마음을
전한다. 아울러 지원과 인내, 우정을 베풀어준 에리카 하일먼을 비롯한
니콜라스브릴리출판사의 편집진에게 애정 어린 감사를 표한다. 그리고
나의 아내이자 파트너인 다이앤에게 변함없는 고마움과 깊은 사랑을 전

한다. 다이앤은 나의 영원한 축복이자 놀라움의 원천이다.

　당신이 이 책을 처음 접한다면 새로운 독자가 된 것을 진심으로 환영한다. 미지의 도전을 극복해나가는 과정에서 이 책이 든든한 동반자가 되리라 확신한다. 이미 초판을 읽은 독자라면 다시 돌아온 것을 환영한다. 더욱 유능한 리더가 되는 데 필요한 새로운 정보와 아이디어를 여기서 얻을 수 있기 바란다.

당신 스스로를 승진시켜라

　승진은 축하받을 일이다. 그런데 축하만 오는 게 아니라 미지의 영역에 발을 들여놓는 불안감이 함께 따라온다. 처음 임원이 되면 축하와 덕담을 받으면서 한동안 들뜨기 쉽지만, 막상 새로운 포지션에서 일을 시작하면 마음 한구석에 개운치 않은 생각이 자리 잡는다. 스스로의 역량에 대한 의심 때문이다. 놀랍게도 승진한 임원의 90%는 자기 역량이 실제보다 과대평가되었다고 생각한다는 통계가 있다.

　한국에서는 어떨까? 지난 10여 년간 임원 코칭을 해온 나의 경험에 비추어보면 이 통계가 과장은 아닐 것으로 생각된다. 내놓고 말은 못하지만 '내가 과연 할 수 있을까?'에 대한 확신이 부족하고 위축감을 경험하며, 지나치게 주위의 눈치를 살피게 되는 일이 흔하다. 한마디로 회사는 나를 승진시켰지만, 정작 나는 아직 자신을 새로운 지위로 승진시키지 않은 것이다. 그래서 '스스로를 승진시키는 것'이 초기에 무엇보다 큰 과제가 된다.

안 해보았으니 모르는 게 당연한데도, 리더십 신화에 부응하려는 욕구 때문에 모르는 것을 모른다고 말하지 못하는 것, 새로운 역할에 대한 기대사항을 이해당사자들과 분명히 하지 못하는 것도 큰 스트레스 요인이다. 조직이나 상사가 나에게 무엇을 기대하고 있는지, 내가 거두어야 할 성과가 무엇인지를 구체적으로 협의하고 이해 수준을 같이하는 것이 필요하지만, 현실은 '임원이 되었으면 알아서 잘해야지'라는 식의 두루뭉술한 책임감을 갖는 데 그치기 쉽다.

이 같은 어려움은 비단 승진한 경우에만 국한된 것이 아니다. 새로운 사업을 맡은 임원, 전공이 아니거나 경험이 없는 사업 분야를 맡게 된 임원, 책임 범위가 넓어진 리더, 변화에 직면한 경영자 모두가 과거의 경험으로는 풀 수 없는 새로운 도전의 어려움에 직면하게 된다. 그렇기 때문에 신임이나 승진, 직무 전환 등 역할이 변화되는 시기에 코칭이 필요한데, 이를 '전환기 코칭(transition coaching)'이라고 부른다.

전환기 코칭은 변화의 어려움을 안고 있는 임원들이 새로운 역할에 빠르게 적응하고 효과적으로 성과를 낼 수 있도록 돕는 코칭이다. 과거에 잘해왔던 것은 살리되, 새로운 도전에 맞게 적극적이고 빠르게 변화할 수 있도록 지원한다. 임원 본인에게는 처음 있는 일이지만, 경험 많은 임원 코치들은 전환기의 임원들이 어떤 어려움과 적응 요소들을 갖고 있고, 어떻게 대응해야 하는지에 대해 체계적으로 도움을 제공할 수 있다. 코치들은 자신감 회복하기, 이해당사자들과의 관계 설정, 핵심 성과 규정, 새로운 차원의 리더십 발휘 등 도전 과제들을 전환기 코칭을 통해 효과적으로 컨트롤할 수 있게 돕는다.

임원들 중에서도 특히 신임 임원은 더 큰 변화를 요구받는다. 실무자였을 때는 상사가 시키는 일을 잘해내는 '성실성'이 중요했지만, 임원이 되면 제1 덕목이 '주도성'으로 바뀌기 때문이다. 시키지 않아도 알아서 전략적 방향을 고민하고 사업과 사람을 이끌어야 한다.

무엇보다 신임 임원은 좁은 자기 영역만 책임지던 과거의 역할에서 벗어나 조직 전체적인 시각에서 고민하고 큰 그림 속에서 자기 업무를 규정하는 역할로 반드시 전환해야 한다. 그런데도 어떤 임원들은 필요한 전환을 이루지 못하고, 마치 부서의 대변자처럼 행동하거나 개별 전문가처럼 업무를 처리한다. 임원의 역할과 정체성을 갖지 못한 것이다.

전환기에 꼭 필요한 또 하나는 상사나 동료 임원들과의 협력관계를 잘 설정하는 일이다. 임원은 상사와 부하직원만 상대하는 게 아니라 회사 전체에서 자기 부서가 하는 일의 가치를 인정받고 공식, 비공식적으로 협력을 촉진할 수 있어야 한다.

커뮤니케이션 역량도 더욱 향상시켜야 한다. 자기중심적 사고의 틀을 버리고 상대의 관점에서 사고하며 공유 수준을 높여 다방면으로 원활한 커뮤니케이션이 이루어질 수 있는 방법을 배우고 실행해야 한다. 임원에게 커뮤니케이션은 전문성 이상의 비중을 차지한다. '회사는 대화가 모든 것(Corporation is all about conversation)'이라는 말이 있을 정도로 회사에서는 회의도, 보고도, 의논과 조정도 모두 커뮤니케이션의 과정일 뿐이다. 프레젠테이션이나 스토리텔링처럼 일대다의 커뮤니케이션에서도 임원은 자신의 역량을 발휘할 수 있어야 한다.

전환기 임원들의 적응 여부는 자신뿐만 아니라 조직의 성과에 지대한 영향을 미치는 긴요한 의제다. 이 책은 바로 이 의제를 다루고 있다. 오랜 기간 임원 코치로 활동해온 저자가 쓴 책으로, 일반적인 리더십 이론이 아니라 전환기에 있는 임원들이 부딪히는 상황에 대한 체계적인 코칭 내용을 담고 있다. '글로 쓴 전환기 코칭'이라 할 만하다.

몇 년 전 국제코치연맹(ICF)이 주최하는 연례 코치컨퍼런스에서 저자의 세미나와 이 책을 접하고, 한국에도 반드시 소개해야겠다는 생각을 가졌는데, 이제야 마음속 숙제를 해낸 느낌이다. 온갖 어려움과 변화를 앞둔 전환기의 임원들이 이 책을 읽으면서 숙련된 코치를 둔 것에 버금가는 효과를 누리기 바란다. 전환기에 필요한 행동의 원칙과 스킬을 갖추는 데 도움을 받을 수 있을 것이다. 각각의 상황에 따른 친절한 조언 목록도 포함되어 있으니, 그 목록을 먼저 보고 자신에게 우선적으로 필요한 내용을 체크해서 골라 읽어도 좋을 것이다.

앞으로 한국에서의 전환기 코칭을 위한 좋은 지침서가 되리라 믿는다.

2014년 2월
국민대 경영학부 교수, 코칭경영원 대표 코치
고현숙

차례

2부 / 왜 팀원들을 믿지 못하는가
　　　　팀으로서의 존재

임원에게 능력은 축복이자 저주다

사람은 저마다 오래 기억하는 특별한 순간들이 있다. 나의 경우는 1992년 부통령 후보 TV 토론이 그중 하나다. 당시 공화당 부통령 후보는 댄 퀘일, 민주당 후보는 앨 고어였다. 제3의 후보도 있었다. 해군 제독 출신인 고(故) 제임스 스톡데일(1923~2005)이었다. 스톡데일은 개혁당 대통령 후보인 로스 페로의 러닝메이트였다. 그는 베트남전 당시 악명 높았던 하노이 힐튼포로수용소에 억류된 최고위 미군 장교로서 리더십과 희생정신을 발휘한 공로로 1976년 의회 명예훈장을 받았다. 예상치 못한 여러 일들을 겪으면서 스톡데일은 1992년 부통령 후보가 되었다.

토론 첫머리에 각 후보들은 돌아가며 간단한 자기소개를 했다. 스톡데일이 맨 마지막 차례였다. 그는 2가지 질문으로 시작했다. "나는 누구인가?", "왜 여기에 있는가?" 그러나 토론이 진행되면서 스톡데일은 자신이 던진 그 질문에 답할 기회를 찾지 못했다. 나중에 그는 토론을 제대로 준비하지 못했다고 인정했다. 그러면서 부통령 후보들 토론이 있다는 사실을 2주 전에야 알았다고 해명했다. 만약 다른 상황이나 맥락이었다면 어땠을까? 그의 배경을 고려할 때 스톡데일은 리더십과 용기에 관한 개인 경험담으로 자신의 질문에 설득력 있게 답변할 수 있었을 것이다.

적군의 포로수용소에 갇힌 최고위 장교로서 스톡데일은 미지의 영역을 헤쳐나가는 가장 힘든 시간을 보냈다. 내일 무슨 일이 일어날지, 살아서 나갈 수 있을지, 만약 그렇다면 언제 그런 날이 올지 전혀 알 길이 없었다. 짐 콜린스의 베스트셀러 《좋은 기업을 넘어 위대한 기업으로(Good to Great)》에서 스톡데일은 하노이 힐튼에서 끝까지 살아남아 귀환한 포로들에게는 최소한 3가지 공통점이 있다고 말했다.

첫째, 주어진 상황의 현실을 분명하고 정직하게 받아들였다.

둘째, 살아 돌아갈 수 있다는 믿음을 가졌다.

셋째, 특정 시일까지 석방될 수 있다는 무모한 희망을 버렸다.

스톡데일은 살아남지 못한 포로들은 크리스마스나 자녀의 생일 같은 특정 날짜를 정해놓고 그때까지 석방될 수 있다며 스스로 최면을 건 사람들이었다고 말했다. 하지만 그런 상황은 자신이 마음대로 할 수 있는 게 아니었다. 그날이 지나서도 석방될 기미가 없자 그 포로들은 결국 절망 속에서 생을 마감했다.

물론 평생에 걸쳐 하노이 힐튼의 수감 생활 같은 끔찍한 경험을 하는 사람은 그리 많지 않을 것이다. 하지만 상황은 달라도 그곳의 포로들과 마찬가지로 우리 모두는 늘 미지의 영역을 헤쳐나가야 하는 어려움에 직면하게 된다. 포로들이 지옥과도 같은 힘든 생활을 영웅적으로 헤쳐나가는 과정에서 우리가 공감을 하고 교훈을 얻는 이유가 여기에 있다. 그들은 현실을 직시하는 용기와 이를 견뎌내는 의지를 가지고 있었다. 이 같은 최선의 자질에 의존하여 계속 전진하도록 자신을 떠받쳐주는 믿음과 행동을 취했으며, 한편으로 좌절감을 안겨주는 믿음과 행동은 과감히 떨쳐버렸다.

이 책을 준비할 때 나의 목표는 새로운 경력이 될 미지의 영역에 막 발을 들여놓은 기업의 임원들에게 필요한 자료를 제공하는 것이었다. 임원 승진은 누구에게나 가장 어려운 전환점이다. 그러한 나의 믿음은 통계자료를 근거로 한다. 세계적 리더십 개발 전문기관인 창의적 리더십센터(Center for Creative Leadership, CCL)의 조사에 따르면, 신임 임원의 40%가 18개월 안에 실패하고 만다. 무엇이 문제일까? 피터의 법칙(Peter Principle. 관료적 위계질서 안에서는 모든 구성원이 자신의 무능력이 입증되는 지위에까지 승진하는 경향이 있다는 이론) 때문일까? 과연 신임 임원의 40%가 자신의 무능력이 드러날 수밖에 없는 지위까지 올라간 것일까? 신빙성이 떨어지는 설명이다. 임원으로 승진하려면 당연히 머리가 좋고, 과거 실적이 뛰어나야 하며, 유능해야 한다. 그렇다면 유능한 인재가 임원으로 승진한 뒤에 갑자기 실패율이 높아지는 이유를 어떻게 설명해야 할까?

먼저 기대치부터 살펴보자. 〈포춘〉 선정 500대 기업과 정부기관의 임원을 지내고 현재 리더십 코치로 활동하는 나의 경험에 비춰보면 임원에 대한 기대치가 매우 높은 것이 사실이다. 하지만 그 기대치가 확실하게 명시되는 경우는 거의 없다. 안타깝게도 대부분의 신임 임원들에게 주어지는 명제는 무슨 일을 어떻게 할지 스스로 판단해야 한다는 것이 전부다. 이 같은 '무언의 기대치'를 충족시키기란 여간 어려운 일이 아니다. 경험이 없는 상태라면 더더욱 그렇다. 자연 실패할 가능성이 높을 수밖에 없다.

나는 이 책을 쓰기 위해 성공한 임원 수십 명을 인터뷰하면서 그들의 통찰력과 나의 생각을 융합하여 임원에게 주어지는 무언의 기대치를 어떻게 감당해야 하는지에 관한 지침을 만들었다. 임원이 되었을 때 그런 기대치에 부응하기 위해 취하거나 버려야 할 행동과 믿음을 9가지로 정리했다. 임원으로 성공하느냐 실패하느냐는 결국 이런 취사선택에 의해 좌우된다는 사실을 체험으로 알게 되었다.

신임 임원만 그런 것이 아니다. 기존의 임원이 내외적인 조건에 따라 기대치가 변하는 상황에서 조직을 이끌어야 할 때도 취사선택의 과정은 똑같이 중요하다. 인디애나대 켈리비즈니스스쿨이 실시한 조사에서도 이 같은 사실이 밝혀졌다. 이 대학의 연구팀이 기업의 임원들을 대상으로 광범위한 설문조사와 포커스그룹 토론을 거쳐 확인한 바에 따르면, 급변하는 상황에서 임원이 실패하는 이유가 다음의 몇 가지로 나타났다.

- 커뮤니케이션 기술의 부족
- 업무 수행에서 상호관계와 인간관계 기술의 부족
- 나아가야 할 방향과 기대치에 대한 명확한 이해 부족
- 과거 습관의 신속한 폐기와 새로운 상황에 대한 적응 실패

이 책에서는 이 모든 요인들을 다루면서 특히 과거의 습관(믿음과 행동)을 버리는 문제에 중점을 두고자 한다.

'유능함'도 실패의 원인으로 작용한다. 굳이 말할 필요도 없지만 능력이 있어야 임원으로 승진한다. 그러나 바로 그 능력이 양날의 칼이 될 수 있다. 축복인 동시에 저주가 될 수 있다는 말이다. 강점도 오용되면 발목을 잡는 약점이 될 수 있다는 것은 그간의 경영자 교육과 리더십 개발 과정에서 진실로 밝혀졌다.

신임 임원은 그 자리에 오르기까지 큰 도움이 되었던 자신의 기능적, 기술적 능력에 계속해서 지나치게 의존하는 경향을 보인다. 그러면 새 자리에 걸맞은 리더십을 발휘하기 어렵다. 내가 만난 성공한 경영자들이

반복적으로 강조한 이야기도 다르지 않았다. 그들은 승진했거나 임원으로서 새로운 임무를 부여받았을 때 이전에 갖고 있던 태도와 행동 중 많은 부분을 과감하게 버릴 수 있는 용기와 자신감이 필요하다고 말했다. 더 높은 단계에서 최선의 성과를 올리려면 과거에서 탈피하여 자신이 최상의 상태에 있을 때 보이는 특성에 집중해야 한다. 무엇을 해야 할지 아는 것도 중요하지만, 자신이 최상의 상태에서 보이는 특성을 정확히 파악하고 그 상태에서 계속 일할 수 있는 조건을 만들어내는 일이 무엇보다 중요하다.

자신이 최상의 상태에서 어떻게 행동하는지를 알면 자신감이 생긴다. 그 자신감은 임원으로서 미지의 영역을 개척해야 하는 상황에서 중요한 선택을 할 때 없어서는 안 될 요소다. 끊임없이 변화하는 환경에서는 특히 더 필요한 자질이다. 그런 자신감을 갖고 있으면 더 높은 단계로 도약하는 과정에서 무엇을 취하고 버려야 할지 전략적으로 현명한 선택을 할 수 있다.

미지의 영역을 건너는 법 1

    축하한다! 당신은 방금 임원으로 승진했다. 아니면 곧 승진시켜주겠다는 약속을 받았다. 그도 아니면 당신은 이미 임원인 상황에서 역할과 상황이 크게 달라졌다. 그 하나하나가 경력에서 중요한 이정표다. 따라서 이처럼 높은 단계에 오르는 데 결정적인 도움을 준 자신의 자질이 무엇인지 돌아볼 필요가 있다.

    대부분의 경우 임원으로 승진하는 길은 입사한 시점부터 뛰어난 성과를 올리는 것으로부터 시작된다. 당신은 팀에 '반드시 필요한 사람'이라는 평가를 받았을 것이다. 그러다가 팀장으로 승진하여 일상 업무에서 마감을 확실히 지키고 기대치를 능가하는 실적을 올렸을 것이다.

    대부분의 회사에서 임원은 다수의 팀을 관리하는 책임으로 시작된다.

현재 당신이 그런 위치에 있거나 아니면 곧 그런 위치에 오를 예정이다. 혹은 사업 부서나 재무, 인사 등 회사 전체의 지원 임무를 맡으면서 임원직을 시작할 수도 있다. 《리더십 파이프라인(The Leadership Pipeline)》의 저자들이 설정한 기준에 따라 임원직을 기능, 사업, 그룹, 전사 차원의 리더로 규정해보자.

운이 좋았다면 각 단계를 올라가는 과정에서 성공에 필요한 조언과 지도를 아끼지 않았던 멘토가 있었을 것이다. 어쩌면 지금도 그런 멘토가 곁에 있어 더 높은 단계로 도약할 때 아무런 문제 없이 순조롭게 성공할 수 있을지 모르겠다. 그처럼 축복받은 경우라면 이 책이 필요 없을 수도 있다. 그러나 그런 행운이 없는 나머지 99%에 속할 경우 이 책에서 성공한 경영자들이 들려주는 조언과 통찰력이 큰 도움이 될 것이다. 그들 모두가 당신의 멘토가 되어 더 높은 단계의 미지의 영역을 개척하는 데 필수적인 지침을 제공할 것이다.

임원의 어려움은 어디에서 비롯되는가

나는 〈포춘〉 선정 500대 기업에서 인사 담당 부사장을 지내고 리더십 코치로 활동하면서 임원이 되는 과정을 직간접적으로 경험했다. 나의 경험에 따르면 순조롭게 최고 지위로 올라가는 경우는 소수이고, 험난한 과정을 겪는 경우가 대부분이며, 중도하차하는 경우도 적지 않다. 이를 통해 얻은 결론은 임원으로 승진해서 성공하려면 어떤 행동과 믿음을 지켜야 하고 새로이 취하거나 버려야 할 것은 무엇인지에 관해 확실한 의지를 가져야 한다는 것이었다.

　나와 동료들 그리고 고객들이 임원 승진 과정에서 공통적으로 겪은 어려움은 연속적인 학습의 두 단계로부터 비롯되는 것이었다. 첫째는 말 그대로 자신이 무엇을 모르는지 알지 못하는 '무의식적 무능(unconscious incompetence)'의 단계다. 물론 모르는 게 낫다며 이 단계를 즐길 수도 있다. 어쨌거나 임원으로 승진했고 넉넉한 인생이 보장되지 않았는가. 운이 좋으면 이 첫 단계가 1~2주 만에 끝나고 그다음 단계가 시작된다. 바로 '의식적인 무능(conscious incompetence)'이라는 고통스러운 시기를 말한다. 이때 자신이 모르는 게 있다는 사실을 인식하게 된다. 무능한 자신을 확인하는 것이 끔찍하게 생각되기도 하지만, 새로운 영역으로 진입하는 진전을 이루었다고 볼 수 있다. 인식하지 못하는 무능보다 정확히 인식하는 무능이 훨씬 낫기 때문이다.

의식적 유능에서 무의식적 유능으로

　이 책은 신임 임원으로서 무능의 두 단계를 신속히 통과하여 다음의 두 단계로 나아가도록 안내한다. 그 첫 단계는 '의식적인 유능(conscious competence)'이다. 무엇을 알아야 할지 인식하지만 자연스럽게 되지 않는 단계다. 두 번째는 '무의식적인 유능(unconscious competence)'이다. 무엇을 알아야 할지 정확히 인식하고 최상의 상태로 무난하게 업무를 수행하는 단계다.

　더 나아가기 전에 다시 한 번 강조할 것이 있다. 임원으로 승진했다면 이미 아주 유능하다는 뜻이다. 그렇지 않으면 승진이 불가능했을 테니 말이다. 그러나 이제부터는 생소한 영역이다. 이 영역에서 성공을 지속하려면 이전까지 주효했던 믿음과 행동 중에서 일부를 떨쳐버리는 동시에 새로운 믿음과 행동을 취해야 한다. 나는 임원과 코치로서의 경험을 바탕으로 어떤 것을 버리고 어떤 것을 취해야 할지 분명히 알고 있다. 하지만 한 사람의 판단으로는 부족한 점이 많다. 그래서 국내외의 경험을 두루 갖춘 성공한 경영자 수십 명에게 성공한 임원이 되려면 무엇을 취하고 무엇을 버려야 할지 고견을 구했다. 그들의 통찰력은 임원인 당신을 성공의 길로 안내하는 좋은 길잡이가 되어줄 것이다.

신임 임원 이야기
: 부사장은 사기꾼일까?

성공한 경영자들의 조언을 듣기 전에 먼저 에이미의 사례를 살펴보자. 에이미는 얼마 전 제품개발 담당 부사장으로 승진했다.

에이미는 경영컨설팅 회사에서 3년 동안 일한 뒤 5년 전 소비제품을 만드는 회사에 들어갔다. 그녀는 처음부터 스타 직원으로 주목을 받았다. 제품개발팀의 핵심 요원으로 2년 반 만에 팀장이 되었다. 그리고 1년 뒤 주요 제품라인 두 곳을 책임지는 중책을 맡았다.

에이미는 관리자로서 수석부사장의 기대에 부응했다. 그녀는 뛰어난 분석가였다. 특히 어린 자녀를 둔 가정에 적합한 신제품을 선정하는 과정에서 필수 데이터를 가려내어 완벽한 결정을 내리는 재능을 발휘했다.

모든 세부사항을 샅샅이 꿰고 팀원들이 난관에 봉착했거나 잘못된 방향으로 나아갈 때 적절한 해결책을 제시해 진전시킬 수 있는 인재라는 평가를 받았다.

하는 일의 양도 엄청났다. 특유의 에너지와 집중력을 발휘하여 하루 10~11시간씩 일했다. 귀가해서도 이메일에 답신을 보내고 회사에서 못다 한 일을 챙기느라 보통 2~3시간을 할애했다. 주말에도 업무와 관련된 전문 서적을 읽고 다음 주를 계획하느라 최소 5~6시간을 투자했다. 회사에서는 오로지 제품개발에 집중하면서 대부분의 시간을 팀원들과 함께 보냈다. 그러다 보니 자기 분야 밖의 동료들이나 리더들과 소통할 시간이 없었다. 그런 약점 때문에 수석부사장은 에이미의 임원 승진을 앞두고 약간의 갈등을 겪었다. 하지만 지난 수년간 쌓아온 실적을 고려하여 그녀를 제품개발 담당 부사장으로 승진시켰다.

에이미가 부사장을 맡은 지 4개월이 지났다. 하지만 그녀는 여전히 자신의 직무를 감당하기에 버거움을 느꼈다. 기존의 제품라인 두 곳에다 새로운 라인 세 곳을 추가하여 5개의 제품라인을 책임지다 보니 일하는 시간을 훨씬 더 늘려도 모든 세부사항을 파악할 수 없는 상황이 되었다. 예상치 못한 일이 일어나는 경우도 적지 않았다.

에이미는 책임이 커진 만큼 해야 할 일이 늘어난 것은 당연하다고 생각했다. 예전과 변함없이 프로젝트를 수행하면서 부닥치는 문제를 어떻게 해결할지를 일일이 지시했다. 그러다 보니 자신이 가볍게 이야기한 아이디어를 직원들이 곧바로 실행하는 일이 벌어졌다. 자신이 그 아이디어를 냈다는 사실조차 잊어버린 상태에서 의외의 일이 진행되자 그녀는 난감하고 당혹스러웠다. 번번이 예상과 어긋나는 결과가 빚어졌고, 그로 인해 생긴 문제들을 또다시 해결해야 했다.

에이미가 예상하지 못했던 또 다른 문제는 수석부사장이 주재하는 회의를 준비하느라 너무 많은 시간을 들여야 한다는 점이었다. 에이미를 포함해서 4명의 부사장을 둔 수석부사장은 부사장들이 담당 분야를 훤히 꿰고 있으며 질문을 하면 언제든 답변할 수 있기를 기대했다. 또 각 부사장이 서로 상대방의 업무와 책임에 대해 평가하고 조언하기를 바랐다. 에이미는 수석부사장 주재 회의에서 필요하다고 생각되는 정보를 취합하느라 매주 서너 시간을 써야 했다. 학창 시절의 시험을 매주 준비하는 기분이었다.

새로운 임무를 더욱 복잡하게 만드는 다른 요인들도 있었다. 맡은 팀이 많아지면서 소속 직원들도 늘어났다. 그중에서 브라이언이 문제였다. 그는 업무 실적도 형편없었고 늘 부정적인 태도를 보였다. 기능과 기술 면에서 뛰어나다는 평가를 받았던 그는 자신이 유력한 후보였던 부사장 자리를 에이미가 가로챘다고 생각하는 듯했다. 에이미는 그런 브라이언이 자기 업무를 제대로 수행하는지 늘 확인해야 했다. 혼자서 중요한 결정을 내려놓고는 자기에게 보고하지 않는 경우가 적지 않았고, 그 때문에 상사에게 약점이 잡힌 적이 종종 있었기 때문이다. 상황을 충분히 파악해볼 시간이 없었던 에이미는 브라이언이 자기 팀에 맞지 않는 사람이라고 생각하기 시작했다. 하지만 어떻게 해야 할지 난감했다. 그의 거취 문제를 처리하는 데 드는 시간과 번거로움을 생각하면 해결할 엄두가 나지 않았다. 현재로서는 그가 스스로 정신 차리기를 기대할 수밖에 없었다. 게다가 수석부사장이 그녀에게 담당 제품라인뿐만 아니라 회사 전체의 수익을 증대하는 방안을 설득력 있게 제시하기를 바란다는 사실을 알게 되면서 에이미의 스트레스는 더 커졌다.

에이미는 처음으로 참석한 분기 사업 점검회의(Quarterly Business Review, QBR)에서 수석부사장의 기대를 더 절실히 인식하게 되었다. 전체 임원들 앞에서 발표할 자료 준비를 위해 직원들과 함께 파워포인트 슬라이드 30장을 몇 주에 걸쳐 만들었는데, 정작 회의에 들어가서는 호응을 얻지 못했다. 슬라이드 3장 정도를 넘길 무렵부터 CEO를 비롯한 경영진이 따분해하기 시작했다. 당황한 에이미는 다음 슬라이드 몇 장을 재빨리 넘기고 나서 중간 부분을 건너뛰어 결론을 강조하려고 애썼다. 그렇게 발표를 끝내고 나서 에이미의 자신감은 크게 흔들렸다. 발표 외에 토론에는 참여하지도 못했다. 그녀는 자신이 자격을 갖추지 못한 상태에서 어쩌다 경영진에 끼어들어간 사기꾼 같다는 자괴감에 시달렸다.

물론 수석부사장은 에이미를 사기꾼이라고 생각하지 않았지만, 그녀와 팀의 실적이 좋지 못한 걸 걱정했다. 에이미의 실적이 갈수록 떨어진다는 사실을 의아해하며 너무 빨리 부사장으로 승진시켜 능력에 맞지 않는 임무를 맡긴 게 아닌가 하고 생각하게 되었다.

임원이 바꿔야 할 것들

지금 에이미는 시련을 겪고 있다. 또한 상사의 도움과 안내를 충분히 받지 못하고 있다. 하지만 이는 에이미만의 문제가 아니다. 신임 임원들 대부분이 이와 같은 어려움에 놓인다. 뛰어난 실적으로 임원이 되었지만 그다음에는 어느 누구의 조언이나 충고 없이 스스로 새로 맡은 역할을 잘 해내는 방법을 터득해야만 한다. 조직이 임원에게 거는 기대는 크지만 아무도 그 기대치를 명확하게 설명해주지 않는다. 이제 에이미가 임원이 되기 전에 보여준 뛰어난 실적을 회복하려면 어떤 변화가 필요한지 스스로 파악할 수 있는 길로 안내해보자.

자신의 존재에 자신감을 가져라

먼저 에이미는 신임 임원으로서 자신감을 잃게 만든 신경과민증을 극복하고 자신에게 임원의 자격이 충분히 있다는 믿음을 가져야 한다. 대개 신임 임원이 가장 먼저 겪는 애로 중 하나는 자신이 운이 좋아 승진했다는 생각을 떨치기 어렵다는 것이다. 에이미의 경우 대다수의 신임 임원과 마찬가지로 이런 불확실성은 '무의식적 무능'에서 '무의식적 유능'으로 옮겨가는 어려움 때문에 더 심각해진다.

아무리 미지의 영역을 헤쳐나가는 상황이라고 해도 에이미는 자신이 새로운 역할을 맡도록 선택된 타당한 이유가 있다는 점을 명심해야 한다. 그녀는 QBR 회의에 참석하는 것이 의미 있는 기여가 가능하다는 회사의 판단과 기대 때문이라는 사실을 믿어야 한다. 이 믿음은 에이미가 동료 임원들에게 자신을 표현하는 방식에서 확실히 드러나야 한다. 임원의 존재감은 자신감에 달려 있다. 그런 자신감은 동료들을 편안하게 해주며 자신이 내린 판단에 힘을 실어준다. 자신이 새 역할을 맡을 준비가 되었는지 또는 임원으로서 자격을 갖췄는지 의심하는 내면의 비판적 목소리를 잠재워야 가능한 일이다.

다행히 에이미는 일상 업무에서 자신감을 가질 전술적 기회를 가졌다. 또 임원으로서 존재감을 강화해 자신의 최고 상태를 자연스럽게 연장시킬 수 있는 변화의 기회도 찾았다. 이 책을 읽는 당신도 그럴 수 있다. 이 전술적 기회와 변화의 기회 둘 다를 이 책에서 설명할 것이다.

단편적 책임에서 총체적 책임으로

당신이 객관적인 관찰자라면 에이미가 자신의 능력에 대해 비현실적인 기대를 가지고 자신이 맡은 분야에서 일어나는 모든 일에 직접 개입하고 있다는 결론에 도달할 가능성이 크다. 임원이 되기 전에 그녀는 실무자와 관리자로서 특정 프로젝트나 연속적인 업무를 처리하는 책임을 훌륭히 소화했다. 그러나 이제는 임원으로서 직원들이 여러 연속적인 업무를 잘 해내도록 감독할 책임이 있다.

단편적 책임(responsibility)과 총체적 책임(accountability)의 차이는 실제적인 업무 수행(doing)과 지휘(leading)의 차이다. 그런데 임원이 되고 난 뒤에도 계속해서 자신의 기능적 전문 분야에 직접 개입하는 경우가 너무도 많다. 이전까지 인정받았던 분야에서 일하는 게 편하기 때문이다. 에이미는 현재 임원으로서 직원들이 하는 일에 묶여 곤란한 처지를 당하고 있다. 임원이라는 새 역할에 수반되는 더 넓은 기대에 부응하려면 그 모든 일에 직접 개입해선 안 된다. 모든 결과 하나하나에 개인적으로 책임을 지듯 행동하지 말고, 전체 결과에 대해 책임질 수 있는 업무 프로세스와 시스템을 만들어야 한다.

'어떻게 할지' 방법이 아니라 '무엇을 달성할지' 목표를 중시하라

에이미는 직원들이 실무에서 부닥치는 어려운 점에 자신이 직접 뛰어들어 세부적인 해결책을 제시하는 습관이 몸에 뱄다. 단편적 책임과 총체적 책임을 혼동하는 문제는 그런 습관과 연관성이 깊다. 에이미의 접근 방식은 여러 가지 문제를 일으킨다.

첫째, 책임 범위가 넓어진 상황에서 직원들이 당면하는 모든 문제에 일일이 해결책을 제시하게 되면 임원 차원에서 역할을 충실히 수행할 여유가 없어진다.

둘째, 직접 해결 방안을 제시함으로써 직원들과 팀장들의 발전을 가로막는다. 임원으로서 에이미의 주요 기능 중 하나는 차세대 리더들을 육성하는 일이다. 에이미는 조직의 그런 기대에 부응할 수 있는 최고의 수단 중 하나를 놓치고 있다. 그 수단이란 실무팀이 달성해야 할 결과를 정의하는 것이다. 그 결과를 어떻게 얻어내야 하는지 방법, 즉 하우투(how to)는 직원이나 팀장에게 맡겨 스스로 발전하도록 이끄는 것이다.

임원으로서 에이미는 맡은 팀들이 올리는 실적에 대한 책임을 진다. 물론 실적을 내는 것은 각 팀의 책임이다. 에이미의 임무는 먼저 팀이 이루어내야 할 결과를 정의하는 것이다. 그 결과를 어떻게 얻어내느냐는 문제는 팀의 몫이다.

조직을 이끌면서 좌우와 대각선으로 살펴라

에이미가 과거의 사원 시절이나 중간간부 때처럼 우수한 실적을 내려면 임원으로서 달라진 역할과 임무를 인식하고 그에 적응해야 한다. 승진에 따르는 가장 중요한 변화와 기회 중 하나는 새로운 계층의 일원이 되었다는 사실이다. 이제 에이미는 경영진의 어엿한 일원이다. 따라서 새로운 동료 임원들과 보조를 맞추려면 의도적이고 의식적으로 좌우를 잘 살펴야 한다(그렇다고 좌고우면하라는 뜻은 아니다). 임원이 되면 전보다 회사의 사정을 더 많이 더 정확히 알 수 있고 경영에 더 깊이 관여할 수 있다. 그러한 권한을 잘 활용하면 다른 동료 임원들과 협력할 수 있는 소중한 기회가 생긴다. 그런 협력이 조직 전체의 목표에 기여할 수 있다.

마찬가지로 회사 전체 차원에서 자신의 목적 달성에 활용할 수 있는 정보와 기술을 얻을 수도 있다. 에이미는 수석부사장과 CEO라는 자신의 상사들을 올려다보는 동시에 소속 팀들을 내려다봐야 한다. 아울러 좌우 그리고 대각선으로 다른 동료들도 예의주시해야 한다. 그들을 잘 활용하면 더 넓고 현실적인 관점을 팀들에 전달하여 직원들의 활동이 조직 전체의 목표에 어떻게 도움이 되는지 더 잘 이해시킬 수 있다. 에이미가 맡은 팀에서 그녀만큼 그런 폭넓은 권한을 가진 사람은 없다. 제품 개발 담당 부사장으로서 가질 수 있는 광범위한 관점을 적용할 수 있는 사람은 에이미뿐이다. 따라서 동료 임원들과 협력하는 데 필요한 새로운 습관을 개발해야 한다.

외부에서 내부로 향하는 시각을 가져라

에이미의 강점은 많다. 그중에서도 가장 주목할 만한 요소는 맡은 일을 끝까지 해내는 끈기다. 입사 이래 에이미는 주어진 임무라면 무슨 일이 있어도 완수하는 직원이었다. 그러나 불행하게도 에이미는 강점을 과용하면 오히려 약점이 될 수 있다는 실존 사례가 되고 말았다. 기능적인 일에 집중하면서 근시안적으로 사고하는 습관을 버리지 못했기 때문이다. 지난 몇 년 동안 그녀는 주어진 임무를 완수하는 데 직접 관련된 정보와 네트워킹 외에는 달리 신경을 쓸 시간도 관심도 없었다. 하지만 이제는 임원으로서 회사 전체의 사업에서 무엇이 중요한지, 그 큰 그림에 자신이 어떻게 기여할 수 있을지 더 정확히 파악할 수 있도록 자신의 일정과 관점을 바꿔야 할 필요가 있다.

맡은 역할을 큰 그림에서 보라

에이미는 임원이 되면서 회사에서 더 큰 영향력을 가지게 되었기 때문에 자신의 말과 행동이 과거보다 더 강한 효과를 나타낸다는 점을 인식해야 한다. 이 큰 영향력을 잘만 활용하면 다른 사람들을 통해 더 많은 실적을 낼 수 있고 회사에 더 큰 도움을 줄 수 있다. 다른 한편으로 임원인 자신에게 잘 보이려고 애쓰는 직원들이 많기 때문에 자신의 말과 행동이 의도와 다른 결과를 가져올 수 있다는 사실 역시 명심해야 한다. 에이미의 직원들이 한발 앞서 성급하게 행동하면서 생기는 문제도 여기에 기인한다.

에이미는 직원들과의 관계에서 새로운 권위를 세우는 방법을 터득하는 동시에 다른 임원들이 갖는 기대에도 부응해야 한다. 임원으로 성공하려면 가치를 더해주는 관점을 개발해야 하고 그 관점을 피력할 때 확신을 주어야 한다. 물론 먼저 자신의 전문 분야에서 확고한 관점을 가져야 임원으로 승진할 수 있다. 그러나 일단 임원진에 합류하면 회사 전체의 발전을 위해 그런 관점을 다른 분야에도 적절히 제시해야 한다. 에이미 같은 신임 임원의 경우 CEO가 참석하는 분기별 사업 점검(QBR)과 수석부사장이 주재하는 주간 임원회의는 합리적이고 균형 잡힌 관점을 근거로 자신의 능력과 확신을 보여주는 매우 중요한 기회다.

팀에 의존하라

에이미는 자신이 맡은 팀들이 무슨 일을 하는지 일일이 파악하고 그들의 업무를 감독하려고 끊임없이 애를 쓴다. 스스로는 미처 깨닫지 못할 수 있지만, 에이미로서는 자신이 올바른 일을 올바로 할 수 있도록 만드는 유일한 사람이라는 생각을 떨치기가 매우 어려울 것이다.

임원이 되기 전 에이미는 개인적으로 맡은 임무를 완수하는 데서 만족감을 얻었다. 그러나 임원인 지금은 그 만족을 팀 전체의 실적에서 얻어야 한다. 자신의 팀이 올바른 일을 올바른 방식으로 한다고 믿을 수 있으려면 의욕과 능력에 걸맞은 직원들로 조직을 정비해야 한다. 그런 면에서 에이미는 브라이언의 문제를 신속히 해결해야 한다. 팀의 업무에 전적으로 기여하겠다는 약속을 받아내든지, 아니면 서로의 필요에 맞추어 그가 새로운 일을 찾도록 도와주어야 한다.

맞춤형 커뮤니케이션 기술을 터득하라

수석부사장이 에이미의 역량에 회의를 갖게 된 결정적인 계기는 CEO가 참석한 분기별 사업 점검이었다. 그처럼 중요한 회의에 참석하려면 어떤 임원이든 당연히 철저한 사전 준비가 필요하다. 에이미는 파워포인트 슬라이드를 정교하게 만드는 데 신경을 썼다. 그러나 회의 토론에 적극적으로 참여하는 쪽으로 더 신경을 써야 했다. CEO 같은 최고경영자가 참석하는 회의를 준비하려면 다음과 같은 질문을 자신에게 던지는 습관을 길러야 한다.

- 내가 전하고자 하는 메시지의 대상이 누구인가?
- 그들이 지금 어떤 식으로 생각하고 있는가?
- 그들의 생각을 바꾸려면 무엇을 어떻게 해야 하는가?

현황을 발표하거나 새로운 제안을 할 때 에이미는 누가 그 메시지의 대상인지 파악하고, 자신의 발표를 들으면서 그들이 어떻게 생각하고 어떻게 느끼기를 바라는지 정확히 알고 있어야 한다. 의도한 반응을 이끌어내려면 어떻게 해야 할까? 그들을 신이 나도록 해야 할까? 우려하게 해야 할까? 낙관적으로 생각하도록 해야 할까? 도전의식을 갖도록 해야 할까? 회의 참석자들로부터 최선의 행동이 나오도록 메시지의 내용과 제스처, 어조를 맞춰야 한다. 그들과 주파수를 맞추기 위해 터득해야 할 기술이 많다.

자주 에너지를 재충전하고 관점을 새롭게 바꿔라
하버드대 교수로 리더십에 관한 훌륭한 책을 여러 권 쓴 론 하이페츠는 "리더는 수시로 무도장의 플로어에서 벗어나 발코니로 올라가야 한다"고 조언한다. 이 같은 위치 이동을 통해 춤추는 사람들 틈에 있을 때

보다 전체 패턴과 흐름을 더 잘 읽을 수 있기 때문이다. 발코니로 올라서는 가장 좋은 방법 중 하나는 재충전에 도움이 되는 일상적인 활동을 선정해 꾸준히 실천하는 것이다.

임원은 늘 최선을 요구받기 때문에 그 역할을 감당하기가 결코 쉽지 않다. 임원으로서 장기적으로 성공하려면 자신의 삶에서 정신적인 영역, 신체적인 영역, 영적인 영역, 인간관계의 영역을 일상적으로 재충전하는 습관을 길러야 한다. 당신이 임원으로 승진한 것은 직원으로서의 헌신적 노력과 추진력 때문일 가능성이 크다. 그러나 이제 임원이 되었기 때문에 그런 면에 지나치게 매달려서는 안 된다. 당신의 삶에서 최상의 상태를 강화하고 그것을 끌어내기 위한 공간을 확립한다면 거기서 생겨나는 에너지와 관점이 임원이라는 미지의 영역을 헤쳐나가는 데 큰 도움이 될 것이다.

자신의 ESP™을 따라라

이 말은 신임 임원이라면 누구든 '임원으로서의 성공 계획(Executive Success Plan™)'을 세워 그 계획을 실천해야 한다는 뜻이다.

에이미의 사례에서도 보았듯이 신임 임원은 해야 할 일이 너무도 많다는 생각에 짓눌리기 쉽다. 하지만 그 모든 일을 혼자서 동시에 처리하기란 불가능하다. 에이미는 앞으로 3~6개월 동안 임원으로서 존재감을 갖는 데 가장 효과적일 수 있는 한두 가지 기회를 선택해야 한다. 그런 다음에 다른 한두 가지 기회를 추가로 선택하는 식으로 계속 이어나가야 한다.

에이미의 사례를 쓰면서 신임 임원으로 감당해야 할 일을 내가 의도적으로 부풀린 측면이 있다. 이 책에서 임원 멘토들이 전하고자 하는 메시지를 좀 더 확실히 전달하기 위해서다. 신임이건 아니건 임원이 감당해야 할 일은 많다. 하지만 에이미의 경우처럼 많지 않을 수도 있다.

부록 A에 '성공하는 임원의 석세스 플랜(ESP™)'을 세우는 과정과 틀을 소개해놓았다. 미리 말해둘 것은, 그 과정에서 동료들에게 피드백을 요청하고 그들을 코치로 충분히 활용하라는 것이다.

이 책의 구성과 활용법

이제 이 책의 구성을 개괄적으로 설명하고자 한다. 이어지는 각 장은 임원으로 성공하기 위해 한편으로 취하고 다른 한편으로 버려야 할 9가지 행동유형의 하나하나에 초점을 맞춘다. 이 9가지 행동유형은 에이미의 사례 연구에서 개략적으로 언급한 문제들을 다룬다. 임원 멘토들의 관점이나 조언과 함께 '코칭 팁'도 제시한다. 여기서는 즉각적인 적용이 가능한 실용적이고 간단한 도구와 질문을 제공한다. 또 각 장마다 '데이터 포인트'를 군데군데 삽입했다. 성공하는 임원들에게서 흔히 볼 수 있지만 때로 그들을 곤경으로 밀어넣는 행동들에 관해 우리 회사가 실시한 조사 결과를 간추린 것이다. 각 장은 해당 주제별로 '리더십 강화를 위한 조언 10가지'를 요약하여 끝을 맺는다.

한편으로 취하면서 다른 한편으로 버려야 하는 9가지 행동유형은 임원의 존재를 구성하는 3가지 기준으로 재분류할 수 있다. 개인으로서의 존재, 팀으로서의 존재, 조직 전체로서의 존재가 그것이다. 이 모두를 묶어 표로 정리하면 다음과 같다. 임원 존재의 '넥스트 레벨' 모델이다.

	취할 것	버릴 것
개인으로서의 존재	자신의 존재에 대한 자신감 에너지와 관점의 주기적 재충전 맞춤형 커뮤니케이션	자신의 기여도에 관한 회의 지쳐 나가떨어질 때까지 전력 질주 맥락을 무시한 획일적 커뮤니케이션
팀으로서의 존재	팀에 의존하기 해야 할 일 정의하기 전체 결과에 총체적으로 책임지기	자신에게 의존하기 세세한 업무 지시 일부 결과에 단편적으로 책임지기
조직 전체로서의 존재	이끌면서 좌우, 대각선 살피기 조직 전체를 밖에서 안으로 보기 큰 영향력 관점으로 보기	이끌면서 위아래로 보기 역할을 안에서 밖으로 보기 작은 영향력 관점으로 보기

임원은 누구보다 필요한 역량을 끊임없이 변화, 발전시켜나가야 하는 존재다. 그래서 이 책에 당신이 리더로서 성장하는 데 도움이 될 2가지를 부록으로 추가했다. 하나는 앞서 소개한 '성공하는 임원의 석세스 플랜(ESP™)'을 짜는 데 필요한 틀이다(부록 A). 또 하나는 임원으로서 흔히 직면할 수 있는 상황과 그에 따른 해법을 제시한 '문제 해결 맞춤형 가이드'다(부록 B).

임원 승진을 다시 한 번 축하한다. 이제 당신은 미지의 영역에 들어섰다. 당신이 그 어려움을 잘 극복하고 성공하기 위해 취해야 할 것과 버려야 할 것을 전략적으로 선택하는 과정에서 이 책이 든든한 가이드가 될 수 있기를 기대한다.

1부

자기 혁신은
어떻게 가능한가

개인으로서의 존재

두 개의 암초 사이로 가라 2

+ **자신의 존재에 대해 자신감을 갖는다**
　－ 자신의 기여에 대해 회의(懷疑)를 품는다

　기본적인 진실부터 이야기해보자. 자신감이 없는 사람은 형편없는 리더가 된다. 직장인이라면 누구나 자신 없는 태도와 행동을 보인 상사를 최소한 한두 명은 만나보았을 것이다. 그들의 불안감은 여러 방식으로 나타났을 수 있다. 결단이 필요한 중요한 순간에 우유부단했을 수 있다. 과감한(그리고 어쩌면 인기 없는) 결정을 내렸을 때 자신의 판단을 믿지 못하고 예상되는 결과를 두려워했을 수도 있다. 또 그런 불안감 때문에 사소한 일까지 꼼꼼히 챙기고 팀원의 일에 개인적으로 간섭하려 했을 수도 있다. 모든 세부사항을 일일이 관리하려고 밤낮 없이 일했을 가능성이 크다. 하지만 업무 효율성은 크게 떨어졌을 것이다. 리더의 책상 위에서 생긴 병목현상이 해소될 때를 기다리며 팀의 업무가 지체되거나 자주 중단되기 때문이다. 좋은 일은 전부 자신의 공으로 돌리고 일이 잘못될 때는 책임을 회피하는 리더도 있다. 여기서도 근본적 원인은 리더의 자신감 부재다. 불안한 것이다. 이처럼 조직의 일원으로 일해본 사람은 개인적인 불안감에서 비롯되는 형편없는 리더의 리더십을 겪게 된다.

임원으로 승진하거나 임원의 내부 이동이 있는 경우 가장 먼저 극복해야 할 과제 역시 불안감의 극복이다. 누구나 임원으로 승진할 때 처음에는 어느 정도의 불확실성과 불편함을 느끼게 마련이다. 개별적인 업무 처리 능력을 인정받으면서 익숙해졌던 이전의 역할에서 벗어난 상황이기 때문이다. 사실 그런 능력을 보여주지 못했다면 임원으로 승진하지 못했을 것이다. 아무튼 이제 당신은 임원으로서 새로운 영역에서 새로운 기대가 따르는 새로운 일을 맡았다. 당연히 어색하고 부담스러울 것이다. 아무렇지도 않다면 앞으로 부닥칠 일을 과소평가하고 있는 것인지도 모른다.

그러나 어색한 현실에도 불구하고 자신의 역량을 의심하게 만드는 생각이나 자기비판에 사로잡히지 말아야 성공할 수 있다. 그런 부정적인 생각보다 자신의 존재에 관해 '근거 있는 자신감'을 쌓고, 자신이 조직의 리더 중 한 사람으로 중요한 기여를 할 능력이 있으며 실제로 그렇게 할 수 있다고 생각할 필요가 있다.

이 장에서는 임원 멘토들이 조직 고위층의 일원으로서 근거 있는 자신감을 가지고 일하려면 무엇이 필요한지 자신의 경험을 소개하며 조언을 들려준다. 꾸준하게 실행하면 임원으로서 자신의 존재에 대한 자신감을 키우고 자신의 기여 역량에 대한 의구심을 떨칠 수 있는 사고방식과 행동이 어떤 것인지 알 수 있을 것이다.

자신감을 키우는 전술

멘토들의 조언을 듣기 전에 먼저 방법과 전술에 관해 생각해보자. 당신이 임원으로서 타당하고 적절한 방식으로 꾸준히 자신감을 표시하면 상사와 동료, 팀이 당신을 더 신뢰하게 된다. 중책을 새로 맡은 임원으로서 발령을 받자마자 자신감을 나타내 보이라고 하면 무리한 요구일지 모른다. 그보다 먼저 다른 사람들과 자기 자신에게 어떻게 보이고 싶은지에 관한 의도와 인식이 필요하다. 그런 의도를 강화하고 성공 가능성을 높여주는 일을 기꺼이 수행할 의지도 필요하다. 또 임원으로서 자신감을 키우려면 전술이 필요하다. 전술을 완전히 자신의 것으로 만들면 리더십 수준을 크게 높일 수 있다.

아리스토텔레스는 이렇게 말했다. "현재의 나는 그동안 반복적으로 한 행동의 결과물이다. 따라서 탁월함이란 행동이 아니라 습관에서 비롯된다." 반복적으로 행할 만한 몇 가지 행동을 찾는 것이 지나치게 전술적이고 약간은 인위적이라고 느껴질지 모르지만, 아리스토텔레스가 말한 대로 이런 접근법을 취하면 다른 사람들보다 뛰어날 수 있다. 임원들의 리더십 코치인 나는 고객들이 이루고 싶은 결과가 무엇인지 스스로 확인하게 하고, 그 결과를 얻으려면 어떤 행동과 사고방식이 필요한지 알아내도록 돕는다.

물론 임원으로 승진했을 때도 이전의 행동과 사고방식 중 일부는 계속 유지할 필요가 있다. 특히 근거 있는 자신감을 가지고 자신을 드러낼 수 있는 역량은 지금까지 그래왔듯이 앞으로도 자신을 지켜주는 행동과 사고방식의 하나일 수 있다. 그러나 기존의 임원들이 당신을 온전한 동료로 받아들이도록 자신감과 존재감을 발휘하려면 일부는 버리고 새로운 행동과 사고방식을 취해야 할 필요가 있다. 자주 반복했을 때 동료 임원이나 조직 전체에 당신이 투사하는 자신감의 수준을 끌어올릴 수 있는 전술적 행동이 무엇인지 파악해야 한다.

이 장에서는 우리의 멘토들이 근거 있는 자신감을 투사하여 임원으로서의 존재감을 갖는 데 필요한 몇 가지 요소를 알려준다. 그들의 조언을 들으면서 당신이 이미 갖고 있는 것과 새롭게 취하거나 버려야 할 것이 무엇인지 자신을 돌아보며 평가해보기 바란다. 더 효과적으로 자기 평가를 하려면 부록 A의 '성공하는 임원의 석세스 플랜(ESP™)'에 제시된 동료 피드백 과정을 활용하는 것이 좋을 것이다. 자신 있는 임원으로서의 존재감을 투사하기 위해 유지해야 할 것, 새롭게 취해야 할 것, 버려야 할 것에 관한 조언을 얻을 수 있다. ESP™은 피드백에 따른 조치를 취하는 간단한 방안도 제시한다. 그 절차를 따르면 전술적 실행을 통해 변혁적인 결과를 얻을 수 있을 것이다.

성과와 인간관계의 딜레마

임원이 된 당신은 지금까지 목표 달성을 위해 전력투구하는 노력과 자세가 뛰어난 성과의 밑바탕이 되었을 것이다. 그러나 성과를 올린 만큼 인간관계도 잘 관리했다고 장담할 수 있을까? 당신은 뛰어난 성과자로서, 우수한 팀장으로서 의지력과 인내심을 발휘하여 성과를 올렸을 가능성이 크다. 반면 인간관계는 목표 달성만큼 중요하게 여기지 않았을 수 있다. 그러나 임원이 되면 그런 방식이 더 이상 통하지 않는다는 사실을 깨닫게 된다. 임원으로서 지속적인 성과를 올리고 그 수준을 유지하려면 동료, 상사, 그리고 조직 전체의 직원들과 좋은 관계를 갖는 것이 무엇보다 중요하다.

인간관계를 잘 관리하려면 무엇보다 자기 자신을 믿어야 하고, 일을 성사시키는 방향으로 다른 사람들과 협력할 수 있어야 한다. 효과적인 인간관계 관리는 자신이 최상의 상태에 있을 때 나타내는 행동을 자주 보여주는 데서 나온다. 대개는 스스로 편안하면서 열심히 하고 효과적이라고 느낄 때가 최상의 상태다. 그런 느낌이 들면 자신감이 생긴다. 컨설팅회사 머서에서 HR(Human Resource, 인적 자원)을 담당하는 제이슨 제페이는 실적에 도움이 되는 효과적인 인간관계 구축에 개인적 자신감이 미치는 영향에 대해 신임 임원들에게 이렇게 조언했다.

"자신이 정당한 지위에 있다는 사실을 인식해야 한다. 그 지위에 맞는 역할을 반드시 해야 하는 입장이기 때문이다. 따라서 능력을 공식적으로 입증할 필요도 없고 주눅이 들 필요도 없다. 우수함을 보여주려고 지나치게 나서면 상대방이 등을 돌릴 수 있다. 마찬가지로 자신의 위치와 맡은 역할에 겁을 먹고 동료관계에 아무런 기여를 하지 않는다면 사람들은 당신을 무시하며 '그래, 아직 임원 그릇이 아닌 것 같군'이라고 말할 것이다. 따라서 앞으로 바다를 헤쳐갈 때 그 두 개의 암초 사이를 잘 비켜가야 한다."

데이비드 윌슨은 현재 미국 경영대학원 입학위원회(GMAC)의 위원장 겸 CEO이며 그전에는 회계법인 언스트 앤드 영의 파트너를 지냈다. 그는 제페이의 바다 헤쳐가기와 다르게 스포츠카 경주에 비유하여 자신감이 임원의 성공에 미치는 역할을 다음과 같이 설명했다.

"당신은 경력의 커브를 돌 것이다. 그 커브는 당신을 다른 방향으로 데려다줄 것이다. 커브에서는 가속페달을 열심히 밟아야 한다. 자신감을 갖고 진입하라는 이야기다. 속도를 줄여 진입하거나 이전 역할에서와 같은 속도를 유지한다면 성공할 수 없다. … 이제는 앞에서 이끌어야 할 때다. 커브에서 반드시 가속을 해야 한다는 뜻이다."

최상의 상태에서 업무 수행하기

암초를 피해 항해하든 커브에서 속력을 내든, 임원이라는 지위에서 성공하려면 자신이 최상의 상태에 있을 때 어떻게 행동하고 사고하는지 확실히 알아야 한다. 리더들이 리더십의 관점과 자신의 개성을 혼합하는 비율은 각자 서로 다르다. 임원으로 성공하려고 자신의 정체성을 바꿀 필요는 없다. 그러나 일상적인 습관을 바꿀 필요는 있다. 그래야 최적의 조건에서 업무를 수행할 수 있다.

도나 모리어는 캐나다 몬트리올에 본사를 둔 컴퓨터시스템 컨설팅회사인 CGI에서 미국, 유럽, 인도 지역을 담당하는 사장이다. 그녀는 경영 컨설팅회사인 아메리칸매니지먼트시스템스에서 20년 이상 관리자와 임원으로 일했다. 그런데 2004년 회사가 CGI에 인수되었다. 두 회사가 합병했을 때 모리어는 미국 담당 사장으로 선임되었다가 차츰 책임이 늘어났다. 모리어는 최적의 상태에서 일할 때 나오는 자신감과 효율성에 관해 자신의 경험을 바탕으로 이렇게 말했다.

"임원으로서 내 역할에 더 자신감을 갖게 되면서 지금은 20년 전보다 훨씬 더 '나다워졌다'고 느낀다. 나다워지는 방법을 터득한 것이다. 약간의 변수가 있긴 하지만 어떻게 그렇게 할 수 있는지를 알아냈다. 자신다워지는 것이 정말 중요하다고 확신한다. 자신의 정체성과 임원의 역할이 요구하는 책임을 조화시키는 방법을 알아내는 것이 비결이다.

나는 누구나 자신의 정체성을 바꿀 수 있다고 생각하지 않는다. 나는 다른 임원들보다 사교적인 편이다. 개인적으로 좀 더 친밀하고 친절한 성격이다. 수년 동안 그런 성격을 억제해야 한다고 생각해왔다. 하지만 친구들과 코치 덕분에 본래의 자신을 드러내면 일상 업무를 수행하기가 훨씬 수월하다는 사실을 알게 되었다. 자신의 고유한 면을 맡은 역할과 조화시키는 방법을 알아내는 것이 열쇠다. 좀 더 일찍 그런 사실을 깨닫지 못한 게 아쉽다. 그랬다면 임원으로서 훨씬 더 재미있게 일할 수 있었을 것 같다."

모리어는 자신이 최상의 상태에 있을 때 어떻게 행동하는지 이해하고 그 특성을 살림으로써 임원으로서의 존재를 확립했다. 그녀의 전략이 당신에게도 통할 수 있다. 그렇다고 그녀의 특유한 리더십 접근법이 모두에게 적용되는 건 아니다. 최상의 상태에 있을 때 자신이 어떤지는 사람마다 다르기 때문이다. 따라서 리더십 접근법도 달라야 한다.

접근법은 독특한 개성과 선호도를 반영해야 한다. 다시 말해서 시간을 어떻게 쓰고, 삶을 어떻게 꾸리고, 문제를 어떻게 해결하며, 결정을 어떻게 내리고, 다른 사람들과 어떻게 교류하느냐 같은 문제에서 자신이 어떻게 하는지 파악하는 것이 중요하다. 최상의 상태에서 자신감을 갖고 일하려면 자신의 체질과 기질을 알고 선호도를 감안해야 한다. 최상의 상태일 때 자신이 어떤지 좀 더 자세히 알려면 동료들의 360도 피드백을 받아 해석하는 일에 경험을 가진 코치의 도움을 받으라고 권하고 싶다.

오늘의 나를 있게 한 그것을 포기하라

밥 존슨은 이동통신업체 스프린트/넥스텔의 최고서비스책임자(Chief Service Officer)다. 그는 자신 있는 존재감을 투사하는 데 필요한 노력을 두고 이렇게 이야기했다.

"무엇을 할 것인가를 바꿀 필요는 있을지 모르지만, 자기 자신을 바꿔선 안 된다. 매우 중요한 이야기다. 리더로서 자신에게 진실해야 하며, 상황이 어떠하든 확신을 갖고 행동해야 하기 때문이다. … 갑자기 다른 사람이 되면 가식이라는 점이 훤히 드러난다."

존슨이 한 말에서 중요한 점 2가지가 있다. 첫째, 자기 자신을 바꿔선 안 된다는 것이다. 존슨은 집중력이 뛰어나고, 성과를 달성하려는 의욕이 강하며, 목표를 위해 기꺼이 배우고 적응하려고 했기 때문에 임원으로서 성공했다. 바로 그런 면이 그가 최상의 상태에서 보이는 행동이다. 하지만 이는 도나 모리어의 프로필과는 다른 것이다. 분명한 사실은 모리어의 방식이 나름대로 잘 통했듯이 존슨의 방식도 자신과 동료들에게 잘 먹혔다는 것이다. 두 사람의 공통점은 최상의 상태일 때 자신이 어떠한지 정확히 파악하고 그런 특성을 일관되게 보여줌으로써 자신감을 투사했다는 점이다.

둘째, 자신이 아니라 하는 일을 바꿔야 한다는 것이다. 최상의 상태일 때 자신이 보이는 특성을 바꾸라는 말이 결코 아니다. 이미 이야기했듯이 편안하고 열심인 상태에서 자신감이 생겨난다. 물론 임원이 되면 기존의 편안함을 넘어서서 일을 해야 한다. 그동안은 대부분 익숙해진 기능적 지식을 바탕으로 행동하는 데서 편안함을 느꼈을 것이다. 당신을 임원까지 오르게 해준 것은 특정한 기능적 기술에서 보여준 당신의 입증된 능력이었을 것이다. 그러나 임원의 차원에서 성공하려면 밥 존슨이 말했듯이 하는 일 자체를 바꿔야 한다. '자신을 무도장에 데려온 남자와 춤을 추라(Dance with the one that brung ya)'는 속담이 있다. 한 우물을 파라는 이야기다. 하지만 임원이 된 사람과 그의 기술에 관한 한 그 속담은 틀렸다. 계속 자신의 기술과 춤을 추게 되면 임원으로서 주어지는 새로운 기대에 부응할 수 있는 시간과 관점을 가질 수 없다.

동료 임원들이나 상사의 기대에 부응하려면 일상 업무의 기능적인 측면에 깊이 빠져드는 습관을 버려야 한다. 그러나 그런 차원의 몰입이 늘 익숙하고 편안했기 때문에 그것에서 벗어나려고 하면 자신감이 흔들릴 수 있다. 제이슨 제페이가 "대개는 능력이 우수하지만 자신감이 떨어진다"고 말한 것처럼 말이다.

시드 푹스는 43세에 방산업체 노스롭그루먼사(NGC)에서 영업 부문 담당 최연소 사장이 되었다. 그는 사장이 되기 전에 기술부와 판매부에서 경력을 쌓았다. 인터뷰에서 그는 임원으로서 더 높은 차원에서 성공하기 위해 이전에 기댔던 자신의 습관을 버리는 과정을 다음과 같이 말했다.

"내 생애에서 중대한 전환점 가운데 하나는 무엇인가를 포기해야 한다는 깨달음이었다. 다시 말하면 내가 반드시 전문가여야 한다는 강박관념을 떨쳐버리는 일이었다. 엔지니어로 승진을 거듭할 때 나는 실제로 유능한 엔지니어였다. … 새로 개발되는 기술에 정통했고, 내 분야에서는 늘 전문가로 존중받았다.

그러나 다른 회사에 가서 일하면서 승진할 때 나는 기술적인 부분에 치중하면서 다른 사람을 이끌거나 조직을 이끄는 데 필요한 리더십 기술을 개발하는 데 충분한 투자를 하고 있지 않다는 사실을 깨달았다. 그래서 나는 더는 엔지니어가 되지 않겠다고 의도적으로 결심해야 했다."

푹스가 말하는 전환점은 옆의 그래프에 나타나 있다.

승진을 하면 기술적 능력보다 리더십 기술이 더 중요해진다. 물론 초기의 성공에 밑바탕이 된 기술들을 버리면 마음이 크게 불안해질 수 있다. 자신을 지금까지 잘 이끌어준 특성을 버리고 그 다음 차원에서 성공하는 데 필요한 새로운 기술을 익히는 것은 결코 쉬운 일이 아니다. 빌 플라몬돈 전 버짓렌터카 CEO는 누구든 새로운 일을 시작하면 당연히 불안해진다고 말했다.

"새로운 자리든, 새로운 회사든, 새로운 차원이든 사람들은 지금까지 편안하도록 해주었고 앞으로도 계속 편안하게 해주는 것으로 돌아가려

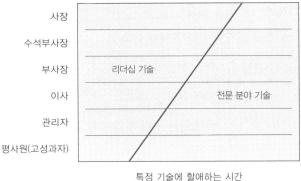

사장	
수석부사장	
부사장	리더십 기술
이사	전문 분야 기술
관리자	
평사원(고성과자)	

특정 기술에 할애하는 시간

는 경향이 있다."

펩시와 아메리카온라인에서 임원을 지낸 마크 스태비시도 비슷한 생각을 갖고 있다.

"어려운 상황에 처하면 이전에 도움이 되었던 것에 다시 기대게 된다."

이처럼 편안함의 유혹은 매우 강하지만 거기에 빠져들면 앞날이 암울해질 수 있다. 임원으로 성공하는 데 필요한 자신감을 개발하려면 승진에 도움이 되었던 기능적 기술의 안락함을 뛰어넘는 차원으로 나아가야 한다. 기존의 기술과 지식에 기대어 자신감을 유지하려고 하다가는 임원 자리에 오래 머물지 못할 가능성이 크다. 더 광범위한 효과를 내야 하는 상황에서 비전과 역량이 너무도 편협한 상태에 머물 수 있기 때문이다.

실패를 예상하지 마라

이제 당신은 임원으로서 기능적인 전문 분야만이 아니라 조직 전체를 위한 기회를 찾고 문제를 해결하는 데 기여해야 한다. 이 같은 폭넓은 리더십 역할을 효과적으로 수행하려면 과거의 기능적이거나 기술적인 지식을 뛰어넘는 판단을 내릴 수 있다는 자신감을 갖고 능동적으로 처신해야 한다. 새로 주어진 역할에서는 과거와는 다른 성과가 요구될 수밖에 없다. 따라서 최소한 몇 가지는 과거와 다르게 해야 할 필요가 있다.

◆ 데이터 포인트 ◆

'넥스트 레벨 리더 360도' 데이터베이스에 따르면 대다수의 리더들은 '더 높은 차원에서 업무를 수행하는 데 필요한 지식과 경험을 계속 찾아나선다'는 항목에서 자신을 낮게 평가했다.

승진했을 때 중요한 점은 늘 배우는 자세에서 자신감을 갖는 것이다. 자신감을 갖는 것이 새로 맡은 역할에서 어떻게 하면 성공할 수 있을지 확실한 그림을 볼 수 있는 유일한 길이다. 부가가치를 창출하는 방법을 새로 찾고 새로운 동료나 팀과 함께 일하는 방법을 터득하는 것은 누구에게나 불편한 과정이다. 안락한 지대를 벗어나 자신감에 도전을 받기 때문이다. 하지만 새로운 것을 익히는 데 열린 마음을 가질수록 그에 맞는 자신감을 더 빨리 갖게 된다.

듀폰의 혁신 담당 사장인 톰 슐러는 그런 전환을 경험한 자신의 느낌을 다음과 같이 이야기했다.

"회사의 경영을 책임진 20명이 모여 있는 임원회의실에 처음 들어갈 때 반드시 필요한 것 중 하나는 자신이 그 자리에 참석할 자격이 있다는 자신감이다. 그 자리에 갈 때 자신의 가치관과 아이디어, 능력은 매우 중요하고 의미가 있다. 첫 두어 차례의 회의에서 그동안 이런 역할을 맡아온 기존 임원들을 둘러보며 자신이 그들과 어깨를 나란히 할 수 있을까 걱정하는 것은 지극히 정상적이다. '과연 내가 이 집단의 일원이 될 수 있을까?' 하는 의구심이 들게 마련이다."

슐러가 새로 부임한 자리에서 신속히 자신의 입지를 구축하는 데 도움을 받은 전략은 '자신이 이끄는 팀에 기대는 것'이었다. 오직 자신에게 의존하던 습관을 버리고 팀에 의존하는 습관을 취하는 문제는 5장에서 자세히 알아볼 것이다. 여기서는 슐러가 어떻게 그런 결정을 내렸으며, 그 결정이 자신과 팀의 자신감 그리고 성과 달성에 어떤 영향을 미쳤는지에 대해 들어보기로 하자.

"내가 맡은 비즈니스팀, 특히 글로벌리더십팀에 의존한 것은 임원이라는 새로운 위치에서 자리를 잡는 데 매우 큰 도움이 되었다. 당시 나는 지역적, 기능적 팀장들이 자신의 고유 분야를 챙길 뿐만 아니라 회사 전체의 혁신을 구축하는 글로벌 비즈니스 매니저로 활동하도록 이끌 필요가 있었다. 올바른 기대치를 정하기 위해 나는 그들에게 이렇게 말했다.

'기능적이고 지역적인 책임자라는 본분을 벗어던져라. 당신들은 특정한 능력과 전문 지식을 가진 비즈니스 리더들이지만, 전체 사업 운영에 참여하기를 바란다.'

그들이 정말로 유능한 분야에서만이 아니라 사업의 모든 영역에 참여해야 한다는 실체적 진실을 설득시키기란 쉬운 일이 아니었다. 하지만 결실이 아주 좋았다. 1년 전보다 실적이 훨씬 나아졌다. 특정 지역과 기능을 전체 사업 운영에 더 깊이 관여시킨 결과였다."

임원은 조직 전체를 움직이는 사람이다. 그래서 변화를 위해 진취적이고 건설적인 행동을 취할 수 있느냐의 여부가 임원을 평가하는 주된 항목이 된다. 이때 필요한 것이 자신감이다. 더군다나 신임 임원처럼 주어진 상황에 대해 충분히 알 수 없거나 자신의 업무지식 수준이 과거의 기능적인 팀장이었을 때보다 못하다고 느껴질 때 변화를 위한 행동에 나서려면 무엇보다 자신감이 중요하다.

나는 리더십 코치로서 그런 상황에 익숙해지라고 조언한다. 더 크고 더 넓은 무대에서 활동해야 하지만, 당장 무대가 넓어진 만큼의 정보와 통제력이 뒤따르지 못하는 현실을 받아들이라고 말한다. 임원으로서 당신은 기능적 팀장 시절보다 뒤처진 느낌 속에서도 동료 임원들과 긴밀하게 협력하면서 자신이 할 수 있는 일을 정확히 파악하고, 핵심을 찌르는 질문으로 결정을 내리는 데 필요한 정보를 얻은 뒤 행동으로 옮겨야 한다. 물론 원하는 모든 정보를 얻을 가능성은 희박하다. 그런 곤혹스러운 상황에서도 임원인 당신은 결정을 내리고 조치를 취해야 한다.

마이크 래니어는 통신업체 버라이즌의 임원 시절의 경험에서 이 같은 교훈을 얻었다. 그는 경쟁이 치열한 통신업계에서 말단 임원으로 부사장, 수석부사장들과 함께 일했다. 내가 그를 인터뷰했을 때 우리 두 사람은 임원으로서 어떤 사안에 대한 결정을 내리고 그 결정을 실행하는 면에서 자신감이 미치는 영향을 화제로 이야기를 나누었다. 그 대화의 일부를 소개한다.

스콧 : 마이크, 이사로 선임되었을 때 자신이 임원으로서 자격이 충분하다고 확신했나요?

마이크 : 확신했어요.

스콧 : 하지만 그렇지 않은 사람이 꽤 많아요. 임원으로 승진하면 자신감이 약해져 쭈뼛거리는 사람이 많습니다. 혹시 동료들 중에 그런 사람이 있었나요? 임원으로서 주어진 역할에 맞게 조직을 이끌지 못하는 사례가 있었나요?

마이크 : 물론이죠. 자신감은 임원으로서의 성공 여부를 판단하는 기준이 된다는 생각에 전적으로 동의합니다. 나도 초기에 이런 조언을 들었어요. '실패하면 어떻게 될지 예상하지도 말고, 도저히 할 수 없을 것 같다는 생각도 아예 하지 마라. 어떤 식으로든 일을 성사시키는 데만 신경 써라.'

스콧 : '절대 내려다보지 마라'는 줄타기 곡예사들의 조언과 비슷한데요.

마이크 : 좋은 비유입니다. 할 수 있다고 생각하든 할 수 없다고 생각하든 어차피 해야 할 일이죠. 아폴로 13호의 경우와 같아요. 실패는 생각할 수도 없어요. 그럴 경우 우리는 이렇게 말해야 합니다. '좋다. 작전을 짜고 거기에 전력투구하자.'

스콧 : 아주 좋은 지적이군요. 예를 들면 갑자기 자동차 헤드라이트의 강렬한 조명을 받은 사슴처럼 당황하지 말고 의연하게 대처하란 뜻이죠?

마이크 : 그렇습니다.

"어떤 식으로든 일을 성사시키는 데만 신경 써라"는 마이크의 말과 관련해서 우리가 이야기한 특정 행동에 관해 분명히 짚고 넘어가려고 한다. 성공하는 임원들이 어떻게 결과를 이끌어내는지에 대해서는 7장에서 자세히 알아보기로 하고, 여기서는 위 대화에 초점을 맞추자. 임원으로서 회사에 기여하는 데 필요한 자신감을 갖는 문제에서 중요한 점은 '과거와는 다른 사고방식'을 가져야 하며, 그처럼 다른 사고방식을 갖는 데 익숙해져야 한다는 것이다. 임원으로 일할 때는 성과를 직접 만들어내기보다 그 성과가 나오도록 이끄는 것이 더 중요하다. 다시 말해서 자신의 기능적인 전문 지식에 따라 일하는 데서 오는 편안함과 자신감을 떨쳐버려야 한다는 것이다. 전문 지식에 매달리면 임원에게 거는 기대 수준 아래서 게임을 하게 된다. 임원으로서 회사에 기여했다는 느낌은 개별적으로 전문 분야에서 이룬 성과의 차원을 뛰어넘는 것이어야 한다. 직원들이 그런 성과를 내도록 이끌고, 조정하고, 코칭하는 것이 임원의 임무다.

이와 관련하여 아래의 4가지 전술을 좀 더 깊이 고찰해보자. 반복해서 연습하면 임원으로서의 존재를 확립하는 데 큰 도움이 될 수 있을 것이다.

- 자신을 동료로 간주하라
- 내면의 비판을 잠재워라
- 보이고 싶은 이미지를 미리 그려라
- 자신의 직감을 믿어라

자신을 동료로 간주하라

임원으로 승진하면 다른 사람들이 이전과 달리 대한다고 느끼기 쉽다. 그렇게 느끼는 데는 그만한 이유가 있다. 실제로 사람들이 당신을 달리 대하기 때문이다. 10장에서 이 현상을 좀 더 깊이 다룰 것이다. 여기서는 자신감의 문제에 초점을 맞춰 동료 임원들이 당신을 어떻게 보는지 살펴보자.

대부분 조직에서 임원이 되는 절차는 매우 엄격하다. '적자생존'이라는 다윈의 자연선택 이론이 그대로 적용된다. 따라서 임원이 되면 기존의 임원들은 당신을 조직 환경에 가장 적합하고 강한 사람이라고 간주한다. 까다로운 선정 과정을 거쳐 자신들의 대열에 합류시키고 싶은 사람을 고른 것이므로 당신이 임원의 게임 규칙을 잘 알고 있을 것으로 기대한다. 캐피털원의 수석부사장이자 회계 책임자인 스티브 리네한은 임원의 선임 과정에 관해 이렇게 설명했다.

"엄격한 절차를 통해 임원으로 선정되면 모두가 당신이 우수하다는 사실을 안다. 그래서 어떤 자리에서든 충분히 기여할 수 있다고 기대한다."

"어떤 자리에서든 기여할 수 있다고 기대한다"는 리네한의 말을 명심하라. 기존 임원들은 당신이 그들의 동료가 되었으므로 그에 걸맞은 기여를 하리라 기대한다. 그러나 중요한 것은 당신이 해온 방식대로가 아닌, 동료 임원들이 인정하는 방식으로 기여하는 것이다. 그 방식은 조직의 문화 규범(cultural norms)에 따라 달라진다.

펩시코의 인사 담당 임원을 지냈고 현재 화장품회사 에이본의 인사 담당 수석부사장으로 재직하고 있는 루시엔 알지아리는 문화가 판이한 두 회사 모두에서 성공한 사람이다. 펩시코의 문화는 저돌적이며, 일찍 그리고 자주 두각을 나타낼 것을 요구한다. 반면 에이본의 문화는 협력을 중시하며, 감성지능(emotional intelligence)으로 일하는 임원을 높이 산다. 이처럼 문화가 다른 두 회사에서 신임 임원이 동료 임원들에게 인정받을 수 있는 전략은 무엇일까? 알지아리의 말을 들어보자.

"펩시코에서는 처음부터 우수함을 입증하는 것이 매우 중요했다. 짧은 시간 안에 중요한 일이 무엇인지 파악해야 했고, 비즈니스팀의 부사장 역할을 충분히 감당할 수 있다는 자신감을 보여야 했다. 나는 그곳 사람들에게 부사장이 되는 최선의 길은 임원 바로 아래의 관리자일 때 부사장처럼 행동하는 것이라고 말하곤 했다. 임원들을 곤혹스럽게 만들어 그들이 제대로 일할 수 있도록 하라고 이야기했다. 그런 문화의 다른 이점은 실제로 임원이 되어서도 행동과 사고방식에서 크게 달라지는 게 없다는 점이다. 이전에 잘해왔다면 계속해서 그대로 하면 되기 때문이다. 큰 변화가 없는 것이다.

에이본에서도 어느 정도 비슷한 기대가 있다. 그러나 에이본의 문화는 겸손함을 훨씬 중시한다. 따라서 어떤 면에서는 첫인상을 주는 데 훨씬 신중을 기할 필요가 있다. 상대방이 올바른 질문을 하기도 전에 자신이 답을 알고 있다는 인상을 주면 곤란하다. 회사에 처음 들어간 임원으로서 당연히 그래야 하는 의식적 문제일지 모르지만, 에이본에서는 임원이 되면 뭔가를 바꿔야 한다고 회사에 제안하기 전에 스스로 충분히 이해하고 파악하는 데 가치를 둔다.

　일반적으로 조언하자면 문제를 제기하고 목표를 갖되, 먼저 그 내용을 완벽하게 파악하라고 권하고 싶다. 두 회사 모두에서 나는 임원들에게 가족에 대해 이러쿵저러쿵 논평하기 전에 먼저 가족의 확실한 일원부터 되라고 충고한다."

　내가 이 장의 첫머리에서 언급한 '근거 있는 자신감'이라는 표현을 기억하는가? "문제를 제기하고 목표를 갖되 먼저 그 내용을 완벽하게 파악하라"는 알지아리의 말이 바로 근거 있는 자신감을 가지고 당당하게 나서라는 뜻이다. 임원이 되고 나면 동료들로부터 조직의 나아가야 할 방향에 초점을 맞추는 사려 깊은 리더라는 기대를 한 몸에 받게 된다. 그들은 당신이 토론이나 의사결정 과정에서 부가가치를 창출하지 못하는 대단치 않은 사람이기를 원치 않는다.

　나도 임원회의에 참석한 초기에는 너무 긴장하고 초조해져 입안이 바싹 마르고 말을 하기조차 어려웠다. 그리고 몇 주가 지나자 비로소 돌아가는 상황을 숙지하고 토론의 질을 높이는 데 기여할 수 있게 되었다. 비단 임원회의에서뿐만 아니라 개인적으로도 동료들과 친하게 지낼 기회를 만드는 것이 바람직하다. 동료들과 친해지면 자신감이 생기고 생소한 영역에 처음 들어가면서 느끼는 두려움을 극복하는 데 도움이 된다. 리더십 코치인 알렉산더 카일릿은 "자신감이 자신감을 낳는다"고 늘 강조한다. 자신 없어 하거나 불안해하면 동료들이 금방 눈치를 채고 당신과 당신의 판단에 거부감을 갖는다. 마찬가지로, 당신이 자신 있고 편안한 자신감을 가지면 동료들은 그런 점을 파악하고 그에 상응하는 대접을 해준다.

내면의 비판을 잠재워라

우리 대다수는 아무리 잘한다고 해도 가끔씩 '유익한(?)' 조언을 해주는 내면의 작은 목소리를 듣는다. '이번 PT는 아주 중요해. 절대 망쳐선 안 돼!', '지난번에 이런 기회가 있었을 때 완전히 망쳤잖아. 다시는 그러면 안 돼!' 이런 목소리를 두고 흔히 '자기 내면의 비판자'라고 부른다. 그런 목소리가 들리면 곧바로 '이제 그만해!'라고 내면의 비판자에게 면박을 주어야 한다.

굳이 심리학을 동원하지 않아도 이런 내면의 비판자가 당신을 실패나 피해에서 보호하려고 한다는 점을 이해할 수 있을 것이다. 그러나 역설적이게도 당신에게 실패하지 않으려면 이렇게 해야 하고 저렇게 해선 절대 안 된다고 말하는 그것이 당신을 최상의 상태에서 행동할 수 없게 만든다. 테니스 코치 겸 리더십 코치인 티머시 골웨이는 이런 현상을 자신의 저서 《이너 게임(The Inner Game of Work)》에서 다음과 같은 공식으로 풀이했다.

$$P = p - i$$

성과(P, Performance)는 잠재역량(p, potential)에서 방해인자(i, interference)를 뺀 값이라는 뜻이다. 골웨이는 다양한 방면의 코칭 경험을 바탕으로 성과가 잠재역량과 일치하는 경우가 거의 없다는 점을 강조한다. 우리 스스로 방해인자를 만들어내 잠재역량의 발목을 잡기 때문이다. 바로 그 방해인자가 두려움에 근거한 '유익하다'는 조언으로 나타난다. 실패와 곤혹스러움을 면하게 해주려는 내면의 비판자가 말하는 것이다.

기업의 임원 시절 나는 서던캘리포니아대학 경영자 자기계발 과정의 일환으로 티머시 골웨이에게서 짧게 테니스 교습을 받았다. 골웨이는 먼저 교실에서 자신의 생각을 이야기한 뒤 테니스장으로 옮기면서 자원자 3명이 필요하다고 말했다. 초보자, 중급 정도의 실력을 가진 사람, 그리고 수준급 실력을 가진 사람이었다. 나는 그때까지 파리 잡듯 테니스공을 쳐본 적밖에 없기 때문에 초보자로 자원했다.

30명이 테니스장에 갔을 때 나는 괜히 자원했다는 생각이 들었다. 내가 좋아하는 스포츠는 달리기다. 달리기는 눈과 손의 협응(hand-eye coordination, 손과 눈의 동작을 일치시키는 능력)이 별로 필요 없기 때문에 그런 능력이 대단치 않은 내게 적합한 스포츠다. 골웨이는 나를 베이스라인에 세웠다. 나는 창피를 당하지 않을까 걱정되기 시작했다. 그는 내게 라켓과 공을 건네주며 라켓을 잡는 법과 자세를 알려주었다. 정면을 보게 하고 발을 적당하게 벌리도록 한 뒤 머리와 가슴의 방향을 잡아주고는 "좋아요, 이제 공을 쳐요!"라고 큰 소리로 말했다. 일부러 그렇게 한 것이었다. 그런 식으로 다른 사람을 가르치거나 코칭해선 안 되는 사례의 시범이었다. 골웨이는 의도적으로 올바른 자세 등 내게 생각해야 할 과제를 많이 던져줌으로써 여러 사람 앞에서 창피를 당해선 안 된다는 내면의 목소리(방해인자)에다 더 많은 부담을 가중시켰다. 그런 다음 골웨이는 이렇게 말했다.

"이제 내가 네트 반대편에 가서 당신에게 공을 던져주겠소. 테니스를 하는 게 아니라 바운스-히트(bounce-hit. 튀어 올리고 치는) 게임을 할 겁니다. 공이 땅에 맞은 뒤 튀어 오르면 '바운스'라고 큰 소리로 말하세요. 공이 두 번 튀어 오르면 '바운스'를 두 번 외치세요. 라켓으로 공을 칠 때는 '히트'라고 소리치세요."

우리는 바운스-히트 게임을 시작했다. 어렵지 않았다.

"바운스, 바운스, 히트. 바운스, 히트. 바운스, 바운스, 바운스, 히트."

골웨이가 다시 말했다.

"자, 이제 공을 손으로 던지지 않고 라켓으로 칠 거요. 아직 테니스를 하는 게 아니라 계속 바운스-히트 게임이오."

내겐 여전히 쉬운 일이었다.

"바운스, 바운스, 히트. 바운스, 히트. 바운스, 히트."

"좋아요, 감을 잡았군요"라고 골웨이가 말했다.

"이제 속도를 좀 낼 겁니다. 하지만 아직 바운스-히트 게임입니다."

하다 보니 재미가 붙었다. 오른쪽으로 뛰어가 공을 치며 "바운스, 히트", 왼쪽으로 다시 뛰어가 백핸드로 공을 받아 넘기며 "바운스, 히트"라고 소리쳤다. 이런 식으로 4~5분이 지났을 때 나는 내가 더 이상 바운스, 히트를 외치지 않으면서 공을 한 번도 놓치지 않았다는 사실을 깨달았다. 나는 동료들의 박수 속에서 골웨이와 공을 치고 받으며 즐기고 있었다. 방해인자 없이 잠재역량을 최대한 발휘했던 것이다.

최상의 상태로 행동하지 못하게 막는 것 모두가 방해인자라고 할 수 있다. 부정적인 자기 대화, 근거 없는 두려움, 다른 사람이 무엇을 하고 무엇을 생각하는지에 관한 이야기 등으로 방해인자가 나타날 수 있다. 일례로 동료 임원이나 상사에게서 많은 지도나 인정을 기대하면 스스로 방해인자를 만들어낼 수 있다. 지도나 인정을 받으면 물론 좋다. 그러나 기대하지 말고, 지도나 인정을 받지 못할 때 왜 그런지 걱정하지도 마라. 임원이 되면 자신의 일에 매몰되어 다른 사람이 무엇을 하는지 살펴볼 여유가 없어지는 경우가 적지 않다.

모건스탠리의 임원인 에드 사니니는 임원이 된다는 의미를 이렇게 표현한다.

"임원이 된다는 것은 경영진이 당신을 코칭하는 데 많은 시간을 쓰지 않는 상황에 도달하는 것을 의미한다. 그들에게 가서 '내가 뭘 해야 하나요?'라고 물어선 안 된다. 확인을 받으려고 하지 말고 스스로 결정을 내리고 그 결정을 다른 사람에게 알려야 한다."

성공한 임원들은 사람들이 무엇을 하는지 파악해서 적절하게 코칭하거나 격려함으로써 자신과 다른 사람들을 차별화한다. 그것이 그들의 특성 중 하나다. 장기적으로 당신도 그렇게 될 수 있다. 그런 수준에 이르기 전에 많은 칭찬을 받지 못한다고 걱정하면서 쓸데없는 방해인자를 만들어선 안 된다. 일이 잘 풀리지 않는 것이 자신만의 문제가 아닐 가능성이 크기 때문이다.

보이고 싶은 이미지를 미리 그려라

거의 모든 스포츠에서 세계 정상급 선수들은 경기를 시작하기 전에 시각화 과정을 거친다. 예를 들어 골프에서는 그런 시각화를 '스윙 생각(swing thought)'이라고 한다. 기량이 뛰어난 선수는 클럽을 휘둘러 공을 맞히기 전에 기대하는 결과와 그 결과를 얻는 데 필요한 스윙을 미리 마음속에 떠올려 시각화한다. 결과가 반드시 생각과 일치하지는 않지만 긍정적인 스윙 생각은 부정적이거나 아무런 생각을 하지 않을 때보다 좋은 결과를 가져올 가능성이 훨씬 크다. 임원들, 특히 골프를 치는 임원들을 코칭할 때 나는 그들에게 중요한 회의나 대화 전에 긍정적인 스윙 생각을 활용하도록 권하면서 자신에게 이런 질문을 하도록 요구한다.

'이 회의에서 어떤 성과를 얻고 싶은가?', '그 성과를 얻으려면 어떤 자세로 임해야 하나?'

최상의 상태에서 나오는 자신감을 갖고 회의에 임한다면 긍정적인 결과가 나오지 않기가 어렵다. 나는 수년 동안 외향적인 고객만이 아니라 내성적인 고객들도 코칭했다. 내가 관찰한 바에 따르면 외향적인 사람이 회의에 적극 참여하는 것(때로는 지배하는 것)이 더 쉬워 보인다. 비즈니스 문화, 특히 미국의 기업 문화는 당당하게 의사를 표현하는 태도를 높이 산다. 누군가가 목표 달성에 기여할 수 있는 자신감과 수단을 갖고 있는지 평가할 수 있는 척도 중 하나가 그것이다. 물론 당당함이 지나쳐서는 안 된다. 외향적인 사람은 너무 말을 많이 하지 않도록 자신을 철저히 관리할 필요가 있다. 반면 내성적인 사람은 기대에 맞게 기여할 수 있는 전략을 세워야 한다.

내성적인 고객을 코칭할 때 그의 동료로부터 그가 회의에서 좀 더 자신 있게 의사를 표명할 필요가 있다는 피드백을 종종 듣는다. 그러면 나는 고객에게 앞으로 회의에 참석하면 참석자 모두가 참신하다고 인정하는 누군가의 제안을 실은 자신도 마음속에 갖고는 있었지만 발표하지 못했다고 생각하는 경우가 얼마나 되는지 따져보라고 권한다. 내성적인 사람들은 대개 그런 경우가 상당히 잦다는 사실을 깨닫게 된다. 그들은 자신의 생각을 표현하기 전에 그 생각을 처리할 시간이 필요하다. 나는 그들이 회의에서 좀 더 빨리 자신의 생각을 표현하도록 돕기 위해 회의에 참석하기

코칭 팁

: 당신의 스윙 생각은?

프로 골퍼들은 샷을 하기 전에 반드시 스윙 생각이라는 절차를 거친다. 기본적으로 2가지 생각이 중요하다. 이 샷으로 얻고 싶은 결과가 무엇인가? 그 결과를 얻으려면 어떻게 스윙을 해야 할까?

중요한 회의나 대화를 시작하기 전에 골퍼나 다른 스포츠 선수들처럼 어떤 목표를 달성하고 싶은지, 그 가능성을 높이려면 어떤 자세로 임해야 하는지 자문하는 습관을 들이도록 하라. 원하는 결과와 그 결과를 얻는 방법을 자문할 때는 그 답이 최대한 명확해야 한다. 회의 참석자들이나 대화 상대방이 무슨 생각을 할까? 회의나 대화가 끝나면 그들은 어떤 느낌을 가질까? 나의 요점이 무엇이고, 그 요점을 어떻게 제시해야 할까? 어떤 열정과 감정, 몸짓을 보여야 할까?

전에 스윙 생각을 연습할 것을 주문한다. 그러면서 다음과 같은 질문을 자신에게 던지라고 조언한다.

- 무슨 회의이며 무엇을 다루는가?
- 그 주제에 관한 나의 관점은 무엇인가?
- 나는 그 회의에서 어떤 결과를 바라는가?
- 그 결과에 도달하려면 나는 어떤 아이디어를 내놓아야 하는가?
- 내가 강조하고 싶은 두세 가지 요점은 무엇인가?
- 그 요점을 어떻게 강조하고 싶은가?

이런 식으로 철저히 준비하면 내성적인 사람도 더욱 편안하게 의견을 주고받을 수 있고, 그런 적극적인 참여로 자신감을 보여줄 수 있다. 외향적인 사람도 이런 방식을 따르면 많은 도움이 된다. 자신의 생각을 압축하여 요점을 추려 제시할 수 있기 때문에 불필요하고 비효율적으로 장황하게 이야기를 늘어놓지 않게 된다. 당신이 외향적이든 내성적이든 간에 임원 단계에서 성공하려면 철저한 준비가 필요하다.

비히야 잘랄은 비교적 젊은 나이에 다국적 제약회사인 아스트라제네카의 자회사 메드이뮨의 수석부사장에 임명되었다. 아스트라제네카 같은 성숙한 조직과 메드이뮨 같은 신생업체는 문화적 기대치가 크게 다르기 때문에 그녀는 양쪽을 조화시켜야 했다. 그녀는 철저한 준비가 자신의 역할을 효과적으로 수행할 수 있는 열쇠라는 사실을 깨달았다.

"성숙하고 극도로 전문적인 조직에서 일하려면 철저한 준비가 필수다.

모든 회의가 중요하고 의미가 있다. 어떤 회의도 준비 없이 가면 필패다."

자신의 직감을 믿어라

임원 차원에서 자신감을 시험하기에 가장 좋은 경우는 전체가 한쪽 방향으로 가는데 당신의 직감은 그게 틀렸다고 말할 때다. 예를 들어 손해가 될 게 뻔한 형편없는 결정이 내려졌을 수도 있고, 윤리적으로 문제가 되는 방안이 채택될 수도 있다. 이때 자신의 직감과 본능에 귀를 기울이고 의지하는 것이 매우 중요하다고 임원들은 말한다. 그중 한 사람이 내게 이렇게 말했다.

"일단 구린내가 나면 그 직감이 옳은 경우가 많다."

임원 시절의 내 경험을 돌아보면 충분히 이해가 가는 이야기다. 신임 임원이었을 때 가끔씩 터무니없는 듯한 아이디어가 제시되는 것을 보았다. 처음에는 내가 신임이라 이해력이 떨어지기 때문이라고 생각했다. 하지만 그게 아니었다. 말도 안 되는 아이디어라고 직감이 내게 계속해서 경고를 보냈는데, 그것은 내가 신임으로서 가진 새로운 시각에서 비롯된 것이었다. 오랫동안 경영진에 몸담은 사람들이 타성에 젖어 잘 보지 못하는 것이 신임 임원의 눈에는 보일 수 있다.

그렇다고 반드시 자신의 생각을 현장에서 바로 밝혀야 한다는 뜻은 아니다. 어쩌면 당신의 우려를 회의장을 나온 후에 이야기하는 것이 더 적절하고 효과적일지 모른다. 자신의 직감을 재확인하고 일대일 대화를 통해 동료 임원들이 생각을 바꾸도록 만들 수 있기 때문이다. 아니면 일을 진행하기 전에 제3자의 견해를 들어보자고 회의에서 제안하는 것도 괜찮은 방법이다. 한 임원은 내게 이렇게 말했다.

"회의 참석자 전원이 무엇을 해야 하는지 전적으로 확신할 때는 반드시 '잠깐만요, 우리가 이 문제를 모든 각도에서 검토했나요? 모든 사람의 의견을 들어봤나요?'라고 물어야 한다."

의견을 당당히 피력하려면 자신감이 필요하다. 이 장에서 우리가 논한 다른 모든 것을 행하는 데도 마찬가지로 자신감이 필요하다. 근거 있는 자신감을 기르는 것이 유능한 경영자가 되는 길의 기초다. 따라서 임원으로 변신하는 데 필요한 자신감을 가질 수 있게 해주는 전술을 짜고 지속적으로 추구해야 한다. 그래야 임원으로서 조직에 기여할 수 있다.

Summary

**자신의 존재에 자신감을 갖고
자신의 기여에 대한 의심을 떨쳐버리는 10가지 비결**

1 360도 다면 평가나 개성과 스타일 평가에 기초한 코칭을 통해 자신이 최상의 상태에 있을 때 어떤지 정확히 파악하라.

2 기능적인 전문가가 되고 싶다는 생각을 떨쳐버림으로써 자신이 하는 일을 바꾸는 데 익숙하고 편안해지도록 노력하라.

3 임원이라는 새로운 역할에서 어떻게 성공할 수 있을지 알기 위해 의도적으로 학습 모드로 전환하라.

4 알고 싶은 모든 정보를 얻지 못한 상태에서도 결정을 내리거나 조치를 취할 준비를 하라.

5 목표한 결과를 얻기 위한 자신의 일상적인 기여도를 재정립하라. 자신이 직접 성과를 내려 하기보다는 다른 사람들이 그 성과를 이루어내도록 이끌고 조언하는 것이 임원의 임무다.

6 조직과 경영진의 문화 규범을 따르는 동료로서 행동하라.

7 임원회의와 의사결정 과정에 질적으로 부가가치를 부여하려고 노력하라.

8 최상의 상태에서 일할 수 없도록 하는 방해인자가 무엇인지 확인하고 최소화하라.

9 바람직한 성과와 그 성과를 얻기 위해 가져야 하는 자세를 늘 미리 마음속에 그리는 습관을 들여라.

10 좋지 않은 결정이 내려지고 있다고 생각되면 자신의 직감을 믿고 당당히 이야기하라.

스케줄에 빈칸을 남겨라 3

+ 자주 에너지를 재충전하고 관점을 새롭게 바꾼다
− 지쳐 나가떨어질 때까지 전력 질주한다

어려운 도전에 직면하면 리더들은 본능적으로 전력을 다해 돌파하려고 한다. 그 지점까지 달려오면서 만난 장애물들을 계속해서 잘 뛰어넘었기 때문에 새로운 도전도 뛰어넘어야 할 또 다른 장애물에 불과하다고 생각한다. 그전에 도움이 된 자신의 자질을 더 발휘하면 충분히 극복할 수 있다고 믿는다. 잘 돌아가는 머리, 열정과 근면성, 경쟁자보다 한 걸음 더 나아가려는 마음가짐 등이 있기 때문이다.

하지만 임원이 되어서도 이런 식으로 접근하면 문제가 생길 수 있다. 새로운 도전이 한두 번으로 끝나지 않기 때문이다. 장애물을 만날 때마다 무턱대고 전력 질주하면 결국은 에너지가 소진되어 쓰러지고 만다. 하이드로알루미늄의 북미 지사장을 지낸 마틴 카터는 내게 이렇게 말했다.

"임원이 되면 시간과 에너지의 소모가 매우 심하다. 모두가 당신에게 매달리고 당신의 관심을 요구한다. 따라서 시간과 에너지를 잘 관리하는 것이 매우 중요하다."

임원으로서 수많은 요구에 적절하게 대응하려면 에너지를 자주 재충전하고, 관점을 늘 새롭게 바꾸는 습관을 들이고, 나가떨어질 때까지 전력 질주하는 버릇을 버려야 한다. 그러나 남들보다 더 열심히, 더 오래 일함으로써 조직의 상층부에 이른 사람에게 전력 질주의 습관을 버리기란 보통 어려운 일이 아니다. '계속 달리지 않으면 뒤쳐지기 때문에 멈출 수가 없다'고 생각하게 마련이다. 그럼에도 불구하고 이런 생각과 단호히 결별해야 한다. 그렇지 않으면 근거 있는 자신감을 가지고 조직에 기여할 수 있는 역량을 발휘하기가 힘들다.

임원이 되면 과거와 달리 생각해야 한다. 발상의 전환이 필요하다는 말이다. 신임 임원은 언제나 최상의 상태에서 일할 수 있도록 에너지를 재충전하고 관점을 새롭게 바꾸는 데 필요한 휴식을 취하려고 의도적으로 노력해야 한다.

질주와 휴식의 사이클

자기계발서 《몸과 영혼의 에너지 발전소(The Power of Full Engagement)》에서 공저자인 짐 로허와 토니 슈워츠는 마라톤 선수와 단거리 달리기 선수를 비교한다. 저자들은 사람들이 흔히 "인생은 마라톤

이지 단거리 달리기가 아니다"라고 말하지만, 실제로 마라톤 선수가 되기를 원하는 사람이 얼마나 되느냐고 묻는다. 그 둘의 차이는 무엇일까? 마라톤 선수의 표준 훈련 프로그램은 장거리를 계속해서 달리는 것이다. 반면에 단거리 달리기 선수는 에너지 소모가 심한 '질주'와 회복을 위한 '휴식'의 사이클을 바탕으로 훈련한다. 예를 들면 200m를 전력으로 달린 뒤 200m를 걷고, 다시 200m를 전력 질주한 뒤 또다시 200m를 걷는 식이다.

로허와 슈워츠는 운동선수들과 임원들을 두루 코칭한 경험을 바탕으로 두 집단 모두 자신이 맡은 역할에 단거리 달리기 식으로 접근해야 한다고 주장한다. 질주와 휴식의 순환을 통한 훈련의 중요성을 강조하는 것이다.

◆ 데이터 포인트 ◆

'넥스트 레벨 리더의 성공 요인' 데이터베이스에서 능력이 뛰어나고 고속으로 질주하는 리더들이 가장 어렵다고 생각하는 행동은 '휴식을 자주 취함으로써 자기에게 맞는 페이스를 지킨다'였다.

회복을 위한 휴식의 시간은 임원 역할을 수행하는 데 큰 차이를 가져온다. 수년에 걸쳐 나는 일주일에 7일씩 일하는 고객들을 많이 만나보았다. 그들은 월요일부터 금요일까지 하루 10~11시간씩 일하고, 토요일과 일요일에도 최소한 3~4시간씩 일했다. 그러나 그런 식으로 일할 경우 결과는 뻔하다. 늘 일거리가 밀려 있다는 느낌에서 벗어날 수 없고, 필요한 회복을 위한 휴식이 반드시 길어야 할 필요는 없다. 심리학 전문가인 데이비드 쿤츠가 지적했듯이 우리에게는 하루 가운데 저절로 생기는 틈새 시간(stillpoint)이 제법 많다. 예를 들어 신호등이 바뀌기를 기다리거나, 엘리베이터를 기다리거나, 다음 회의 장소로 걸어가는 시간 등이 있다. 문제는 그런 틈새 시간에 무엇을 하느냐는 것이다.

첨단기술 덕분에 우리는 그 시간에 짧은 휴식을 취하기보다 이메일 몇 건이라도 더 처리하려고 애쓴다. 그러나 다음 주부터는 그 틈새 시간을 의식하고 의도적으로 즐기려고 노력해보라. 심호흡을 하거나, 가벼운 스트레칭을 하거나, 아니면 나의 영국인 고객처럼 차 한 잔을 느긋하게 마시는 여유를 가져보라. 그리고 한 주가 끝난 뒤 자신의 에너지, 집중력, 생산성에 어떤 변화가 있는지 확인해보라.

휴식을 취하지 않아 결국 탈진하게 된다.

그런 고객들을 코칭할 때 나는 늘 한 가지 준수사항을 강조한다. 아무리 일이 많이 밀렸다고 생각되더라도 주말 중 하루를 선택해서 아무런 일도 하지 말라고 말한다. 되도록 토요일보다 일요일을 택하도록 권한다. 월요일 아침 출근하기까지 업무에서 완전히 벗어나는 시간을 최소한 24시간은 갖도록 하기 위해서다. 그들이 주말 하루를 쉬고 나면 나는 월요일 저녁이나 화요일 아침에 전화나 이메일로 묻는다.

"이번 월요일은 어땠어요?"

답변은 거의 같다.

"평소보다 나았어요."

내 고객들은 단 하루만 일 생각을 하지 않아도 더 명료하게 사고할 수 있고, 다른 사람들과 더 잘 소통하고, 긴장이 덜해져 느긋한 마음 상태가 된다고 말했다. 물론 그들은(아마 당신도 마찬가지일 것이다) 늦게 일어나고, 친구나 가족과 어울려 놀고, 영화를 보거나 게임을 하고, 심지어 집안일을 하려고 하루를 쉰다는 생각이 유혹적이면서도 두렵다고 느낀다. 일을 더 많이 해야 한다는 압박감에 늘 시달리는 임원으로서는 일주일에 7일을 일하는 쳇바퀴에서 내려서는 것이 거의 불가능에 가깝다. 그러나 끊임없는 전력 질주의 순환을 깨뜨리면 최적의 상태를 회복할 수 있는 시간이 생긴다.

관점을 새롭게 갖는 방법

자신의 최상 상태를 찾는 문제를 이야기할 때 나는 고객들에게 스스로 가장 자신 있고 느긋하게 느낄 때 어떻게 하고 있는지 돌이켜볼 것을 권한다. 운동선수들은 이를 '최적의 지점에 있는 상태(being in the zone)'라고 하고, 심리학자 미하이 칙센트미하이는 '플로(flow)'라고 부르는데, 어떻게 부르든 자신의 상태가 한쪽 극단인 무관심과 다른 쪽 극단인 강박적 스트레스 사이에 존재하는 '스위트 스폿(sweet spot. 골프채, 라켓, 배트 등으로 공을 칠 때 많은 힘을 들이지 않고 원하는 방향으로 멀리 빠르게 날아가게 하는 최적 지점)'에 있을 때를 뜻한다. 최적 지점은 미국 심리학자 리처드 여키스와 존 딜링햄 도드슨의 연구에 기초한 다음의 그래프로 설명될 수 있다.

이 같은 최적 지점에서는 누구든 자신의 능력과 잠재력이 최고조에 이른 상태에서 일할 수 있다. 하지만 이 상태에 도달하기 위해서는 에너지를 수시로 재충전하고 늘 관점을 새롭게 고칠 수 있는 방법을 개발해야 한다.

이 과정을 설명하면서 내가 즐겨 사용하는 비유가 있다. 리더십 전문

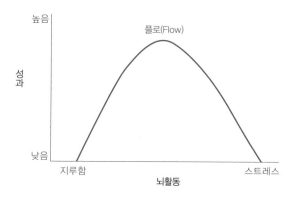

높음

성과

낮음

지루함   플로(Flow)   스트레스

뇌활동

가 론 하이페츠의 아이디어에서 따온 것이다. 그는 리더는 자주 '발코니로 올라가야 한다'고 강조한다. 이미 1장에서 언급했지만 다시 설명하면 이렇다.

리더로서 아래층의 무도장 플로어에 머물기는 너무도 쉽다. 하지만 플로어에 있으면 보이는 것이라곤 댄스 파트너와 주변의 몇몇 댄서들뿐이다. 그러나 시간을 내서 플로어를 벗어나 발코니에 올라가면 아래서 벌어지고 있는 모든 일이 한눈에 들어온다. 플로어를 휩쓰는 패턴이 보이고, 누가 춤을 잘 추고 누가 허우적거리는지 알 수 있다. 심지어 당신을 무도장에 데리고 간 사람과 다시는 춤추지 말아야겠다는 사실도 깨달을 수 있을지 모른다! 그처럼 넓은 시야를 확보한 뒤 플로어로 내려가면 자신이 가장 필요로 하는 곳에 집중할 수 있다.

◆ 데이터 포인트 ◆

'넥스트 레벨 리더 성공 요인' 데이터베이스에서 리더들이 가장 어렵다고 생각하는 항목 중 2가지는 다음과 같다.

- 자주 시간을 내어 뒤로 물러서서 업무를 결정하거나 수정한다.
- 예상치 않은 문제가 생길 경우를 대비하여 일정에서 일간을 비워 둔다.

나의 경험을 예로 들어보겠다. 컬럼비아가스트랜스미션의 인사 담당 부사장으로 부임했을 때 곧바로 챙겨야 한다고 생각되는 일이 너무 많아 큰 부담을 느꼈다. 당황한 나는 무도장의 발코니에 올라가 가장 중요한 일이 무엇인지 살펴볼 생각을 하지 않고 플로어에서 춤을 더 빨리 추기로 마음먹었다. 그래서 더 많은 회의를 주재하고 참석했다. 당시 내 상사였던 CEO 캐시 애벗이 나의 그런 성향을 파악하고는 "한꺼번에 많은 일을 챙기려고 하다가는 탈진하기 쉬워요. 정신없어 하지 말고, 늘 맑은 정신으로 침착성을 유지하세요"라는 조언을 종종 들려주었다.

거의 10년 뒤 나는 이 책을 쓰려고 캐시 애벗을 인터뷰했다. 균형 잡힌 관점의 중요성에 관한 그녀의 생각을 되짚어보고 싶었기 때문이다. 그녀는 임원이라는 새로운 세계에 발을 들여 놓는 과정에 도움이 되는 조언을 제시한 다른 수많은 임원들처럼 임원으로서 역량을 최대한 발휘하려면 편안함을 느끼는 기준과 접근법을 바꿔야 한다며 이렇게 말했다.

"임원이 되면 당신의 책상에 떨어지는 예기치 않은 일들을 처리하는 능력이 매우 중요하다. 그런 일들을 다루려면 과로하거나 좌절하거나 절박한 느낌을 가져선 안 된다. 그러면 새로운 시각으로 상황을 냉철히 파악하는 능력이 발휘될 수 없다. 열심히 일하고 자신을 채찍질하는 습관은 임원이 될 때까지는 아주 큰 도움이 되었겠지만, 일단 임원이 되고 나면 그런 습관이 오히려 불리하게 작용할 수 있다. 임원으로서 반드시 가져야 하는 균형 잡힌 시각을 잃기 쉽기 때문이다. 늘 일정이 빡빡하거나 출장을 다니거나 회의에 참석하게 되면 그런 예기치 않았던 일들을 처리할 수 없다. 그처럼 과부하가 걸린 상태에서 예상치 않았던 일을 처리하려고 하면 문제를 해결하기보다는 필요 이상의 위기를 만들어내게 된다."

캐시 애벗의 말은 '임원이 되면 이전과는 다른 역할과 성과가 요구된다'는 것이다.

임원인 당신이 지금까지 해온 일에 너무 숙달된 상태로 있으면 쳇바퀴 같은 '행동의 순환고리' 안에 갇히기 쉽다. 그런 상태에서는 한 걸음 뒤로 물러나 지금 가장 필요한 일이 무엇인지 파악하는 일이 쉽지 않다. 그렇다면 어떤 과정이 필요할까? 해답은 행동과학자이자 경영학자인 크리스 아지리스가 만든 용어 '이중 순환 학습(Double Loop Learning)'에서 찾을 수 있다.

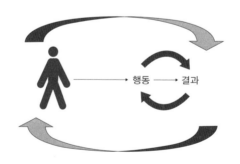

임원이라는 새로운 역할을 맡으면 무도장 플로어에서 벗어나 두 번째 순환고리로 물러날 필요가 있다. 그다음 발코니로 올라가 자신에게 다음과 같은 질문을 던져야 한다.

- 현재 우리 팀과 나에게 기대되는 성과는 무엇인가?
- 누가 성공적인 결과를 규정하는가?
- 그것은 지금까지 우리가 얻었던 결과와 어떻게 다른가?
- 요구되는 결과를 얻으려면 어떤 행동이 필요한가?
- 누가 그 행동을 해야 하는가?
- 현재 나의 시간과 관심을 가장 효과적으로 사용할 수 있는 일은 무엇인가?

효과적인 반응, 기계적인 반응

임원이 되면 수시로 여러 방면에서 수십 가지 요구를 받는다. 거기서 생기는 압력을 모두 감당하기란 쉽지 않다. 게다가 시장의 상황이 달라지고 조직이 발전하면서 그에 맞는 변화를 이끌어야 한다. 변화에는 언제나 이득과 동시에 손실도 따른다. 따라서 저항, 몰이해, 분노 등의 부정적인 반응에 부닥치게 된다. 힘들고 불편한 상황이다. 이런 상황에서 수많은 요구를 처리하기 위해 더 많은 회의를 주재하고, 매일 밤 집에서 이메일에 회신하고, 점심을 거르다 보면 자신의 건강과 인간관계에 소홀하게 된다. 지쳐 나가떨어질 때까지 전력 질주하게 되는 것이다.

이때 선택은 둘 중 하나다. 최상의 상태에서 일하는 데 도움이 되는 재충전 장치를 의식적으로 마련하여 요구사항들에 반응하는 접근법을 택하거나, 닥치는 일에 기계적으로 반응할 수도 있다. 바람직한 것은 시간적 여유를 갖고 자신의 최선을 불러낼 수 있는 장치를 만들고 활용하는 것이다. 앞의 서문에서 언급한 현명한 전략적 선택의 기본에 충실하라는 말이다. 이와 같은 접근법이 당신을 최적의 상태에서 활동할 수 있게 해준다. 직장에서만이 아니라 가정과 지역사회에서도 마찬가지다.

변화와 불확실성의 시기에는 최상의 상태일 때 자신이 어떠한지를 먼저 이해하고, 그런 상태를 만들어 행동하는 것이 최고의 실적을 올릴 수 있는 지름길이다. 최적의 상태를 유지할 수 있는 조치를 취하면 임원으로서 당신 앞에 놓인 미지의 영역을 개척하는 데 필요한 자신감과 역량을 키울 수 있다.

'인생 GPS'로 미지의 영역을 개척하라

결혼 초기에 아내와 나는 각자 자신의 최상의 상태일 때가 어떠한지, 그런 상태를 유지하는 데 필요한 행동이 무엇인지, 그런 행동을 삶의 여러 무대에서 설정한 주요 목표와 어떻게 연결해야 하는지를 알 수 있도록 해주는 도구를 개발했다. 우리는 이 도구를 '인생 목표 계획 시스템(Life Goals Planning System)'이라 명명하고, 'Life GPS®'로 상표 등록을 마쳤다.

요즘에는 위성 위치확인 시스템(Global Positioning Sytem, GPS)이 일

상화되어 당연시되는 경향이 있는데, GPS는 어느 모로 보나 아주 놀라운 기술이다. GPS를 이용한 스마트폰으로 우리는 현 위치에서 가장 가까운 인도식당을 찾을 수도 있고, 차에 장착된 내비게이션으로 길을 잘못 들었을 때에도 옳은 길을 찾아갈 수 있다. 이처럼 자신의 위치를 명확히 알게 되면 어디를 가고 싶은지, 어떻게 그곳에 갈 수 있는지를 판단하기가 훨씬 쉬워진다. 개인의 일상이나 직장생활에서도 그런 명확성이 요구된다.

마찬가지 원리로 Life GPS®를 이용하면 자신의 삶에서 무엇이 가장 중요한지, 중요한 것을 얻으려면 어떤 행동을 지속적으로 해야 하는지, 최적의 상태에서 자신이 어떠한지를 한눈에 확인할 수 있다. Life GPS®를 만들어 자주 검토하는 시간을 가져보라. 성공하는 임원이 되는 데 필요한 에너지를 재충전하고 관점을 새롭게 바꾸는 습관을 기르는 데 많은 도움이 될 것이다. 이는 나 자신과 고객들의 경험을 통해서도 입증되었다.

이제 당신의 Life GPS®를 만드는 방법을 설명하겠다. 설명을 숙지한 뒤 다음 며칠 동안 당신의 Life GPS®에 들어갈 요소들을 생각해보기 바란다.

최상의 상태에서 나는 어떠한가?

Life GPS®를 만드는 과정은 자신이 최상의 상태일 때 어떠한지 묘사해주는 핵심 특성을 파악하는 것에서 시작된다. 그 특성을 확인하려면 자신이 가장 느긋하면서, 생산성이 높고 효과적이며, 활기찰 때의 상황을 돌이켜보라. 그런 상황의 생생한 그림을 마음속에 그려보라. 최상의 상태를 묘사하는 단어나 어구는 무엇인가? 꼭 맞는 단어를 찾으라는 게 아니다. 이 세상에 똑같은 사람은 없다. 따라서 한 임원의 최적 상태를 설명하는 특성은 다른 임원들과 완전히 다를 수 있다. 오직 자기 자신이 최상의 상태일 때를 묘사하는 단어나 어구를 선택하면 된다. 예시 차원에서 나의 경우를 보면 '배우기, 촉매제 되기, 지도하기, 남보다 뛰어나기, 소통하기'다. 이 단어들은 내가 남편으로서, 부모로서, 리더십 코치로서, 친구로서, 그리고 인생의 여러 역할에서 최상의 상태로 기능할 때 나를 설명해주는 예들이다. 당신의 경우는 어떤 단어나 어구가 그에 해당하는가? 종이를 펼쳐놓고 그 단어들을 적어보라.

어떤 행동을 반복 연습해야 하나?

2장에서 나는 "현재의 나는 그동안 반복적으로 한 행동의 결과물이다. 따라서 탁월함이란 행동이 아니라 습관에서 비롯된다"는 아리스토텔레스의 말을 인용했다. 당신의 Life GPS®를 만드는 다음 단계는 4개의 주요 경험 영역에서 자신의 일상적인 행동 중 반복했을 때 최상의 상태에 있는 자신의 모습을 강화해줄 수 있는 것들의 리스트를 만드는 것이다. 여기서 4가지 경험 영역이란 정신적 영역, 신체적 영역, 영적 영역, 인간관계 영역을 말한다. 이것을 자신의 최상 상태를 묘사하는 특성들과 연관지으면 각 영역에서 반복적으로 해야 하는 행동이 무엇인지 알게 될 것이다. 그리고 4가지 영역에서 긍정적인 행동을 자주 취하는 것이 얼마나 중요한지 직감적으로 이해하게 될 것이다. 〈포춘〉의 500대 기업 중

한 곳에서 부사장으로 재직 중인 고객이 이런 연습을 하지 않았을 때 자신에게 어떤 일이 일어났는지를 이야기해주었다.

"직장의 상황이 갈수록 어려워지면서 나는 나 자신에 대한 투자를 중단했다. 그 반대로 했어야 옳았는데 말이다. 신체적으로, 정신적으로, 개인적으로, 직업적으로 나 자신에 대한 투자를 더 많이 했어야 마땅했다. 그런데도 직장의 어려운 상황에만 초점을 맞췄다. 자연 더 큰 그림이 눈에 들어오지 않았다. 나 자신을 구성하는 다른 요소들에 계속 투자할 필요가 있었는데도 나는 쓸데없는 일에 매몰되어 있었다.

우리는 상황에 맞게 자신을 계속 조정해나가야 한다. 그러나 나는 그러지 못했다. 큰 실수였다. 새로운 기술을 계속 갈고 닦아야 하는데도 나는 나에 대한 투자를 끊었다. 아내가 그 점을 지적해주었다. 직장에서는 아무도 그런 이야기를 해주는 사람이 없었고, 결국 내게는 큰 손해였다.

그러다가 다시금 완전한 그림을 챙기기 시작하면서 상황이 나아졌다. 운동도 다시 시작했다. 교회 예배도 꼬박꼬박 참석했다. 가족을 위한 시간도 충분히 할애했다. 그런 것들이 나를 여기까지 끌어준 일상적인 행동 중 일부다. 승진을 하면 할수록 그런 활동들이 나의 성공에 더 결정적이고 중요하다는 사실을 깨달았다. 자신을 지탱해주는 기초에서 조각들이 하나둘씩 떨어져나가기 시작하면 곧바로 도미노 현상이 일어난다. 나는 고위 임원들 여럿한테서 그런 현상을 목격했다. 그들은 지금 이 회사에 없다."

이 부사장은 스스로 최상의 상태라는 느낌을 갖게 해주는 일상적인 행동으로 돌아감으로써 미지의 영역을 개척할 때 필요한 관점의 균형을 찾았고, 좋은 성과를 내도록 떠받쳐주는 기초를 마련했다.

최상의 상태를 보강해주는 일상적 행동 정하기

이제 경험의 4가지 영역을 살펴보자. 각 영역을 너무 자세히 다루지는 않겠다. 최상의 상태에서 기능할 수 있는 조건을 만드는 데 도움이 되는 일상적인 행동을 확인하는 것이 가장 중요하기 때문이다.

다시 나의 예를 들어보겠다. 내가 나의 핵심 특성인 '소통'을 강화하고 싶다고 할 때, 정신적 영역에서 이를 위해 필요한 일상적인 행동은 나에게 가장 소중한 인간관계가 무엇인지 자주 돌아보고, 그 관계의 질을 유지하고 강화하기 위해 무엇을 할 수 있을지 곰곰이 생각해보는 것이다. 신체적 영역에서는 잘 먹고, 운동하고, 외모를 관리하는 것이 핵심이다. 그래야 다른 사람들과 소통하는 데 필요한 에너지와 자신감을 얻을 수 있다. 영적 영역에서의 일상적인 행동은 지역사회에서 도움이 필요한 사람들에게 봉사하는 것이다. 인간관계 영역에서는 재미있는 사람들과 의미 있는 일을 함께 함으로써 소통하는 기회를 찾는 데 일상 행동의 중점을 둔다. 내가 의식적으로 행하는 이런 일상적인 행동들은 나의 소통 능력을 강화해줄 뿐 아니라, 내가 최상의 상태에 있을 때 내가 어떤지를 나타내는 배우기, 지도하기, 남보다 뛰어나기, 촉매제 되기 같은 다른 특성들도 뒷받침해준다.

사실 자신의 핵심 특성을 강화하는 일상적 행동들을 찾아내는 과정은 과학이라기보다 예술에 가깝다. 최상의 상태에서 일할 수 있는 조건을 만들어내는 데 가장 효과적인 일상적 행동들은 대부분 시행착오를 통해서 알게 되기 때문이다. 요점은 완벽한 행동 목록을 만드는 것이 아니라 자신에게 가장 효과적인 행동이 무엇인지 알아내는 능력을 강화하고, 최상의 상태에서 일하는 데 필요한 행동을 좀 더 의식적으로 취하는 것이다.

그러면 각각의 4가지 경험 영역에서 필요한 일상적 행동을 어떻게 개발할 수 있는지에 대해 알아보자.

정신적 영역

가만히 생각해보면 우리가 하는 모든 일은 100% 생각으로부터 시작된다. 그리고 생각의 질이 결과의 질로 나타난다. 따라서 생각을 명료하게 해주는 행동을 하는 것이 무엇보다 중요하다.

우리는 첨단기술 덕분에 언제 어디서나 연락을 주고받을 수 있다. 편리하긴 하지만 이런 상황에서는 생각을 명료하게 하는 데 필요한 공간을 찾기가 쉽지 않다. 일정표에 빈 공간이 없으면 생각할 시간도 그만큼 줄어든다. 임원으로서 당신의 일정표 역시 발코니로 올라가서 더 큰 그림과 의미를 따져볼 겨를이 거의 없을 정도로 각종 회의와 행사로 빽빽하게 차 있을 것이다. 나의 상사였던 캐시 애벗은 바쁜 일정의 부정적인 측면을 잘 보여주는 일화를 다음과 같이 소개했다.

"한번은 동료 임원으로부터 아침부터 밤까지 잇따라 회의에 참석했다는 말을 들었다. 나는 '그러면 도대체 일은 어떻게 하죠?'라고 물었다. 그는 대답하지 않고 그냥 나를 빤히 쳐다봤다. 그래서 내가 다시 말했다.

'나는 내 책상에 올라올 다음 문제나 이슈에 관해 생각할 수 있는 충

분한 시간을 남겨두는 것이 내 일의 일부라고 생각하거든요.'

그는 내가 괴짜라도 되는 양 멍하니 쳐다봤다. 물론 직관에 어긋나는 발상일지도 모른다. 그러나 일정표에 빈칸을 남겨두면 더 많은 성과를 올릴 수 있다고 나는 생각한다.

일정표가 빽빽하게 차 있으면 일을 열심히 한다는 인상을 줄지 모른다. 그러나 곧 닥칠 다음 문제가 무엇인지 사전에 살피거나, 서로 다투고 있는 두 집단이 협조하도록 만드는 것이 임원에게는 더 중요한 임무다. 임원은 더 멀리 내다보고 목표 달성에 큰 위협이 되는 장애물을 해결하는 능력을 가져야 한다. 그런 임무에 충실하면 보다 쉬운 문제들은 아래 단계에서 해결될 수 있다.

조직에서는 지위가 높아질수록 다루어야 하는 문제도 더 어려워진다. 그처럼 어려운 문제를 다루려면 생각할 수 있는 시간과 균형 잡힌 관점을 가져야 한다. 사람들은 보통 조직에서 참석하는 회의가 몇 개인지로 자신의 가치를 가늠한다. 소속된 조직의 문화에 따라 다를 수 있지만, 자신의 일정을 수많은 회의로 채우는 것은 큰 실수인 경우가 많다."

그렇다면 일정을 조정해서 생각할 시간이 더 많아졌을 때 무엇을 생각하는 것이 좋을까? 리더십 코치로서 내가 지도한 임원들 중 다수는 매일 시간을 내서 단기 계획을 검토하고 일주일에 한 번씩은 장기 계획을 고심하는 게 중요하다고 말했다. 자신의 전공 분야 안팎의 책을 읽는 데 시간을 쓰는 임원들도 있다. 빌 게이츠는 매년 두 차례씩 일주일간 외딴 곳에 가서 책을 읽으며 다양한 주제를 두고 생각하는 습관을 가진 것으로 유명하다. 국제 경험이 많은 인사 담당 임원인 엘리자베스 볼지아노는 이렇게 설명했다.

"다른 무엇을 생각할 수 있으려면 자신이 하는 일과 직장에서 멀찌감치 떨어져야 한다. 업계 내부에서 일어나는 일보다 주변에서 일어나는 일들을 폭넓게 많이 알아야 한다. 그러나 요즘처럼 정신없이 돌아가는 세상의 속도로 일하면 그러기가 아주 힘들다."

정신적 영역에서 자신의 일상적 행동을 강화하는 시간을 어떤 식으로 사용하느냐는 개인마다 다를 수 있다. 중요한 것은 효과적으로 사용하는 것이다. 잘 알려진 것처럼 '쓰레기를 입력하면 쓰레기가 나온다'는 컴퓨터 프로그래밍 법칙이 있다. 당신의 정신적 영역에서 그 반대를 진실로 만들 수 있어야 한다. 정신에 좋은 것을 입력하면 좋은 결과가 나온다.

신체적 영역

신체적 건강을 어떻게, 왜 돌봐야 하는지에 관해서는 이미 수많은 책이 나와 있고 앞으로도 많이 나올 것이므로 굳이 재론할 필요가 없을 것 같다. 여기서는 최상의 상태에 있는 자신의 특성을 강화하는 데 신체적인 일상 행동이 어떻게 도움이 될 수 있는지를 살펴보기로 한다.

앞서 지적했듯이 최적의 상태에 있는 자신을 묘사하는 단어나 어구는 사람마다 다르게 마련이다. 따라서 자신만의 특성을 신체적 일상 행동으로 강화하는 방법은 개인마다 창의적으로 생각할 수밖에 없다. 예를 들어 나 같은 경우는 핵심 특성 중 하나가 '배우기'이므로 이에 걸맞은 일상 행동으로 새롭게 무엇을 추가할 수 있을지를 늘 찾는다. 새로운 운동 프로그램, 새로운 레크리에이션 활동, 새로운 음식, 또는 새로운 여행지 등을 알아본다. 새로운 것을 배우려는 욕구를 충족시켜줄 활동과 경험을 추구하는 것이다.

듀폰의 혁신구축 담당 사장인 톰 슐러는 신체적 일상 활동이 전반적인 업무 수행에 얼마나 중요한지를 경험적으로 깨달았다. 그래서 수년 동안 해온 신체적 활동을 보강하기 위해 새로운 요소를 추가했다. 그는 이렇게 말했다.

"나는 일주일에 하루 빼고 매일 운동을 한다. 달리고, 운동기구를 사용하고, 요가 교습도 받는다. 지금은 아내가 나의 요가 교사가 되었다. 요가는 내 몸과 달리기에 좋을 뿐 아니라 머리를 맑게 하는 데도 효과가 뛰어나다. 요가는 순간순간에 집중하게 해준다. … 순간에 집중하지 못하고 지난주 일어난 일을 걱정하거나 내일 일어날 일을 걱정하면 삶을 놓치게 된다."

모두가 즉시 요가를 배워야 한다는 이야기가 아니다. 요점은 각자가 최적의 상태로 일할 수 있게 해주는 서로 다른 요인들 사이에 밀접한 연관성이 있다는 사실이다. 우리를 최상의 상태로 일할 수 있게 해주는 에너지는 바로 우리 몸에서 나온다. 따라서 그 에너지를 재충전할 시간을 자주 갖는 것이 중요하다.

영적인 영역

영적인 영역에는 다양한 단계와 접근법이 있다. 특정 관습이나 종교를 지지할 생각은 추호도 없다. 다만 영적인 영역에 널리 적용 가능한 접근법은 "반성하지 않는 삶은 살 가치가 없다"는 소크라테스의 격언에서 나온다는 것이 나의 생각이다. 누구나 무도장의 플로어에 머물지 않고 발코니로 올라가 큰 그림을 보려면 자기 삶의 궤적과 질, 그리고 결과를 조용히 돌아보며 반성하는 시간을 가져야 한다. 릭 워렌 목사는 자신의 저서 《목적이 이끄는 삶(The Purpose-Driven Life)》을 3,000만 부 이상 팔았다. 그렇게 많이 팔린 이유 중 하나는 책의 제목이라고 해도 과언이 아닐 듯하다. 책의 부제인 '도대체 나는 왜 이 세상에 존재하는가(What on earth am I here for)?'라는 질문의 답이 궁금하지 않을 수 없다. 이 책의 내용에 동의하든 반대하든 자신의 목적을 규정하고 그에 따라 행동할 필요성은 누구나 공감하게 된다.

미시간대학의 심리학자 존 코트리는 《의미 있는 삶(Make It Count)》에서 대부분의 사람들은 사는 동안 다음 세대에 남겨줄 유산을 만드는 일을 해야 한다는 생각을 갖고 있다고 말했다. 그것이 현재의 삶을 더 높은 곳으로 이끈다. 최상의 상태일 때 나타나는 자신의 핵심 특성들을 재검토하면서 그런 특성을 발휘할 수 있는 일상적 행동이 무엇인지 생각해보라. 이는 당신의 직장만이 아니라 삶 전체의 더 넓은 차원에도 적용될 수 있다. 오래전 〈하버드 비즈니스 리뷰(Harvard Business Review)〉에서 댄 브리클린의 인터뷰를 읽은 적이 있다. 브리클린은 세계 최초의 전자 스프레드시트(표계산 프로그램)인 비지캘크(VisiCalc)를 개발한 사람이다. 그는 자신의 삶을 형성한 경험을 이야기하면서 유대인 학교에서 얻은 교훈을 돌이켰다. 그의 설명에 따르면, 유대교의 핵심 원칙은 '티쿤 올람(tikkun olam)'으로 우리에게 주어진 원재료를 사용해서 더 나은 무언가를 만드는 것이 이 세상에 태어난 우리의 임무라고 한다. 예를 들어 짚과

진흙이 주어졌다면 우리는 그것을 재료로 벽돌을 만들어 세상을 더 낫게 만들 수 있다.

영적인 영역에서 어떤 행동을 추구할 것인지 판단할 때 자신의 최상 상태에서 나타나는 핵심 특성을 어떻게 조합하면 좋을지 깊이 생각해보기를 바란다. 그 특성들을 활용해 현재의 자신보다 더 낫고 더 오래 가는 자신을 만들려면 어떻게 해야 할까?

인간관계의 영역

임원은 결과의 중심에 위치해 있기 때문에 오로지 결과를 만들어내는데 정신을 다 빼앗기는 경우가 허다하다. 따라서 직장 안팎에서 삶을 더 풍요롭고 더 온전하게 만들어주는 인간관계에 소홀하기 쉽다. 나 역시 그간의 직간접적인 경험을 통해 인간관계를 구축하고 유지하기보다 단기적인 결과에 매몰되기 쉽다는 사실을 깨달았다. 더불어 돈독한 인간관계가 장기적인 성과는 물론 특정 성과를 올리는 데도 도움이 된다는 점을 깨우치게 되었다. 게다가 인간관계 영역에서의 긍정적인 일상 행동은 정신적, 육체적, 영적인 영역에도 큰 도움을 준다. 따라서 이 영역에 주의를 기울이는 것은 너무도 당연한 일이다. 듀폰 사장 톰 슐러의 말을 다시 들어보자.

"출장을 가면 나는 수시로 가족과 연락한다. … 해외에 나가 있을 때 개인적으로 지불하는 전화요금은 내게 중요한 것들에 대한 일종의 투자다. 아이들과 이야기하고 싶고 아내와도 대화하고 싶다. 내가 그들과 연결되어 있다는 점을 확실히 하고 싶다. 내가 좋아하는 스포츠 경기도 놓치지 않는다.

나는 일정이 바쁘다. 이런 사정은 모두가 안다. 그래서 나는 휴가를 챙기려고 애쓴다. 누구든 쉬는 시간을 가져야 한다. 내게는 독서와 운동, 그리고 가족과 함께하는 것이 휴식이다. 자신을 위해 그런 시간을 반드시 가져야 한다. 그렇지 않으면 일도 잘 되지 않는다."

슐러의 이야기에서 내가 얻는 교훈은 시간을 어떻게 투자하느냐가 중요하다는 것이다. 특히 인간관계에 대한 투자가 중요하다. 인간관계는 시간을 투자하지 않으면 상당히 어려워진다. 자신의 최적 상태를 나타내는 특성들을 살펴보면서 자신에게 가장 중요한 인간관계를 강화해주는 일상 행동이 무엇인지 생각해보라. 이런 자기성찰은 인간관계를 강화하기 위해 시간을 어떻게 투자할지, 누구에게 투자할지와 같은 아주 중요한 결정을 현명하게 내릴 수 있도록 해준다.

코치로서 내가 만난 고객 중에는 열심히 일하려다가 인간관계를 망친 사람들이 적지 않았다. 흥미롭게도 그들의 그런 경향은 직장에만 국한되지 않았다. 시간과 관심을 가지고 공감대를 형성해야 한다. 이것이 직장 안팎에서 손상된 인간관계를 회복시켜준다.

자, 이제 자신의 최상 상태를 강화해주는 일상 행동을 추려낼 준비가 되었다면 이전에 종이 한가운데 적은 자신의 핵심 특성을 중심으로 10시 방향, 2시 방향, 4시 방향, 8시 방향에 각각 정신적 영역, 신체적 영역, 영적 영역, 인간관계 영역이라고 써넣어라. 그다음에 각 영역 아래에 자신의 특성과 일치하는 일상 행동이나 활동 두세 가지를 기록하라. 욕심은 부리지 않는 게 좋다. 자신이 반드시 해야 한다고 생각하지만 실행할 수 없는 행동을 잔뜩 늘어놓기보다는 실행 가능한 몇 가지 행동만 설정하는 것이 더 효과적이다. 천 리 길도 한 걸음부터 시작하듯이 작은 행동들이 큰 결과를 가져올 수 있다.

인생에서 중요한 세 무대에서 이루고자 하는 목표

당신의 Life GPS®를 완성하는 마지막 단계는 가정, 직장, 지역사회라는 인생의 주요 무대에서 이루고 싶은 목표와 의도를 고찰하는 일이다. 여기서는 '내가 나의 최상 상태가 어떤지 명확하게 파악하고 이를 강화하기 위해 일상 행동과 활동을 꾸준히 반복한다면, 가정과 직장과 지역사회에서 내 삶에 어떤 효과가 있기를 원하고 기대하는가?'와 같은 자문이 필요하다. 나의 고객들을 보면 이 질문이 예상 밖의 답을 이끌어내기도 한다.

한번은 '젊은 경영인 협회(Young Presidents' Organization)'의 한 지부에서 회원들에게 각자 Life GPS®를 만들어보도록 했다. 그 다음 인생의 세 무대에서 그들이 설정한 목표 중 놀랍거나 특이한 것을 서로 이야기 해보라고 했다. 그랬더니 아주 흥미로운 이야기가 나왔다.

성공한 벤처회사 사장이 직장이라는 무대에서 자신이 설정한 목표를 보고 스스로도 상당히 놀랐다고 말했다. 과거에는 직장과 관련된 목표라면 늘 실적과 성과뿐이었는데, 그날은 달랐다. 자신의 최상 상태를 묘사하는 특성 중 하나가 '다른 사람 도와주기'라는 사실을 새롭게 깨달았던 것이다. 그는 직원들 모두가 최선을 다하면서 편안하게 느끼고 도움을 받는 환경을 만드는 것을 자신의 직장 목표에 포함시켰다. 그동안 자신이 전적으로 중시했던 이익 달성과 긍정적인 직장 환경 사이에 연관성이 크다는 점을 절감한 결과였다. 이는 최상의 상태에 있을 때 자신의 특성과 그 특성이 인생의 각 무대에 어떻게 적용될 수 있는지를 깊이 생각해보지 않았다면 얻을 수 없는 통찰력에서 비롯된 것이었다. 그는 가정이라는 무대에서는 오랫동안 '다른 사람 도와주기'를 잘해왔다고 느꼈지만, 그 특성을 직장에 적용해볼 생각을 한 적은 없었다고 말했다. 그런데 최상의 상태일 때 나타나는 자신의 특성을 인생의 세 무대 전체로 확대 적용해보겠다는 생각을 하는 순간, 그는 삶에서 좀 더 일관되고 통합적인 접근법을 취하는 것이 큰 도움이 될 수 있다는 사실을 통찰했다.

그러면 이제 종이의 맨 위 중앙에 '가정', 맨 아래 왼쪽 구석에 '직장', 그리고 맨 아래 오른쪽 구석에 '지역사회'라고 표시하라. 그다음 자신의 최상 상태를 꾸준히 강화한다는 전제하에 인생의 세 무대 각각에서 바라는 목표를 서너 가지씩 기입하라. 이 단계까지 끝나면 당신의 Life GPS®는 완성된다. 이렇게 해서 종이 한 장에 자신의 인생에서 가장 중요하다고 생각하는 것을 모두 적어놓으면 스스로 그 일을 해낼 수 있다는 자신감이 들면서 마음이 편안해짐을 느낄 수 있다.

항로의 재조정

여객기에는 자동항법장치가 있다. 이 장치가 지속적인 미세 조정으로 목적지까지 비행기의 항로를 안내해준다. 이 미세한 항로 조정이 상공의 바람 같은 요인들의 효과를 상쇄해주는데, 그런 요인들을 방치하면 비행기가 항로를 크게 이탈하게 된다.

이제 당신은 Life GPS®를 가졌기 때문에 임원이라는 미지의 영역을 개척할 때 당신의 항로를 수시로 재조정해주는 자동항법장치로 그것을 사용할 수 있다. 매주 시간을 할애하여 자신의 Life GPS®를 검토하고 성찰하면 최적의 상태를 유지하는 데 많은 도움을 받을 것이다. 성찰을 할 때는 앞서 설명한 4가지 영역에서 설정한 일상 행동을 잘하고 있는지 자문해보기 바란다. 나의 핵심 특성을 강화하는 데 효과적인 행동이나 활동은 무엇인가, 좀 더 관심을 가져야 할 것은 무엇이며 수정되어야 할 것은 무엇인가, 인생의 세 무대에서 나 자신에게 어떤 변화가 일어나고 있는가? 이런 성찰의 시간을 갖는 것이 자신의 에너지를 수시로 재충전하고 관점을 새롭게 하는 습관을 기르는 효과적인 방법이다.

당신의 직업은 당신이 아니다

기업의 임원 시절 한 행사에서 빌 러셀의 기조연설을 들을 기회가 있었다. 러셀은 미국 대학농구(NCAA) 챔피언십, 올림픽 금메달, 보스턴 셀틱스에서 뛰면서 프로농구 챔피언십을 일곱 차례나 따낸 가장 성공한 운동선수 중 한 명이다. 또 그는 생각이 깊고 따뜻한 마음을 가진 사람이다. 연사로서 그는 언제나 너그러운 웃음으로 느긋하고 우아한 존재감을 나타내며 유머와 깊은 사고를 담은 이야기를 전한다.

그날 그의 연설은 1960년대 보스턴 셀틱스의 전성기 시절 팀 동료인 존 하블리첵과 함께한 여행 이야기로 끝을 맺었다. 러셀과 하블리첵은 공항 라운지에서 탑승 안내를 기다리고 있었다. 라운지에 앉아 있는 동안 한 여성이 러셀에게 다가와 물었다.

"이봐요, 당신 그 유명한 농구선수 맞죠?"

러셀이 대답했다.

"아닙니다, 부인. 전 그가 아닙니다."

잠시 후 다른 사람이 또 러셀에게 다가와 농구선수가 아니냐고 물었다. 러셀은 또다시 부인했다. 그러자 참다못한 하블리첵이 러셀에게 물었다.

"이 친구야, 도대체 왜 사람들에게 자네가 농구선수가 아니라고 말하는 거야?"

러셀이 대답했다.

"사실이 아니기 때문이야. 난 빌 러셀이야. 내가 농구를 하긴 하지만 그래도 난 빌 러셀이거든."

러셀의 이 이야기는 누구든 단지 그의 직업만으로 규정되어선 안 된다는 사실을 내게 일깨워주었다.

우리 각자는 특별한 경험과 기술과 특징을 가진 독특한 개인이다. 그 모든 것이 합쳐진 개인의 잠재적 영향력은 특정 직업을 뛰어넘는다. 지쳐 나가떨어질 때까지 전력 질주하고 싶은 생각이 들 때마다 이 사실을 기억하라. 당신의 직업은 당신이 아니다. 당신은 당신일 뿐이며, 직장에서와 마찬가지로 가정과 지역사회에서의 삶에도 매일 당신의 최선을 보여줄 수 있다.

Summary

**지쳐 나가떨어질 때까지 전력 질주하기를 그만두고
에너지와 관점을 수시로 재충전하는 습관을 갖는 10가지 비결**

1 회복을 위한 시간을 일정에 수시로 넣어 지쳐 나가떨어지는 질주의
   순환고리를 끊어라.

2 '무도장 플로어'에서 무슨 일이 벌어지는지 전체 그림을 보기 위해
   '발코니로 올라가' 리더십의 관점을 되찾는 시간을 가져라.

3 예상치 않은 위기에 대비하여 늘 어느 정도의 시간을 일정에서 비
   워두어라. 그런 위기는 반드시 당신의 집중적인 관심과 명료한 생각
   을 요구하게 된다.

4 자신의 최선을 이끌어낼 수 있는 일상 행동이나 활동을 파악하고
   시간을 할애하여 그 행동이나 활동을 꾸준히 연습하라.

5 자신의 Life GPS®를 만들어 임원의 삶이라는 미지의 영역을 개척
   하는 데 필요한 자신감을 길러라.

6 자신의 최상 상태를 보여주는 핵심 특성을 파악하라.

7 정신적, 신체적, 영적, 인간관계 영역에서 자신의 최상 상태를 강화
해줄 수 있는 일상 행동이나 활동을 파악하고 부단히 연습하라.

8 자신이 지속적으로 최상의 상태로 기능할 때 가정, 직장, 지역사회
에서 이루고 싶거나 기대하는 목표를 기록하라.

9 당신의 Life GPS®를 자주 재검토하고 그 기준에 따라 자신의 행적
을 평가함으로써 미지의 영역을 헤쳐나가는 항로를 재조정하라.

10 당신의 일이나 직업이 당신 자신이 아니라는 사실을 명심함으로써
균형 잡힌 관점을 유지하라.

원하는 것을 알게 하라 4

+ 맞춤형 커뮤니케이션을 한다
― 상황과 맥락을 무시한 획일적 커뮤니케이션을 한다

임원 초년 시절 당시 예닐곱 살이던 아들 앤디에게 하루 종일 회사에서 무슨 일을 했는지 설명하려고 애쓰던 기억이 난다. 내가 소집했거나 참석한 모든 회의, 프레젠테이션과 발표, 전화 통화, 동료들과 나눈 대화를 생각하면서 앤디에게 나는 기본적으로 사람들과 이야기하는 일이 회사 생활의 전부라고 말했다. 약간 과장이긴 하지만 지나치게 단순화한 것은 결코 아니었다. 임원들을 코칭하면서도 처음에 초점을 맞춘 이슈들의 대부분은 궁극적으로 커뮤니케이션 측면으로 되돌아간다.

내가 앤디에게 설명해준 온갖 내용의 핵심은 '사람들에게' 일방적으로 이야기하는 게 아니라 '사람들과' 이야기를 한다는 것이다. 말하기만큼 듣기도 중요하다는 뜻이다. 이것이 커뮤니케이션이다.

이 장에서는 우리의 임원 멘토들로부터 의사전달의 대상과 달성하고자 하는 목표에 적합한 맞춤형 커뮤니케이션에 관한 조언을 들어볼 것이다. 그들은 의사를 전달하는 입장부터 받아들이는 입장까지 커뮤니케이션의 모든 측면을 다룬 일화들과 관점을 이야기한다.

대상과 목표에 맞게 커뮤니케이션을 효과적으로 수행할 수 있느냐의 여부가 비즈니스의 성공을 좌우한다. 휴렛팩커드의 글로벌 사회혁신 담당 부사장인 개브리얼 제들메이어는 내게 이렇게 말했다.

"사람들이 효과적인 커뮤니케이션 능력이 없어서 실패하는 경우를 너무도 많이 본다. 의사소통이 제대로 되지 않으면 당신이 어렵게 내린 결정을 사람들이 신뢰하지 않는다. 소란이 벌어지고 사람들이 등을 돌리며 바라는 대로 일을 해주지 않는다. 사람들은 당신이 무엇을 이루고자 하는지 모른다. 올바른 의사소통이 되지 않으면 모든 일이 엉망이 된다."

이처럼 커뮤니케이션이 중요하다는 사실을 명심하고 이제부터 맞춤형 커뮤니케이션 기술에 관해 알아보자.

지향하는 목표와 상대방을 일치시켜라

맞춤형 커뮤니케이션이란 한마디로 결과를 중시하면서 상대의 특수성을 고려하는 의사소통 기법이다. 먼저 원하는 결과를 확실히 정의하고, 상대가 그 결과에 관심을 가져야 할 이유를 파악한 다음 배우려는 자세를 가지면 상대가 당신이 달성하고자 하는 목표에 동조할 가능성이 높아진다.

◆ **데이터 포인트** ◆

잠재력이 우수한 리더들이 스스로 가장 높이 평가하는 맞춤형 커뮤니케이션 행동은 '의사소통에서 열린 마음과 정직성을 보여주는 것'이었다. 반면 스스로 가장 낮게 평가하는 행동은 '의사소통 스타일을 특정 상대의 필요성(needs)에 맞추는 것'이었다.

무엇을 바라는가?

임원들 대부분은 유형적인 무언가를 만들어내는 데 시간을 쓰지 않는다. 그들은 무형적인 아이디어를 만들어내고 그것을 다룬다. 그 아이디어가 가치를 발휘하려면 적합한 시점에 적합한 상대에게 제대로 전달되어야 한다. 코칭할 때 나는 고객들에게 자주 이렇게 묻는다.

"어떤 결과를 얻고 싶은가요?"

이 질문은 큰 그림의 목표만이 아니라 동료들과 나누는 일상의 대화나 순간순간의 업무 과정과도 관련이 있다. 효과적인 커뮤니케이션은 언제나 전략적이고 의도적인 것이다. 나는 고객들에게 효과적인 커뮤니케이션을 지도할 때 메시지를 전달하려는 상대를 충분히 생각하라고 주문한다. 이야기를 듣는 사람이 그 메시지를 전달받은 뒤 어떻게 생각하기를 바라는지 확실히 정하라고 요구한다. 상대가 반드시 받아들여야 할 핵심 아이디어가 무엇인지를 명확히 하라는 것이다. 그리고 메시지를 전달받은 상대가 어떤 느낌을 가지기를 원하는지 잘 생각하도록 주문한다. 신이 나기를 바라는가, 어렵다고 느끼기를 바라는가, 의욕을 갖기를 바라는가? 이어서 나는 고객들에게 이런 점을 잘 생각해보라고 말한다. 상대가 그런 감정 상태에서 어떤 행동을 취하기를 바라는가? 마지막으로 맨 처음의 질문으로 돌아간다. 상대의 행동을 통해 당신이 얻고자 하는 결과가 무엇인가?

그것이 내게 무슨 이익이 되는가?

사람들이 효과적으로 행동하도록 만들려면 그들에게 무엇이 중요하고, 무엇이 그들의 동기를 유발하는지 정확히 파악해야 한다. 시티은행의 국제 업무를 담당하는 임원 베티 데비타는 자신의 커뮤니케이션에서 상대와 결과에 초점을 맞추는 문제에서 늘 고려해야 할 한 가지 중요한 질문이 있다는 사실을 깨달았다.

"그것이 내게 무슨 이익이 될까?"

데비타는 어디에 출장을 가든 반드시 이 질문에 답할 수 있어야 한다며 이렇게 말했다.

"상대가 '아, 그래. 알겠어. 바로 이것 때문에 내가 이 문제에 관심을 가져야 해'라고 말할 수 있도록 '그것이 내게 무슨 이익이 되는지'를 반드시 밝혀야 한다. 그가 의욕을 가지고 행동하면서 '그래, 우리 회사는 좋은 곳이야. 이 일에는 확실한 계획이 있어'라고 말할 수 있도록 설득력 있게 커뮤니케이션해야 한다."

물론 실제로 임원이 해야 할 질문은 '그들에게 무슨 이익이 되는가?'이다. 그러기 위해서는 그들이 무엇을 원하고, 기대하고, 두려워하고, 필요로 하는지를 제대로 알아야 한다. 그런 다음 지향하는 결과와 상대에 최대한 가깝게 커뮤니케이션을 연결해야 한다. 여기서 필요한 핵심 기술

중 하나가 '듣기'다.

귀담아 들어라

'우리에게 귀가 둘이고 입이 하나인 이유가 있다'는 말이 있다. 말하기 보다는 더 많이 들어야 한다는 뜻이다. 임원이 되면 더더욱 말하기보다 들어야 한다. 그러나 직원들이 임원인 당신의 뜻을 따르려 하고 당신이 답변해주기를 기대하기 때문에 듣기와 말하기의 비율을 그렇게 유지하기 가 결코 쉽지 않다. 그리고 답변을 많이 해줄수록 직원들은 더욱 당신에게 기대게 된다. 그러면 결국 당신은 얻는 것도 적어지고, 조직에서 무슨 일이 일어나고 있는지 잘 알지 못하게 된다.

스튜 시어는 국가안보 분야에서 쌓은 오랜 경력을 통해 같은 교훈을 얻었다. 방산업체 SAIC의 정보·보안·기술 담당 사장인 시어는 커뮤니케 이션을 통해 조직이 나아가야 할 방향을 정하는 데 많은 시간을 할애한 다. 그는 임원으로서 직원들의 말을 듣는 습관을 기르기는 무척 힘들지 만 노력할 가치가 충분하다며 이렇게 말했다.

"임원이 되면 모든 직원의 주목 대상이 된다. 그래서 다른 사람들의 말을 잘 듣지 않고 자신이 말을 많이 한다. 그러면서 효과적으로 커뮤니 케이션을 한다고 생각한다. 그러나 사람들은 당신의 말을 자기 나름대로 의 관점을 통해 해석한다. 당신이 한 말은 크게 증폭되지만, 당신은 주변 모두의 이야기를 듣지 않게 된다. 대다수 임원들의 결점 중 하나는 다른 사람의 말을 듣지 않는다는 것이다. 한발 뒤로 물러서서 '이 사람이 누구 이고, 이 조직이 어떠하며, 그들은 왜 그렇게 생각할까?'를 고민해야 하는데 결코 그러지 않는다. 메시지 자체보다 그 배경이 무엇인지를 생각해야 한다.

사람들이 프로젝트 브리핑을 하려고 나를 찾아오면 나는 먼저 이렇게 말한다.

'당신 자신에 관해 말해보세요.'

그들은 보통 이렇게 시작한다.

'이 프로젝트를 얼마얼마 동안 해오고 있습니다.'

하지만 내가 알고 싶은 건 그런 게 아니다. 나는 그들의 가족사항이 어떤지, 어디서 성장했는지 알고 싶다. 그들을 그들답게 만들어준 게 무엇인지 듣고 싶다. 그런 정보가 내가 그들의 생각을 이해하는 바탕이 된다. 나는 메시지를 들으면 이내 그것을 수용할지 거부할지 알 수 있다. 그보다는 사람들이 어떻게 생각하는지 알고 싶다."

맥락을 고려하라

커뮤니케이션과 관련하여 내가 자주 듣는 조언이자 고객들에게 가끔 해주는 말은 "곧바로 본론으로 들어가라(Cut to the chase)"는 것이다. 이 말은 무성영화가 상영되던 시절에 '추격 장면으로 바뀔 시점'이라는 대본의 지시어에서 유래된 것으로, 리더의 커뮤니케이션에 중요한 힌트를 제

코칭 팁

: 잠깐!

리더십 코치 프랭크 볼은 포스트잇에 '잠깐!'이라는 단어를 써서 늘 볼 수 있는 곳에 붙여두라고 조언한다. 이 단어는 '내가 왜 이런 이야기를 하는 거지?'라고 자문하도록 일깨워준다.

공하고 있지만 한편으로 주의해서 사용할 필요가 있다. 바로 본론으로 들어가기 전에 맥락을 고려할 수 있어야 한다. '그에게 그리고 내게 돌아오는 이득은 뭐지?'라고 생각하면서 다른 사람의 말을 신중하게 듣는다면 특정 결과를 도출하게 만드는 문제의 전체 맥락을 이해할 수 있다.

의사전달의 상대와 지향하는 목표를 일치시키는 데 중요한 또 다른 요소는 커뮤니케이션의 문화적 맥락을 고려하는 것이다. 식품회사 제너럴 밀스의 최고교육책임자(chief learning officer, CLO)인 케빈 와일드는 내게 이렇게 말했다.

"장기적으로 보면 본론으로 들어가기 전에 맥락과 관계를 이해하는 것이 더 중요하다. … 그냥 본론으로 들어가면 그런 차원을 놓치게 된다."

듀폰의 톰 슐러는 와일드가 한 말의 의미를 한층 더 강조한다. 슐러는 해마다 70~80일간 해외출장을 다닌다. 그는 커뮤니케이션 기술을 발전시키려면 문화적으로 다른 맥락에 민감해야 한다는 사실을 경험으로 깨달았다며 이렇게 말했다.

"커뮤니케이션은 해당 지역의 문화를 이해하고 존중하는 것에 좌우된다. 특히 비즈니스 관점에서 이해하는 것이 매우 중요하다. 예를 들어 일본의 한 이사회에 참석하면 그 자리에서 아주 유익한 이야기를 많이 듣지만, 결국 중요한 일의 대부분은 나중에 저녁식사 자리에서 이루어진다. 일본 측 비즈니스 파트너가 진정으로 당신에게 마음을 열려면 저녁식사 몇 차례는 같이해야 한다.

신뢰를 쌓으려면 실제로 어떤 일들이 일어나는지 그들이 당신에게 편하게 이야기할 수 있을 정도로 친해져야 한다. 세계 어디를 가나 사람들의 개인적인 가치관과 관점은 크게 다르지 않다. 그러나 비즈니스를 하는 방식에서 전통이 다를 수 있다. 그런 전통을 이해하고 존중해야 한다. 그냥 불쑥 찾아가 '이게 우리 식이니까 이렇게 해야 한다'고 말해선 안 된다. 그런 전통을 존중하고 좋은 관계가 어떻게 만들어지는지 이해하지 않으면 비즈니스가 되지 않는다."

조직 전체·상사·고위 경영진·동료 임원·담당 팀과의 커뮤니케이션

지향하는 결과가 무엇인지, 전하려는 메시지의 대상이 누구인지, 지향하는 결과 쪽으로 상대를 움직이려면 어떻게 해야 하는지를 정확히 알아야 한다. 맞춤형 커뮤니케이션의 핵심이 바로 이것이다. 성공하는 임원은 자신의 커뮤니케이션 방식을 전략적으로 다듬는다. 메시지를 전하고 싶은 상대의 사고와 느낌, 행동이 현재 어떤 상태이고 그를 어떤 상태로 만들고 싶은지를 고려한 다음 접근법을 그것에 맞춘다. 시간과 장소, 조직의 문화에 따라 사람들이 다르다는 점을 명심하고, 일률적인 커뮤니케이션 기술로는 바라는 결과를 얻기 힘들다는 점을 인식한다. 임원이 되면 당신은 조직 안에서 서로 다른 여러 부류의 대상과 자주 의사소통을 해야 한다.

- 조직 전체
- 상사

- 고위 경영진
- 동료 임원
- 담당 팀

효과적인 커뮤니케이션에 대해서는 이 책의 다른 장에서도 계속해서 다룰 것이다. 특히 팀이 해야 할 일을 정의하고, 왼쪽과 오른쪽, 대각선으로 보면서 이끌고, 큰 영향력 관점으로 바라보는 문제를 다루는 장에서 더 깊이 있게 살펴볼 것이다. 여기서는 다섯 부류의 주요 메시지 상대들에게 효과적인 맞춤형 커뮤니케이션에 대해 우리의 임원 멘토들로부터 몇 가지 원칙과 조언을 들어보기로 한다.

조직 전체를 대상으로 한 커뮤니케이션

어느 조직에서나 임원은 내부의 무대 중심에 서게 된다. 따라서 과거와 달리 자신의 커뮤니케이션 기술을 훨씬 깊게 인식할 필요가 있다. CGI의 도나 모리어에게 임원이 되고 나서 가장 큰 변화가 무엇이었는지 묻자, 그녀는 무엇보다 과거에는 의사소통을 훨씬 자유롭게 생각했지만 임원이 되고 나니 그렇지 않다는 점을 깨달았다고 말했다. 모리어는 조직 전체가 임원의 언행을 예의주시한다며 이렇게 조언했다.

"꾸준히 일관성을 유지해야 한다. 회사의 관료주의적인 측면이나 고객과 관련된 불만을 내키는 대로 표출해선 안 된다. 즉흥적으로 누구는 어떻다, 또 누구는 어떻다고 말해서도 안 된다. 그런 별 생각 없는 발언은 임원에게 금기사항이다."

커뮤니케이션의 효과를 정확히 인식하라

하이드로알루미늄 북미지사 사장을 지낸 마틴 카터는 모리어의 관점을 좀 더 확장해서 설명한다. 그는 자신의 자유분방한 커뮤니케이션 스타일이 사람들을 이끌고 싶은 방향과 그들의 필요성에 반드시 적합한 것은 아니라는 사실을 경험을 통해 깨달은 대표적인 사례다. 카터는 임원 시절 커뮤니케이션 스타일을 긍정적으로 바꾸려면 자기 인식과 의도를 혼합해야 한다는 사실을 알게 되었다. 나는 그에게 임원이 되었을 때 커뮤니케이션 스타일을 바꾸게 된 계기부터 설명해달라고 요청했다. 그는 이렇게 말했다.

"커뮤니케이션에 매우 신중해야 한다는 점을 깨달았다. 임원이 되기 전에는 동료 직원들과 의사소통을 하면서 약간 별나게 굴어도 문제가 없었다. 같은 지위에서 함께 일하는 동료였기 때문이다. 그러나 이 단계를 벗어나면 의사전달에 신중을 기해야 한다는 교훈을 배웠다. 격식에 매이지 않고 편안하게 말해선 안 된다는 이야기가 아니다. 임원으로서 하는 말은 조직 안에서 인용되고 아주 적극적으로 활용되는 경향이 있다는 점을 명심해야 한다. 따라서 과거보다 훨씬 더 신중을 기해야 한다."

나는 카터에게 임원이 된 뒤 커뮤니케이션의 역학이 달라졌다는 사실을 인식하게 된 사례를 들어달라고 했다. 그는 회사가 운영하는 한 공장을 방문했을 때를 돌이켰다. 그는 그곳의 보수유지 예산 규모에 관해 별 생각 없이 논평했다. 그로부터 한 달쯤 뒤 그 공장의 보수유지 예산이 크게 줄었다는 이야기를 듣고는 놀랐다. 사실 그가 그 공장에서 전하려고 했던 메시지는 예산을 줄이라는 게 아니라 직원들이 그런 면을 잘 살펴봐야 한다는 뜻이었다. 카터는 한 가지 메시지를 강하게 전달하면 사업에 실질적인 도움이 되지 않는 것이라도 직원들이 그에 따라 행동한다는 사실을 여러 차례의 경험을 통해 알게 되었다고 말했다. 임원으로서 자신의 언급이 액면 그대로 받아들여지는 경향이 잦다는 사실을 깨달았다.

격식을 벗어던져라

카터는 커뮤니케이션의 어려움을 극복하려면 격식을 따지지 않는 게 도움이 된다고 말했다. 그는 영국인으로 북미 지사에서 일하면서 유럽보다 미국에서 그런 접근법이 더 많이 필요하다는 점을 알았다.

"북유럽의 문화에서는 윗사람에게 심하게 불평해도 큰 문제가 없다. 그런 일이 당연하게 받아들여진다. 그러나 미국에서는 전혀 그렇지 않고, 영국에서도 마찬가지다. 따라서 미국에서는 커뮤니케이션 방식을 더 많이 생각하고 직원들과 격의 없이 이야기하는 기술을 익혀야 한다."

자유로운 대화를 장려하라

미국의 직장 문화에 맞춰 커뮤니케이션을 효과적으로 하는 방법을 익힌 마틴 카터의 접근법은 한 회사에서 문화가 다른 회사로 옮겨 적용할 때에도 그대로 적용된다. 업계나 회사의 역사에 따라 커뮤니케이션 문화가 상대적으로 더 개방적일 수도 있고 더 폐쇄적일 수도 있다.

열린 커뮤니케이션 문화는 직원들이 기회와 문제점을 기탄없이 드러내 조치가 취해질 수 있도록 하는 면에서 효과적이다. 열린 문화를 유지하거나 구축하고자 한다면 모든 직원들이 상사와의 대화를 편하게 생각하도록 만들어야 한다. 그것이 자연스럽게 되지 않는다고 해도 목표를 확실히 정하고 달성하는 데 도움이 되는 행동을 의식적으로 채택하면 그런 접근법을 몸에 익힐 수 있다.

카터는 회사에서 직원들과 좀 더 편안하게 대화하는 임원이 되도록 노력하는 과정을 이렇게 설명했다.

"격의 없는 대화를 하려고 애썼다. 그래야 더 나은 대화가 이루어진다. 내가 무슨 이야기를 했을 때 직원들이 생각해보라는 뜻이 아니라 행동을 하라는 의미로 받아들이지 않도록 하기 위해서 내겐 그런 노력이 반드시 필요했다. 나는 직원들이 편안하게 이야기할 수 있는 여건을 만들려고 꾸준히 노력했다.

직원들이 어려운 문제를 터놓고 논의하고 자신의 견해를 거리낌 없이 제시할 수 있는 환경에서 일한다고 느끼도록 만드는 것이 중요하다. 그래서 나는 내가 저지른 실수나 잘못 내린 결정을 사례로 들어 그런 분위기를 조성하기도 한다. 나는 직원들에게 도전의식을 불어넣고 격려하며, 자신이 하는 일을 잘 생각해보고, 그 일을 내가 내린 지시로 받아들이기보다 다른 시각에서 볼 수 있게 하려고 노력한다."

유대감을 형성하라

카터의 이야기는 임원이라는 지위보다 먼저 인간으로서 다가가는 커뮤니케이션 접근법을 보여준다. 자신의 실수나 잘못된 결정을 이야기하면 자신에게 자만심을 억제할 능력이 있으며, 긴장을 풀고 흉금을 털어놓는 대화를 나눌 용의가 있다는 점을 조직 전체에 전달할 수 있다.

《감성의 리더십(Primal Leadership)》에서 감성지능 전문가 대니얼 골먼과 공저자들은 이러한 마틴 카터 식의 커뮤니케이션을 '관계 중시형 스타일(affiliative style)'로 묘사한다. 자기 마음을 터놓아 직원들과 친화감과 유대감을 다지는 것이다. 하지만 임원들 가운데 관계 중시형 스타일의 커뮤니케이션을 하는 이들은 그리 많지 않다. 그보다는 비전 제시형(visionary), 지시형(commanding), 선도형(pacesetting) 스타일이 훨씬 더많이 눈에 띈다.

마틴 카터는 조직 안에서 관계 중시형 커뮤니케이션을 확립하기 위해 무엇을 어떻게 해야 하는지에 관해 다음과 같이 말했다.

"나의 목표는 회의에서 최대한 격식을 없애는 것이다. 임원이라는 지위를 갖고 나면 직원들이 당신을 과거와 전혀 달리 대한다. 대개는 당신이 직원들의 삶에 영향을 줄 권한을 갖고 있다는 점 외에는 다른 그럴듯한 이유가 없이 그런 대접을 받는다.

임원은 직원들의 삶에 영향을 미칠 위치에 있다. 따라서 직원들은 당신에게 속마음을 드러내지 않고 입을 다물며 당신을 훨씬 격식을 차려대하는 경향이 있다. 임원이 된 당신 앞에 서면 직원들은 과거보다 훨씬경직된다. 솔직히 장밋빛 그림이 아닌 문제도 장밋빛으로 칠하려고 한다. 어려운 문제보다는 긍정적이고 쉬운 문제에 초점을 맞추려 한다. 따라서 그렇게 되지 않는 근무 환경을 만드는 게 중요하다. 몇 가지 간단한 방법이 있다. 회의 전날 저녁에 팀과 회식을 하는 것도 한 가지 방법이다. 아니면 그들과 점심을 함께 하며 느긋하게 가족이나 축구 등 자신의 관심사나 취미를 이야기해도 좋다. 유럽인들은 정장을 차려 입고 회의를 하지만 나는 공장 회의에 그런 차림으로 참석하지 않는다. 나는 편안하고 느긋한 분위기를 조성하려 한다. 업무만이 아니라 직원 개인에게도 진정한 관심을 표하려 한다. 나만이 아니라 우리 임원 모두가 직원 개인에게 또는 그들의 아들이나 딸이 진학할 대학에 관해 진실된 관심을 표명하는 데 많은 시간을 할애한다.”

카터는 복장, 질문의 내용과 스타일, 직원들과 함께 시간을 보내는 방식을 통해 그들이 편안하게 대화에 참여하고 솔직한 견해를 제시할 수 있는 환경을 조성한다. 그런 노력 덕분에 카터와 동료 임원들은 회사 운영에 필요한 정보를 보다 효과적으로 얻는다.

도매형 커뮤니케이션 기술을 터득하라

역사적으로 볼 때 떠오르는 리더가 적응해야 하는 가장 큰 변화 중 하나는 조직 전체에서 자신의 커뮤니케이션 크기를 조절하는 것이다. 나는 이것을 '소매형'과 '도매형' 커뮤니케이션의 차이로 구분한다. 소매형 커뮤니케이션은 일 대 일, 또는 한 명 대 소그룹으로 이루어진다. 대다수 리더들이 편안하게 생각하는 방식이다. 이전에 그런 소매형 커뮤니케이션을 위주로 했기 때문이다. 그러나 리더의 역할이 확대되면 도매형 커뮤니케이션이 더 중요해진다. 이는 조직 전체를 대상으로 대화하고 공감대를 형성하는 것을 말한다.

소셜미디어의 등장으로 도매형 커뮤니케이션에도 변화가 나타나고 있다. 최고 리더가 높은 곳에서 기준을 제시하고, 조직 전체가 그것을 따르는 시대는 급속히 끝나가는 중이다. 과거에는 도매형 커뮤니케이션이 전 직원이 참석하는 회의를 중심으로 이루어졌다. 모두가 함께 모여 사전에 준비된 리더의 발표문을 듣고, 미리 걸러진 직원들의 질문을 받는 식으로 진행되었다. 철저히 다듬어진 사내 통신문도 자주 활용된 도구였다. 그러나 요즘에는 이런 식의 아날로그식 접근법이 통하지 않는다. 블로그, 페이스북, 트위터 같은 다양한 채널의 작동으로 인해 메시지를 전달하는 사람보다 직원들이 더 잘 아는 경우가 많기 때문이다.

휴렛팩커드의 글로벌 사회혁신 담당 부사장인 개브리얼 제들메이어는 도매형 커뮤니케이션을 통해 조직에 영향을 주는 일을 주로 하는 임원이다. 디지털 시대의 도매형 커뮤니케이션 기술을 터득한 그의 이야기를 들어보자.

"임원은 특정 메시지의 중요성을 이해하고 그 메시지를 조직에 효과적으로 전달해야 한다. 지난 시절 어느 정도 통했던 폭포식 상의하달 방식은 이제 버려야 한다. 요즘은 역으로 메시지를 전달하는 방식을 고려해야 한다. 진정한 논의는 맨 아래나 중간 정도에서 이루어지기 때문이다. 중간관리자에게 의존해 전 직원에게 메시지를 전하려고 하면 메시지는 절대로 전달되지 않는다.

그래서 나는 고위 임원으로서 위에서부터 직원들에게 메시지를 전달하는 방법을 찾는 동시에 실제 논의가 일어나는 곳(주로 말단 직원들 사이)에 직접 찾아가서 거기서 내 메시지를 전하려고 한다. 위에서 아래로, 또 아래서 위로 쌍방향으로 접근하는 것이다. 요즘에는 다양한 디지털 채널이 존재하고 이를 이용해 의견을 표현하기 때문에 위에서 아래로 메시지를 전파하는 방식은 효과가 떨어진다. 도매형 커뮤니케이션은 많은 사람들에게 메시지를 전달한다는 뜻이다. 그러나 직원들의 피드백이 나올 수 있는 방식으로 해야 한다."

도매형 커뮤니케이션의 새로운 모델은 이미 진행 중인 대화에 참여하고 거기에 영향을 미치는 것이다. 모든 리더들이 터득해야 하는 더 높은 차원의 기술이다.

상사와의 커뮤니케이션

임원이 되면 커뮤니케이션의 대상이 많아지기 때문에 가장 소중한 자원 중 하나가 시간이다. 신임 임원인 당신이 시간 관리가 벅차다면 당신의 상사는 어떨지 상상해보라. 당신의 상사는 더 높은 지위의 임원으로서 당신보다 더 많은 직원들을 상대해야 하고, 이사회까지도 신경을 써야 한다. 그 외에도 고객, 비즈니스 파트너, 규제 당국 같은 외부의 주요 관련자들도 만나야 한다. 당신도 이런 집단의 일부나 대표자들과 의사소통을 해야 할지 모른다. 그러나 당신보다는 상사의 대화가 회사에 더 중요할 가능성이 크다. 당신의 상사는 이런 관계들을 관리하는 동시에 당신이 상대하는 같은 사람들 중 다수와도 의사소통을 할 책임이 있다.

여기서 요점은 당신이 상사와 대화할 때 분명한 의도와 초점이 있어야 한다는 사실이다. 임원이 되면 당신의 상사와 대면하는 시간이 이전에 당신이 중간관리자와 대면하는 시간보다 적다는 사실을 알게 될 것이다. 따라서 그 시간을 최대한 활용하는 것이 중요하다. 줄어든 시간을 보완할 효과적인 대안을 찾아 당신과 상사 사이의 의사소통을 효율적으로 유지하려고 노력해야 한다.

보고 절차와 기본틀 합의

당신이 어떤 정보를 얼마나 자주 제공해야 할지 상사가 말할 때까지 기다리지 말고 먼저 물어보라. 임원이 되기 전에 중간관리자와 당신 둘 사이에 적합한 보고 절차를 마련했다면, 이제 당신의 상사에게 같은 절차를 사용해도 괜찮을지 의견을 구하라. 당신의 상사가 선호하는 커뮤니케이션 방식을 확인하고 거기에 맞춰라. 이메일인가, 웹캐스트인가, 보이스메일인가, 전화회의인가, 아니면 정기적인 대면회의인가? 또 당신의 상사가 어느 정도까지 세부적인 정보를 원하는지 알아내라. 제목과 간략한 내용 요약을 원하는가, 아니면 더 자세한 구체적인 내용을 원하는가, 정기적으로 얼마나 자주 보고받기를 원하는가, 긴급 보고를 요구하는 사안이나 변수는 무엇인가?

당신의 상사가 자기 사무실에 들어오는 방대한 데이터 중에서 당신이 제공한 정보를 취하고 그에 따라 조치를 내리도록 하려면, 단순하고 일관된 커뮤니케이션의 기본틀을 채택해야 한다. 미시간대학의 경영학 교수 데이비드 얼리치는 다음의 3가지 간단한 질문에 근거한 커뮤니케이션 기본틀을 제시한다.

What? 어떤 사안이 다루어지거나 검토되어야 하나?
So What? 그 사안이 검토되어야 할 이유는 무엇인가?
Now What? 그 사안에 대해 어떤 조치가 필요한가? 어떤 행동이나 지지를 상사에게서 얻어내야 하나? 그 사안의 진척과 관련해 상사가 유념해야 할 척도는 무엇이 되어야 하나?

물론 당신과 상사 사이의 커뮤니케이션은 쌍방향으로 이루어진다. 정보를 받아들이는 입장에서도 이 'What?-So What?-Now What?'이라는 기본틀이 간단하고 효과적인 체크리스트가 될 수 있다. 얼마든지 확장이 가능한 이런 개방형 질문들은 해당 사안을 더 잘 이해할 수 있게 해주며, 후속 조치를 효과적으로 취할 수 있게 해준다.

상사의 커뮤니케이션 스타일을 활용하라

당신과 상사 사이의 의사소통이 매우 효과적이라 상사의 뜻을 관철시키기 위해 필요한 정보가 무엇인지 명확히 알 수 있다면 더할 나위 없이 좋은 일이다. 다루어져야 할 사안에서 목표를 향한 진척사항이나 위험성과 관련해 자주 보고하면 상사의 일이 훨씬 쉬워질 수 있다. 동시에 상사는 동료 임원들이나 더 높은 단계의 관계자들(CEO나 이사회 등)과의 대화를 통해 당신과 당신이 맡은 팀이 추구하는 목표 달성에 도움을 줄 수 있다. 내가 인터뷰한 신임 임원 중 한 명은 자신과 상사 사이에서 이런 공생적 커뮤니케이션 관계가 어떻게 도움이 되었는지 다음과 같이 설명했다.

"과거엔 관리자로서 부사장에게 보고했지만, 임원이 되면서 수석부사장에게 보고하게 되었다. 승진했을 때 나는 수석부사장에게 '이런 식의 보고 절차가 괜찮겠습니까?'라고 물었다. 수석부사장이 요구하진 않았지만 내가 먼저 보고 절차를 제시하자 아주 흡족해했다. 그래서 우리는 그 절차를 계속 활용했고 수석부사장은 나의 보고를 잘 활용하고 있다. 종종 수석부사장은 내가 보낸 이메일을 사장에게 그대로 전달한다. 사장이 다시 회신하면 수석부사장은 축하의 댓글을 달아 내 팀에 회신해준다. … 내 팀은 내가 자신들의 업무 수행에 만족하는지 알고 싶어 하는 동시에 더 높은 지위에 있는 임원으로부터도 인정받고 싶어 한다. 내 팀이 나의 상사로부터 자신들의 업무 수행을 인정받고, 내가 나의 상사를 그렇게 유도한다는 사실을 알면 팀 전체의 사기가 올라간다. 특히 큰 조직에서는 당신의 상사가 당신의 실적을 평가할 때 기본적으로 당신 팀의 실적과 다른 팀의 실적을 비교한다. 따라서 당신 팀 전체가 더 높은 차원에서 인정받는다는 사실을 알아야 그들의 사기가 올라 더 많은 실적을 올릴 수 있다."

이 말에는 의미 있는 요점이 많이 들어 있다. 첫째, 이 임원은 업무의 진전을 수시로 보고함으로써 자신의 상사가 더 높은 위치에 있는 경영진에게 좋은 평가를 받도록 해준다. 둘째, 그의 상사는 더 윗선에서 받는 긍정적 피드백을 활용해 팀의 사기를 올려준다. 셋째, 이 임원은 상사에게 수시로 진척 상황을 보고하는 커뮤니케이션 절차를 만들어 상사가 조직 내부의 팀 실적을 비교할 때 더 유리한 입장에 설 수 있도록 해준다. 마지막으로, 그의 전략은 많은 신임 임원들이 고민하는 문제 중 하나를 해결할 수 있다. '내 상사를 구체적인 세부사항에 관여하지 않게 만드는 방법이 무엇일까?' 이 임원처럼 상사가 자신을 신뢰하도록 만드는 것이다. 상사는 자신에게 적합한 방식으로 자주 보고를 받으면 편안함을 느끼게 된다. 상사가 돌발 사건으로 허를 찔리는 일을 걱정하지 않게 되면 당신은 일상 업무에서 더 많은 재량권을 가질 수 있다.

효과적인 커뮤니케이션 절차가 쌍방의 존재감을 강화시키고 실적을 더 많이 올릴 수 있도록 해준다.

실적을 적극적으로 알려라

주어진 일을 열심히 잘 하기만 하면 자동적으로 위에서 알아주기 때문에 그만한 보상을 받는다고 믿는 중간관리자들이 많다. 조직의 아래부터 중간까지는 그런 믿음이 옳을지 모른다. 그러나 임원 차원에서는 통하지 않는 이야기다. 고위 임원들 대다수는 너무도 바빠 팀의 실적을 적극적으로 제시하지 않으면 알아채지도 못하는 경우가 숱하다. 일단 임원이 되면 실적 자체가 자동으로 인식되지 않는다는 점을 명심해야 한다. 자신이 이런 저런 실적을 올렸다고 적극적으로 이야기해야 한다. 위의 임원처럼 자신이 맡은 팀의 실적을 당신의 상사나 고위 경영진 앞에서 적극적으로 내세울 수 있는 전략을 짜고 실행에 옮기는 것이 중요하다.

여기서 중요한 점은 당신이 적극 홍보하는 실적이 당신 자신의 것이 아니라 팀의 실적이라는 사실이다. 고위 경영진은 팀의 실적을 자신이 이룬 것인 양 떠벌리는 임원을 제일 싫어한다. 당신이 맡은 팀이 좋은 실적을 올리면 당신이 그 실적을 자신의 것으로 자랑하지 않아도 저절로 당신의 실적으로 간주된다. 팀의 실적을 자주 거론하면 팀원들이 인정을 받을 뿐 아니라 당신의 상사가 더 편안하게 조직을 이끌 수 있는 긍정적인 효과도 따른다. 앞에서 이야기한 임원은 팀의 실적을 경영진에게 효과적으로 보여주는 방법에 관해 이렇게 이야기했다.

"자신의 실적을 윗사람들에게 알리는 일이 매우 중요하다. 내가 팀장이었을 때는 관리자가 팀의 실적을 계속 확인했다. 우리가 늘 관리자와 함께 일했기 때문이다. 그러나 임원이 되면 당신의 상사가 실적을 늘 세심하게 관리하지 않게 된다. 당신이 실수를 했거나 실적이 예상보다 좋지 않을 때는 그들이 곧바로 알지만, 당신이 목표를 무난히 달성했을 때는 별 관심을 보이지 않는다. 나의 경우에는 실적을 올리기 위해 극복해야 했던 수많은 어려움들을 이야기하고 그래서 그게 얼마나 중요한지 상사에게 적극적으로 알린 것이 큰 도움이 되었다. 이것이 팀의 실적이 얼마나 대단한지 고위 경영진이 제대로 알 수 있는 기회로 작용했다.

나는 성과를 떠벌린다는 인상을 주지 않으려고 나의 상사와 그 윗선에 보고할 때 신중을 기한다. 그들은 늘 현황을 알고 싶어 하기 때문에 나는 일상적인 보고를 할 때 팀의 실적을 강조하는 방식을 취한다. 상사에게 보내는 이메일에서 우리가 올린 실적과 그 과정에서 겪은 어려움을 이야기한다. 그러면 상사가 그 내용을 고위 경영진에게 전달한다. 내가 그런 정보를 제공하면 상사는 우리 팀의 일상 업무를 직접 챙기지 않아도 편안하게 느낀다. 그만큼 나의 재량권이 커진다는 뜻이다.

처음에는 내가 맡은 팀의 일상 업무에 고위 경영진이 깊이 개입하고 어떤 식으로 일이 진척되는지 알고 싶어 했기 때문에 상당한 부담을 느꼈다. 그러나 상사와 나 사이에 보고 절차를 합의하고 수시로 내가 진척 상황을 보고하자 그들은 내 팀에 덜 개입했다. 나의 충실한 보고로 우리 팀의 실적을 수시로 파악할 수 있고, 더 윗선에 전달할 수 있는 정보를 내게서 얻을 수 있기 때문이었다. 그 결과 나와 나의 팀은 부담과 압력을 덜 수 있었다."

고위 경영진과의 커뮤니케이션

신임 임원으로서 당신은 일거수일투족이 평가받는다고 느낄지 모른다. 그렇게 느낀다면 실제로 그럴 가능성이 크다.

한 조직의 고위 임원에게 주어지는 주된 임무 중 하나는 후임자가 될 만한 인재를 발굴하고 그들의 역량을 개발하는 것이다. 당신이 속한 조직에서 계속 승진하고 싶다면, 아니 그럴 생각이 없다고 해도 고위 경영진과의 커뮤니케이션을 자신의 좋은 인상을 남길 수 있는 기회로 간주하는 것이 바람직하다.

나는 리더십 코치로서 내가 코칭하는 고객들로부터 상사에게 좋은 인상을 줄 수 있는 몇 가지 비결을 자주 듣는다.

귀 기울여 듣고 눈을 크게 뜨고 관찰하라

고위 경영진과 만나는 자리에서 자신이 무엇인가 기여해야 한다는 생각에 사로잡히면 오히려 그들의 이야기를 듣는 데 소홀하기 쉽다. 자신의 견해나 관점을 피력하기 전에 속도를 늦추고 형세를 관망하라. 당신이 속한 조직의 고위 경영진에게 가장 중요한 것이 무엇인지 알아보기 위해 개방형 질문을 하는 습관을 들여라. 그들이 생각하는 성공이 무엇인지 여유를 갖고 물어보라. 그들이 정의하는 성공에 당신의 행위를 맞춰라. 마케팅에서는 이런 것을 '고객의 필요성에 기반한 판매(needs-based

더 높은 자리로 승진하는 사람은 거의 다 머리가 좋다. 머리가 비상한 사람은 질문에 신속히 답변한다. 그러나 조심하지 않으면 일반적으로 용인되는 정도 이상으로 말을 길게, 그리고 자주 하게 된다. 이야기를 듣는 상대방에게 좋은 인상을 줄 리 없다. 누구든 좋은 태도가 결코 아니다. 특히 고위 경영진은 그런 장광설을 혐오한다. 말을 짧고 적게 하기가 어렵다면 회의에서 자신이 말하는 횟수를 헤아려보는 습관을 들이는 게 좋다. 회의에서 메모할 때 메모지를 좌우 2 대 1의 비율로 나누는 선을 그어라. 그리고 3분의 2에 해당하는 부분에 평소처럼 메모를 하라. 나머지 3분의 1에는 회의 참석자들의 이름을 나열하고 그들이 발언할 때마다 체크하라. 그 난에 자신의 이름도 포함시켜 자신의 발언 횟수와 시간이 얼마나 되는지 확인하라. 자신의 패턴을 확인하고 현장에서 또는 장기적으로 조정하라.

selling, 니즈 판매)'라고 한다. 당신의 언행이 상품이 조직에 부가가치를 창출하는 경우에도 똑같이 적용되는 원칙이다.

긍정적인 인상을 줄 수 있도록 철저히 준비하라

고위 경영진에게 긍정적인 인상을 줄 수 있는 기회는 공식 프레젠테이션, 정기적인 보고회, 그리고 약간의 비공식적인 대화에서 생긴다. 어떤 자리에서든 자신의 기능에 국한하지 말고 회사의 조직 전체에 중요한 사안들에 대한 관점을 준비하는 것이 중요하다. 버라이즌의 임원인 마이크 래니어는 이렇게 말했다.

"그런 기회가 생기면 철저한 준비가 필요하다. 준비 없이 참석해서 멍하게 시간을 보내선 안 된다."

리츠칼튼 컴퍼니의 수석부사장인 슈 스티븐슨도 래니어와 같은 취지로 이렇게 말했다.

"고위 임원을 만나기 전에 예습을 하지 않는 것은 거의 무례한 일이나 마찬가지다."

최고 경영진에게 당신의 견해와 관점을 효과적으로 제시하는 방법에 관해서는 8장과 9장에서 좀 더 많은 조언을 들을 수 있을 것이다. 여기서는 고위 경영진의 눈높이에 당신의 커뮤니케이션을 맞추려면 언제 어디서든 중요한 사안에 의견을 제시할 수 있도록 평소에 공부를 열심히 하는 게 무엇보다 중요하다는 점만 강조하고자 한다.

이런 준비를 하는 한 가지 좋은 방법은 자신이 제시한 주요 제안과 우선순위 목록을 수시로 검토하고, 고위 경영진이 질문할 때 간단명료하게 설명할 수 있도록 자료를 갖추는 것이다. '엘리베이터 스피치(elevator speech)'라는 말을 많이 들어봤을 것이다. 엘리베이터를 타고 가는 동안 상대방의 관심을 끌 수 있는 짧은 브리핑을 말한다. 짧은 시간에 상대의 관심을 끌고 의사결정을 유발할 수 없다면 설득은 물 건너간 것이라는 뜻이다. 제너럴일렉트릭의 '변화 가속화 프로세스(change acceleration process, CAP)'를 개발하는 과정에서 외부 컨설턴트들은 효과적인 엘리베이터 스피치를 준비하는 4단계를 다음과 같이 정의했다.

1. 우리의 프로젝트나 제안은 …에 관한 것이다.
2. 그것이 회사에 중요한 이유는 …이다.
3. 이것이 당신에게는 …을 의미한다.
4. 당신이 여기에 도움을 줄 수 있는 방법은 …이다.

이 포맷은 앞서 설명한 'What?-So What?-Now What?'이라는 커

30분을 할애하여 자신에게 중요한 서너 가지 사안을 선정하고 각각의 사안에서 위의 4단계를 사용한 엘리베이터 스피치를 만들어보라. 믿을 만한 동료 앞에서 그 스피치를 연습해보라. 60초 안에 그 내용을 효과적으로 전달할 수 있는가? 어느 부분을 더 간략하게 줄일 수 있는가? 이 엘리베이터 스피치를 트위터에 올리는 글로 만들 수 있다면 더 좋다(트위터에 올릴 수 있는 글자 수는 140자로 제한되어 있다). 최대한 간략히 전달하면서도 요점을 효과적으로 전달할 수 있는지 실험해보라.

뮤니케이션의 기본틀과 그대로 맞아떨어진다. 1번은 무슨 일이 진행되고 있는지를 말해주고, 2번과 3번은 조직 전체와 개인적으로 그 일이 갖는 의미를 설명하며, 4번은 필요한 도움을 요청함으로써 일을 진행시킬 수 있는 조건을 마련해준다.

간단명료하게 이야기하라

엘리베이터 스피치 같은 포맷이 고위 경영진에게 잘 먹히는 이유 중 하나는 어쩔 도리 없이 자신의 생각을 간결한 문장으로 줄여야 한다는 점이다. 고위 경영진과의 대화에서는 간단명료하게 말하는 것이 중요하다. 대개 그들의 일정은 아주 바쁘다. 그들은 당신이 이야기할 때 바로 본론으로 들어가기를 원한다. 회사의 고위 경영진과 만나기 전에 자신의 생각을 체계적으로 정리하고 요점으로 압축함으로써 사전 준비에 임하라.

문제점이 아니라 해결책을 이야기하라

훌륭한 고위 경영진은 당신이 예스맨이 되기를 원치 않는다. 그러나 대부분은 문제를 해결하는 긍정적인 방향을 제시하기를 기대한다. CGI의

도나 모리어 사장은 이 문제와 관련해 신임 임원들에게 바라는 바를 이렇게 설명했다.

"의구심을 표하는 방식이 매우 중요하다고 본다. 사려 깊음과 수완이 필요하다. 임원이 되면 모든 임직원이 당신의 리더십을 기대한다. 특정 사안에 우려를 표하거나 전망을 의심하거나 의문을 제기하면 그런 태도가 확대 해석된다. 그런 해석을 피하려면 어려움과 약점을 인정하면서도 건설적인 해결책 모색의 맥락을 벗어나지 않아야 한다. 중간관리자의 직책에서 하듯이 불평불만을 쏟아내서는 안 된다. 문제를 부인해선 안 되지만 그 문제를 해결할 계획을 제시하거나 계획을 세우는 방향으로 신속히 나아가야 한다."

내가 아는 몇몇 신임 임원들은 주어진 상황에서 잘못될 수 있는 모든 것을 최악의 시나리오로 상상하는 경향이 있다. 개인적으로 문제를 처리하고 해결하는 방식으로서는 큰 문제가 없다. 그러나 고위 경영진 앞에서 그런 식의 태도를 보이면 상황이 실제보다 훨씬 나쁘다는 인상을 주게 된다. 더군다나 스스로 문제를 헤쳐나갈 수 있는 리더가 아니라 우울증에 빠진 사람 같은 느낌을 주게도 된다. 이와 관련된 상황에서 자신이 어떠한지 돌아보라. 만약 이런 습관이 보인다면 그런 절망적인 생각은 자신만 갖고 겉으로 드러내지 않도록 노력하라.

맥락을 공유하라

고위 경영진에게 특정 과제의 결과나 진척 상황을 설명할 때 일의 맥락을 설정하고 충실히 설명하면 그들의 지지와 안정을 받을 확률이 더 높아진다. 이 책을 쓰려고 내가 인터뷰한 글로벌 기업의 한 임원은 자기 전임자의 경우 고위 경영진에게 업무의 맥락을 설명하지 않아 해고되었다는 이야기를 전했다. 하지만 그 자신은 똑같은 상황에서 처신을 아주 잘했다. 그는 자신과 자신의 팀이 이룬 진전을 고위 경영진에게 잘 설명했기 때문에 성공할 수 있었다고 말했다. 그는 자신과 전임자의 접근법을 이렇게 비교했다.

"나의 전임자는 숫자를 잔뜩 적은 문서를 돌렸다. 하지만 고위 경영진 대부분은 그 숫자의 진정한 의미를 알지 못했다. 그들은 그 숫자가 목표 수치에 근접한다는 사실은 알았지만 어떤 배경에서 그렇게 되었는지, 다시 말해서 예산이 50% 삭감된 상황에서 그 결과를 내려면 어떤 어려움이 있었겠는지 알 도리가 없었다. 고위 경영진이 서류로 본 그 성과는 실제보다 폄하될 수밖에 없었다. 나의 전임자가 상황과 배경을 설명하지 않고 그 결과가 나온 맥락을 이해시키지 않았기 때문이다. 고위 경영진은 서류에 적힌 숫자만 보고 그것을 기초로 판단했다.

그와 달리 나는 현재 시장의 환경에서 우리가 어떻게 하고 있는지 설명했다. 이전의 실적에 비해 지금은 어떤 상황인지 이해시켰다. 나는 우리가 올린 실적에 전후좌우의 맥락을 반영하려고 애쓴다. 우리가 얻어낸 결과의 진정한 의미를 보여주려고 끊임없이 노력한다. 사실 내가 맡은 팀은 과거와 똑같다. 이 팀은 내가 리더를 맡기 전에도 높은 실적을 달성했다. 그러나 나의 전임자는 자기 팀의 실적을 주어진 환경과 맥락 안에서 고위 경영진에게 이해시키려고 노력하지 않았다."

고위 경영진 앞의 프레젠테이션

임원이 되면 공식 프레젠테이션이 거의 일상 업무의 하나가 된다. 그런데도 프레젠테이션을 제대로 하는 임원은 믿기 어려울 정도로 드물다. 지금까지 들어본 비즈니스 프레젠테이션 중에서 정말 잘한다는 생각이 든 적이 몇 번이나 있었는지 꼽아보라. 아마도 그리 많지 않을 것이다.

당신이 프레젠테이션을 대상의 특성과 맥락에 맞게 준비하면 다른 임원들과 다르다는 점을 보여주고 조직을 위해 훨씬 많은 일을 할 기회를 얻을 수 있다. 더 나은 발표를 하는 방법을 알려주는 자료는 수없이 많이 나와 있다. 그러나 내가 인터뷰한 임원 멘토들은 몇 가지 기본 원칙을 제시했다. 그 원칙들을 바탕으로 꾸준히 연습하면 고위 경영진 앞에서 더 효과적인 프레젠테이션을 할 수 있을 것으로 믿는다.

프레젠테이션의 목적을 명확히 규정하라

중요한 프레젠테이션이나 회의를 준비하는 고객에게 맞춤형 커뮤니케이션의 핵심을 지도할 때 나는 늘 그들에게 그 회의나 프레젠테이션으로 무엇을 성취하고자 하는지 묻는다. 그들이 바라는 결과를 명확히 정의하도록 돕기 위해 추가적으로 이런 질문을 한다.

"회의가 끝났을 때 참석자들이 무엇을 생각하기를 바라는가?", "그들이 어떻게 느끼기를 원하는가?", "그들이 어떻게 하기를 원하는가?"

이런 질문을 스스로 묻고 답하는 과정을 거치다보면 당신이 프레젠테이션으로 무엇을 얻고자 하는지 명확해질 것이다.

참석자들을 위해 준비하라

릭 스나이더는 노르웨이의 솔루션업체 탠드버그에서 글로벌 비즈니스를 담당하는 사장이다. 그는 직책상 끊임없이 커뮤니케이션을 해야 하며, 그 대부분은 온라인으로 이루어진다. 그는 임원으로서 효과적인 커뮤니케이션을 하려면 '철저한 준비'가 필요하다는 점을 경험으로 깨달았다고 말했다.

"당신의 이야기를 듣는 상대방이 무엇을 필요로 하는지, 무엇을 기대하는지 깊이 생각해야 한다."

스나이더는 임원회의를 위한 준비 과정을 두고 '잔인하다'고까지 말한다. 빈틈없으면서도 간단명료한 프레젠테이션을 요구하는 회사 문화 때문이다. 그는 이렇게 설명했다.

"전하고자 하는 메시지를 파워포인트 차트 3개로 줄이려면 엄청난 노력이 필요하다. 3개의 차트에서 한 시간을 보낼 수도 있고 10분을 보낼 수도 있다. 아무튼 양쪽을 다 준비해야 한다. 또 내가 준비한 자료를 스스로 정확히 이해해야 한다. 메모지를 보면서 프레젠테이션을 할 수는 없다. 이사회 보고도 마찬가지다. 우리 회사는 공동 작업이 많고 즉각적으로 대처해야 할 일이 많지만, 임원회의에서 프레젠테이션을 하거나 발언을 할 때는 서로를 너무도 존중하기 때문에 발표를 철저히 준비하고 내용을 완전히 숙지해야 한다."

빌 크리스토퍼는 의료부품업체인 매케슨 프로세스 테크놀로지(MPT)의 부사장이다. 업무상 고위 경영진에게 정기적으로 브리핑을 하고 동료들의 프레젠테이션에도 참석해야 하는 그는 자신의 경험을 바탕으로 프레젠테이션을 준비하기 위한 원칙을 다음과 같이 제시했다.

- 고위 경영진 앞에서 발표를 준비할 때는 먼저 그들이 어떻게 생각하고 선호하는 스타일과 접근법이 무엇인지 파악하라. 시각적인 자료를 보여주는 것을 좋아하는가, 아니면 말로 설명하는 것을 좋아하는가? 핵심 요점만 듣기를 좋아하는가, 아니면 전체를 아우르는 대국적인 전략을 좋아하는가? 엑셀 스프레드시트를 좋아하는가, 아니면 파워포인트 프레젠테이션을 좋아하는가? 그들이 선호하는 스타일에 호소력이 있도록 준비하라.
- 고위 경영진 앞에서 이미 발표해본 동료들과 이야기하라. 고위 경영진이 괜찮다고 판단한 프레젠테이션이나 제안의 스타일과 내용은 무엇인가?
- 형식이 기능보다 우선일 가능성이 크다는 점을 명심하라. 아이디어가 더 낫지만 프레젠테이션을 엉성하게 하는 주니어 임원보다 좀 더 전문적으로 보이는 프레젠테이션을 하는 주니어 임원이 더 큰 관심을 얻는다.

'How(어떻게)'가 아니라 'What(무엇)'에 초점을 맞춰라

모건스탠리의 에드 사니니에 따르면 고위 경영진은 주니어 임원이 결론이나 제안 도출에 이른 과정을 건전하고 적절하다고 간주한다. 따라서 프레젠테이션을 하면서 결론에 이른 과정을 정당화하려고 세세하게 설명하는 데 많은 시간을 쓸 필요가 없다. 사니니는 이렇게 말했다.

"고위 경영진은 주니어 임원이 프레젠테이션에서 그 결론을 어떻게 (how) 도출했는지 설명하는 것을 듣고 싶어 하지 않는다. 그들은 단지 그 결론이 무엇을(what) 의미하는지 알고 싶어 한다."

신임 임원이 곧잘 하는 실수는 자신이 그 결론에 어떻게 도달했는지에 지나치게 초점을 맞추는 것이다. 그렇게 하면 '지금 몇 시인지 물었는데 엉뚱하게도 시계를 어떻게 만드는지 설명하는 사람'이라는 낙인이 찍히기 쉽다. 당신의 제안이 어떻게 나왔는지 그 과정보다는 제안하는 내용과 의미에 훨씬 큰 비중을 둬야 한다.

간결할수록 강한 인상을 준다

어떻게(How)보다 무엇(What)에 집중하면 프레젠테이션에 너무 많은 세부사항을 집어넣는 실수를 피할 수 있다. 파워포인트의 시대에는 너무도 많은 발표자들이 수많은 그래프와 기호로 듣는 사람들에게 부담을 준다. 메시지를 효과적으로 전달해서 바라는 결과를 얻으려면 반드시 말해야 할 필요가 있는 것이 무엇인지 치열하게 고민해야 한다. 질문을 예상하고 알맹이 있는 대답도 준비해야 한다. 그러나 모든 질문에 파워포인트 슬라이드로 답변할 필요는 없다. 그런 식으로 답변하면 참석자들을 세부 정보의 홍수에 빠뜨려 일차적인 목표를 강조할 수 있는 여지가 사라진다. 토론과 아이디어의 교환을 위한 여지를 남겨두는 것이 바람직하다. 그런 과정을 통해 당신도, 다른 임원들도 그 주제에 관해 더 많이 알게 된다.

스토리텔링이 중요하다

앞서 우리의 임원 멘토들 중 한 명이 당신이 이룬 성과의 맥락을 설정하는 것이 중요하다고 조언한 것을 기억할 것이다. 프레젠테이션에서도 마찬가지다. 그런 맥락을 설정하면 당신이 제시하는 요점과 제안이 더 잘 받아들여질 수 있다. 그중 가장 좋은 방법이 스토리텔링이다.

그동안 당신이 들은 최고의 연사나 발표자를 잠시 돌이켜보라. 연사나 발표자의 무엇이 당신을 귀 기울이게 만들었는가? 그들이 한 말 중 어떤 것이 기억에 남아 있는가? 당신의 머리에 호소한 이성적인 수치와 분석이었나? 아니면 당신의 가슴에 호소한 감성적인 스토리였나? 프레젠테이션을 준비할 때 그 배경이 되는 스토리를 찾는 데 특별히 시간을 할애하라.

2003년 〈하버드 비즈니스 리뷰〉에 실린 한 인터뷰에서 스토리텔링의 대부로 알려진 할리우드의 시나리오 작가 로버트 매키는 좋은 스토리란 극복해야 할 도전과 최종 승리를 얻기 위해 주인공이 치르는 투쟁을 묘사하는 것이라고 지적했다. 영화의 경우 〈스타워즈〉 오리지널 3부작이 이런 스토리텔링의 좋은 예다. 현실 세계에서는 마틴 루터 킹 주니어 목사의 '나에겐 꿈이 있습니다(I have a dream)' 연설이 스토리텔링의 위력을 입증한다. 물론 당신의 이슈가 〈스타워즈〉의 주인공 루크 스카이워커

최근 프레젠테이션에서 자신이 사용한 파워포인트 슬라이드를 다시 살펴보면서 그중 50% 이상을 줄이면서도 'What?-So What?-Now What?'이라는 기본틀에 입각하여 알맹이를 전달할 수 있는 방법을 찾아보라. 여기서 얻은 교훈을 다음 프레젠테이션에 적용해보라.

의 운명만큼 극적이거나 킹 목사의 어젠다만큼 심오하지 않을 수 있다. 그러나 당신의 발표를 듣는 사람들에게 호소력을 가지려면 스토리텔링 방식을 사용하는 것이 효과적이다. 예를 들어 당신의 제안이 성공했을 때의 상황, 성공하기까지 극복해야 할 장애물, 그런 장애물에도 불구하고 목표에 도달하는 데 필요한 행동을 예시하는 짧은 이야기로 프레젠테이션을 시작하라. 그런 이야기가 어색하게 느껴진다면 아주 간단한 이야기를 하면서 반응을 관찰하라. 십중팔구 그들은 순간적이나마 파워포인트 슬라이드에서 눈을 떼고 논리적이고도 상상적인 뇌의 유희를 즐길 기회를 고마워할 것이다.

동료 임원과의 커뮤니케이션

8장에서 우리는 임원으로 팀을 이끌면서 왼쪽, 오른쪽, 대각선으로 살피는 습관을 취하고 주로 위와 아래만 살피는 습관을 버리는 문제에 관해 살펴볼 것이다. 좌우를 살핀다는 것은 동료 임원들의 관심사, 그들이 필요로 하는 것(needs)과 그들이 원하는 것(wants)에 신경을 쓴다는 의미다. 임원이 되면 동료 임원들과의 소통이 매우 중요하다. 당신이 성취해야 하는 것 대부분이 그들의 협조와 공동 작업에 의해 좌우되기 때문이다.

인사컨설팅 전문업체 머서의 제이슨 제페이는 그 점을 이렇게 명료하게 정리했다.

"우리는 너무도 자주 커뮤니케이션을 정보 교환으로 생각한다. 그러나 커뮤니케이션이란 실은 영향력과 방향에 관한 문제인 경우가 훨씬 많다."

글로벌 소비재 판매업체 새러리의 인사 담당 수석부사장인 스티븐 서론은 제페이의 견해에 더해 다음과 같이 말했다.

"대화를 지배하는 것이 아니라 다른 사람들에게 영향력을 미칠 수 있는 능력을 가지려면 그들의 스타일을 이해하고 존중해야 한다."

동료들과 효과적인 소통을 하려면 그들의 스타일과 관심사에 적합한 맞춤형 접근법이 필요하다.

◆ 데이터 포인트 ◆

동료 평가에서 가장 점수가 낮은 행동 중 하나는 '여러 가지 답이 나올 수 있는 개방형 질문으로 다른 사람의 관점과 목표를 이해하려고 노력한다'였다. 이런 행동을 더 잘하는 것이 동료들에 대한 당신의 영향력 수준을 높이는 간단하고 효과적인 방법이다.

담당 팀과의 커뮤니케이션

당신이 맡은 팀은 당신의 관심을 필요로 하는 이슈가 무엇인지 알려주는 제1의 방어선인 동시에 당신이 목표를 달성하는 데 필요한 행동을 취하는 제1의 공격선이 되어야 한다. 성공하는 임원의 기초는 당신이 맡은 팀의 힘이다. 이 주제에 관해서는 다루어야 할 사안이 많기 때문에 5, 6, 7장에서 집중적으로 다룰 것이다.

시간을 내라

팀과의 소통에서 신임 임원이 자주 하는 실수를 먼저 살펴보자. 임원이 되면 당신이 시간을 할애하기를 기대하고 요구하는 일이 많아진다. 그러다 보면 팀과 소통하는 일을 무시하거나 간과하기 쉽다. 나도 신임 임원 시절 그런 실수를 범했고, 다른 임원들에게서도 그런 실수를 빈번히 목격한다.

팀과의 커뮤니케이션과 관련해 내가 제공할 수 있는 조언은 팀과 함께하는 시간을 의식적으로 만들라는 것이다. 그래야 팀에 가까이 다가갈 수 있고 그 시간을 활용해 효과적인 소통을 할 수 있다. 팀원들과 수시로 대화할 수 있는 일정을 잡아라. 짬을 내어 팀원들이 일하는 현장을 자주 찾아라. 팀원들이 다른 지역에 배치되어 있다면 원격 화상회의 같은 첨단기술을 활용해 그들과 자주 소통하라. 팀원들이 시간대가 다른 각 지역에 흩어져 일한다면 휴렛팩커드의 개브리얼 제들메이어의 조언처럼 모두에게 공평한 방식으로 시간을 교대로 바꿔가며 팀회의를 하라. 제들메이어는 이렇게 설명했다.

"힘들고 어려운 일은 누구든 똑같이 해야 한다. 그게 내 철학이고 우리 방식이다. 방금 팀원들 대다수가 유럽에 있는 팀과 회의를 했다. 아침 9시에 시작했다. 그건 괜찮다. 하지만 다음에는 새벽 5시에 회의를 시작할 것 같다. 아시아에도 팀원들이 있기 때문이다. 어려움이 공평하게 분배되도록 시간을 바꿔가며 회의를 해야 한다."

확실한 존재감을 드러내라

팀과 회의를 하거나 현장을 방문하기 전에 전달하고 싶은 메시지와 주고 싶은 인상에 관해 곰곰이 생각하는 시간을 가져라. 회의에 참석하거나 현장에 갔을 때는 그 자리에 집중하라. 전화나 이메일을 무시하라. 계속 시계를 쳐다보는 행동은 금물이다. 현장의 상황에 집중하며 그곳 사람들이 하려는 이야기를 들을 준비가 되어 있다는 인상을 주도록 하라. 화상회의의 경우 화면을 똑바로 응시하라. 전화회의라면 활기찬 말로 집중력을 높이면서 친근하게 이름을 부르며 팀원들을 참여시켜라. 규율의 기준을 높이고 엄격하게 실행하라. 다시 휴렛팩커드의 개브리얼 제들메이어의 말을 들어보자.

"나는 팀원들에게 회의시간에 늦지 말고 제시간에 참석할 것을 요구한다. 내가 스위스 시계를 찬 독일인이라서가 아니다. 나는 단지 다른 사람을 존중해야 한다고 생각한다. 만나서 이야기할 때 상대가 컴퓨터를 켜고 있으면 내가 직접 그 컴퓨터를 끄고 '그냥 얼굴을 보며 이야기하자'고 말한다."

그런 '엄격한 사랑' 덕분에 제들메이어는 팀과 더 효과적으로 소통할 수 있었다.

이해 여부를 확인하라

비즈니스가 글로벌화하고 팀이 지역과 시간대에 따라 널리 퍼져 있으면 말 그대로 '엉뚱한 해석'이 나오기 쉽다. 임원으로서 역할과 책임이 커지면 이해 여부를 반드시 확인하는 커뮤니케이션 습관을 들여야 한다.

듀폰의 톰 슐러는 이렇게 말했다.

"두세 가지 언어를 사용하면서 배운 것 중 하나는 상대방이 영어로 말한다고 해서 그가 대화 내용을 완전히 이해한다는 뜻은 아니라는 점이다. 의사소통이 제대로 이루어지고 서로의 말이 올바로 이해되는지 확인하는 것이 매우 중요하다. 나에게는 세계의 각 지역을 담당하는 책임자들과 이야기할 때 의사소통의 공백이 없도록 하는 방법이 있다. 나는 그들에게 '우리가 합의한 내용은 이렇다'고 반복해보라고 부탁한다.

나는 독일어를 상당히 잘한다. 오랫동안 사용했다. 그런데도 사람들이 독일어로 대화를 할 때 '잠깐만요. 거기서 무슨 말을 했는지 내가 정확히 모르겠어요'라고 종종 말한다. 따라서 상대방의 말을 올바로 이해하고 내 말이 올바로 이해되도록 충분한 여유를 가져야 한다."

팀원들의 모국어가 서로 같든 다르든 슐러가 말한 대로 이해 여부를 확인하는 것이 리더십을 기르는 좋은 연습이다.

존재감이 존재감을 낳는다

이 장을 마무리하면서 존재감 이야기로 돌아가고 싶다. 임원으로서 당신은 조직에서 눈에 아주 잘 띄는 위치에 있게 된다. 인식하든 않든 모든 팀원들이 당신을 예의주시한다. 그들 또한 의식하든 못하든 모두 당신의 지시를 따른다. 팀을 이끄는 리더로서 당신의 존재는 이끌림을 당하는 팀원들의 존재감을 결정하는 데 중요한 역할을 한다. 감성지능 전문가 대니얼 골먼은 "감정은 전염된다"고 말했다.

리더가 긍정적이고 낙관적인 인상을 주면 주변 사람들도 스스로 그런 존재감을 보일 가능성이 높다. 역으로 리더가 부정적인 인상을 주면 조직 전체가 순식간에 부정적으로 변한다. 수년 전 UCLA의 심리학과 교수 앨버트 메라비언이 한 연구에서 화자가 전하는 정보를 듣고 처리하는 과정에서 가장 중요한 영향을 주는 요인이 무엇인지 알아보았다. 그는 3가지 핵심 요인을 확인했다. 메시지의 내용, 화자의 몸짓언어(body language), 그리고 화자의 어조(tone of voice)였다. 이 가운데서 메시지 전달에 영향을 미치는 비율은 몸짓언어가 55%, 어조가 38%, 내용이 7%를 차지했다.

요점은 분명하다. 커뮤니케이션에서 사람들은 실제 내용보다 미묘한 감정적 단서에 훨씬 더 많이 집중한다. 의사소통의 달인이 되어야 하는 임원에게 그런 요점이 던지는 시사점 역시 분명하다. 전하고자 하는 내용을 제대로 전달하기 위해서는 최소한 메시지 내용만큼 자신의 존재감을 드러내는 방식을 조절하는 데 힘써야 한다는 것이다. 상대가 미래를 낙관하길 원한다면 당신의 어조와 몸짓언어가 신나는 감정을 투사해야 한다. 말로만 신이 난다고 해도 아무런 소용이 없다. 상대방은 그런 감정을 보고 느끼를 원한다.

임원으로서 상대해야 할 다양한 부류의 사람들 각각에 맞는 효과적인 커뮤니케이션을 실현하려면 스스로 자신의 존재를 의식하고 거기서 투사되는 감정을 의식적으로 조절할 줄 알아야 한다. 이 같은 소통과 리더십의 문제와 관련하여 '한 번의 행동이 백 번의 말보다 낫다'는 격언을 항상 염두에 두면 도움이 될 수 있다.

Summary

**맞춤형 커뮤니케이션을 취하고 상황과 맥락을 무시한
획일적 커뮤니케이션 습관을 버리는 10가지 비결**

1 당신의 이야기를 듣는 사람들이 생각과 느낌, 행동의 측면에서 지금 어디에 있고 그들을 어디로 데려가고 싶은지 고려하라.

2 자신이 다른 사람의 말을 듣는 시간과 자신이 말하는 시간의 비율을 의식하라. 말하기보다 듣기를 더 많이 하도록 노력하라.

3 커뮤니케이션의 소매형과 도매형 접근법을 적절히 배합하라.

4 상사와 자주 소통하는 절차를 만들어라. 서로 정보를 주고받는 데 쉽고 효과적인 절차라야 한다.

5 팀의 우수한 실적을 적극적으로 홍보하는 기회를 만들어 당신의 상사가 그 정보를 동료나 고위 경영진과 공유할 수 있는 입지를 만들어라.

6 아이디어나 실행 계획을 들고 뛰어들기 전에 고위 경영진의 관심사와 우선순위를 충분히 파악하라.

7   당신의 주요 이슈와 제안을 간단명료하게 포장하라. 거기에는 제안 의 중요성과 필요한 조치가 포함되어야 한다.

8   당신이 일궈낸 성과와 그 과정에서 극복한 도전을 다른 임원들이 충분히 이해할 수 있도록 맥락을 설정하여 제시하라.

9   중요한 프레젠테이션 전에 숙제를 게을리하지 마라. 고위 경영진에 게 가장 중요한 것이 무엇인지, 그들에게 가장 호소력이 있는 커뮤 니케이션 방법이 무엇인지 정확히 파악하라.

10 존재감이 존재감을 낳는다는 사실을 명심하라. 사람들은 전달받는 내용보다 몸짓언어와 어조에 더 민감하다.

2부

왜 팀원들을
믿지 못하는가

팀으로서의 존재

내부의 방해 요인을 제거하라 5

+ **팀에 의존한다**
    – 자신에게 의존한다

    이제 개인적 존재감을 바탕으로 팀의 존재감을 통해 성공을 창출하는 문제로 넘어가보자. 여기서 팀의 존재감이란 더 큰 조직의 임원으로서 하는 일과는 상반된 개념으로 당신이 맡은 팀과 함께하는 일을 뜻한다. 앞으로 5, 6, 7장을 통해 임원으로서 팀을 이끌 때 취해야 할 자세 3가지와 버려야 할 것 3가지를 알아볼 것이다. 임원으로서 팀을 이끌 때 무엇을 해야 하는지는 6장에서, 여러 결과에 대해 총체적 책임을 지는 문제는 7장에서 다루기로 하고, 먼저 5장에서는 팀에 의존하는 습관을 들이고 자신에게 의존하는 습관을 버리는 문제부터 알아보자. 그런 전환은 아주 간단해 보이지만 신임 임원으로서는 가장 힘든 변화 중 하나일 수 있다.

대다수 신임 임원들은 팀에 반드시 필요한 슈퍼스타였거나 유능한 팀장으로 일하다가 승진한다. 그런 경우 2장에서 이야기한 '전환'이 반드시 필요하다. 기능적인 전문성에 의존하는 태도를 버려야 한다는 뜻이다. SAIC의 스튜 시어 사장은 이렇게 말했다.

"신임 임원 대다수가 부닥치는 가장 큰 도전은 팀 의존 개념에 관한 문제다. 팀원이나 팀장 시절 슈퍼스타로 개인적인 기여도가 뛰어났기 때문에 모두에게 자신이 무엇이든 할 수 있다는 점을 입증하고 싶어 한다. 그런 개인적인 성향을 버리고 팀이 성과를 낼 수 있도록 유도하는 데 집중하는 일은 진짜 어려운 전환이다."

◆ 데이터 포인트 ◆

'넥스트 레벨 리더 360도' 데이터베이스에서 잠재력이 큰 리더들이 가장 높이 평가한 행동은 '자신이 이끄는 팀의 성공에 대한 강한 욕구를 보여주는 것'이었다. 반면 가장 낮게 평가한 행동은 '자신의 기능적인 기술을 사용하는 시간을 줄이고 팀원들이 그들의 기술을 사용하도록 격려하는 시간을 늘리는 것'이었다.

마크 에프런은 인재관리 컨설팅회사 뉴탤런트 매니지먼트 네트워크의 설립자로, 화장품회사 에이본의 인사관리 담당 부사장을 지낸 사람이다. 그는 임원으로서 성공하려면 무엇이 필요한지에 관해 이렇게 말했다.

"개인으로서 열심히 기여하는 것과 자신의 강점을 아는 것은 별개의 문제다. 자신의 강점을 정확히 알면 큰 도움이 된다. 중간관리자로서 스스로 의식하지 않고 뛰어난 기여를 하는 사람이 많다. 그들은 일상 업무에서 자신이 할 수 있는 일이 무엇인지 잘 알고, 그 일을 아주 잘한다. 그러나 조직에서는 높은 지위로 올라갈수록 책임이 커진다. 임원으로 성공하려면 자신의 강점과 약점을 더욱 철저히 알아야 한다. 기능적인 역량이 다른 사람들에 비해 뛰어나다고 해서 임원으로서 반드시 성공하는 건 아니라는 점은 상당히 설득력 있는 사실인 동시에 상식이다. 임원으로 성공하는 사람들은 자신의 내부에 늘 존재하는 방해 요인을 의식적으로 제거한다."

성공하는 임원은 고위 경영진이 요구하지만 과도하게 사용했을 때 오히려 약점이 될 수 있는 자신의 강점이 무엇인지 깨달은 사람들이다. 에프런이 말했듯이 당신은 이제 임원으로서 더 큰 책임을 떠맡았기 때문에 기능적인 실무는 팀에게 넘겨야 한다. 신임 임원에게 가장 큰 문제는 모든 기능적인 업무를 자신이 직접 하려고 나서는 것이다. 임원이 되기 전에는 그처럼 자신의 강점에 의존하는 것이 효과가 있었지만, 임원이 된 후에는 그런 자세를 버려야 한다. 그렇지 않으면 되돌아올 수 없는 실무의 심연으로 빠져들게 된다.

기업의 임원들을 상대로 강연할 때 나는 다음 질문에 '그렇다'고 생각하면 손을 들라고 부탁한다. "팀에서 반드시 필요한 사람이라는 이야기를 들었거나 지금 듣고 있나요?" 대개는 모든 임원들이 손을 든다. 어찌 보면 너무도 당연한 반응이다. 어떤 잣대를 들이대더라도 임원이라는 존재는 과거나 현재에 반드시 '필요한 사람'이다. 그러나 임원의 일원이 되면 자신이 '반드시 필요한 사람'이 되어야 한다는 생각을 버리고 팀 전체가 반드시 필요한 존재가 되도록 이끄는 기술을 배워야 한다. 자신에게 의존하지 말고 팀에 의존하는 습관이 필요하다는 이야기다.

자존심에 발목 잡히지 마라

자신에게 의존하지 않고 팀에 의존하는 습관을 기르는 데 가장 큰 장애물 중 하나는 자존심이다. 모든 사람은 칭찬과 인정을 받고 싶어 한다. 임원으로 승진했거나 승진을 앞둔 당신은 이미 실무 능력을 인정받고 칭찬받았을 것이다. 그런 인정과 칭찬을 자신이 좋아하고 더 많이 바란다는 사실을 스스로 깨달은 적이 있는가?

자존심은 어떤 면에서 내면의 비판자를 다스리는 균형추 역할을 한다. 과거의 실패를 상기시키면서 의욕을 꺾는 내면의 비판자와 달리 자존심은 긍정적인 면을 강조하면서 행동을 장려한다. '이 일을 당신만큼 잘할 수 있는 사람은 없어'라거나 '일이 제대로 되기를 원한다면 직접 할 수밖에'라고 말한다. 사실 그런 자존심의 말이 옳을 수 있다. 이 일을 나보다 더 잘할 수 있는 사람이 없을지 모른다. 하지만 중요한 건 그게 아니다. 임원으로서 성공하려면 그 일을 팀에게 넘겨야 한다. 현재로서 팀이 당신만큼 그 일을 잘할 수 없다고 해도 어쩔 도리가 없다.

탠드버그의 글로벌 비즈니스 담당 사장인 릭 스나이더는 그런 발상의 전환이 임원으로서 성공하는 데 결정적인 요인이 되었다고 말했다. 그의 이야기를 들어보자.

"7년 동안 판매팀을 이끌었다. 팀원은 5명이었는데 전부 경력이 짧았다. 실적을 올려야 한다는 압박감을 많이 받았다. 그래서 그들을 간부 기초훈련 과정에 투입했다. 신병훈련소 같은 고통스러운 과정을 거치면서 그들은 불평이 심했지만 결국 다른 팀보다 월등한 실적을 올리게 되었다. 최하위 팀에서 최고의 팀이 되었다. 하지만 그해 말 나는 승진에서 탈락했다. 그때는 이해가 되지 않았지만 몇 년 뒤 그 이유를 깨달았다. 팀에 비전을 제시하고 권한을 위임하는 대신 나는 엄격한 접근법을 사용했다. 팀원들에게 이렇게 저렇게 하라고 직접 지시하는 모델에 집착했다. 나의 승진 자격을 검토한 상사는 그런 면에서 내가 부족하다는 점을 간파했다. 나는 팀을 이끄는 임원이라면 팀에 의존해서 일이 성사되도록 해야 한다는 사실을 깨달았다.

팀에게 기회를 주어야 한다. 충분한 지원을 제공하되 때로는 실패를 겪으면서 성공한다는 점을 깨달을 수 있도록 기회를 주어야 한다. 거기에 진실한 배움이 있다. 뼈아픈 경험을 통하지 않고서는 얻기 힘든 교훈이다.”

펩시코의 인사 담당 임원을 지냈고 현재 에이본의 인사 담당 수석부사장인 루시엔 알지아리는 스나이더 같은 잠재력 높은 리더들을 자문했다. 알지아리는 당신이 얼마나 팀에 의존하는지 판단할 수 있는 기준을 다음과 같이 제시했다.

“중견 간부가 되면 이미 그런 전환이 시작된다. 회사는 이미 당신의 기능적인 능력이 입증되었다고 간주한다. 그런 능력이 입증되었기 때문에 중견 간부로 승진한 것이다. 그다음부터 회사는 더 넓은 조직운영 기술과 리더십 능력을 요구한다. 임원이 되면 이 2가지 면에서 요구 수준이 한층 더 높아진다. 가장 중요한 점은 임원의 지위를 얻는 데 큰 도움이 된 당신의 기술이 임원으로서 성공하는 데 필요한 기술은 아니라는 사실이다. 기능적이고 실무적인 능력이 뛰어나다고 해서 부사장으로서 두각을 나타내거나 성공하기는 불가능하다. 임원이 되면 이미 그런 능력은 기본으로 간주되기 때문이다. 사람들은 그런 능력이 당연하다고 생각한다. 그런 능력이 없다면 진짜 문제지만 그런 능력이 아주 많다고 해도 그로써 차별화되지도 않는다. 다른 임원들도 그 정도의 능력은 갖추었기 때문이다.

부사장이 되면 맡은 팀을 관리해야 한다. 팀이 실무의 전문가다. 따라서 당신의 역할이 달라져야 한다. 팀의 임무와 장기 전략, 선행 과제를 분명히 제시할 수 있어야 한다. 팀원들이 자신의 역할을 확실히 알고 나면 그다음부터 당신의 역할은 코칭과 상담이다. 그들이 해야 할 일을 대신하는 것이 아니다. 훌륭한 리더는 그 점을 명심한다. 사사건건 실무를 챙기고 팀원들의 일을 대신하려고 하다가는 결국 그 모든 일을 감당하지 못하고 실패하고 만다."

당신의 자아상을 재구성하라

루시엔 알지아리가 이야기한 전환 과정에서 당신은 어느 수준에 있는가? 자신의 역할을 분명히 설정하고 실무를 팀에 넘겼는가, 아니면 아직도 주로 자신의 실무 기술에 의존하는가? 이런 전환을 어렵게 만드는 자존심의 또 다른 면은 당신이 지금까지 해오던 일에서 보람을 느낀다는 점이다. 오랫동안 실무 기술을 쌓았고 회사 내부나 업계 또는 시장에서 해당 분야의 전문가로 알려졌기 때문이다. 당신이 생각하는 자신의 정체성은 모두가 의지하고 일을 성사시키려고 자문을 구하는 사람이라는 사실로 규정되기 쉽다.

듀폰의 톰 슐러는 당신의 자아상을 재구성해야 할 필요성을 이렇게 비유했다.

"지금까지 당신은 집중 조명을 직접 받는 데 익숙했지만, 이제는 당신 아래서 일하는 사람들이 받는 조명의 반사로 빛을 봐야 한다."

임원 승진의 유력한 후보로 인정받는 내 고객들 다수에게도 이런 조언이 큰 도움이 된다. 그들의 동료들에게서 받은 피드백을 보면 대다수는 그들이 더 넓은 무대에서 기여하기를 기대한다. 동료들은 내 고객들이 전문 분야를 뛰어넘어 더 널리 기여할 능력이 있다고 믿는다. 하지만 자신이 더 높은 차원에서 기여할 여지를 갖기 위해 자신에게 쏟아졌던 집중 조명을 팀에게 돌리는 일은 믿음의 비약이 필요할 정도로 어려울 수 있다. 임원이 되면서 직면하는 도전의 핵심이 바로 그것이다. 팀의 역량을 키워 자신이 새로운 무대에서 활동하는 데 필요한 정신적 여력을 갖는 방법을 터득하는 것이 무엇보다 중요하다.

팀과 경쟁하지 말고 팀에 의존하라

임원으로 승진하기까지는 경쟁심이 많은 도움이 될지 모른다. 그러나 일단 임원이 되고 나면 다른 사람들의 역량을 강화해주는 역할을 맡아야 하기 때문에 그런 경쟁심의 방향을 바꾸기 위한 자각과 자신감이 필요하다.

개인으로서 성취도가 높은 사람들은 흔히 동료들보다 나은 실적을 내도록 해주는 강한 경쟁심에 의존한다. 임원의 대다수가 그런 경쟁 욕구를 가졌다고 해도 틀린 말이 아니다. 그러나 가장 높은 지위에서 장기적으로 성공하는 사람들은 자신의 경쟁 욕구를 잘 관리한다. 그들은 경쟁 욕구를 외부 세계로 돌리면서 내부적으로는 협력하는 태도를 갖는다. 그런 전환은 팀을 이끄는 방식에서부터 시작해야 한다. SAIC의 스튜 시어 사장은 이렇게 정리했다.

"자신이 아니라 팀이 공로를 인정받도록 애써야 한다. 직장에서 승진을 거듭하며 위로 올라가면 좀 더 특별한 사람이 되고 싶고 중요한 사람으로 인정받고 싶어지는 마음이 드는 것이 당연하다. 하지만 나의 경우 지금은 나보다 내 팀이 칭찬받기를 원한다. 진짜 훌륭한 리더는 개인적인 성취로 축하를 받으려 하지 않는다. 그들은 자신이 맡은 팀이 성취한 결과로 축하를 받고 싶어 한다. 그러면 결국 팀의 공로로 자신이 개인적으로 칭찬을 받는 것이다."

팀을 조직하고 이끄는 방법에 관한 책은 수백 가지나 된다. 그러나 팀이 회사와 팀 자체는 물론 개인을 위해서 좋은 성과를 올리도록 하기 위해 신임 임원이 고려해야 할 주요 요인들에 대해서는 다루고 있지 않거나 소홀히 다룬다. 이와 관련하여 이 장에서 그 일부를 다루고, 다른 요인들에 관해서는 6장과 7장에서 살펴볼 것이다. 먼저 다음과 같은 핵심 개념에 대해 알아보자.

◆ 인력을 적재적소에 배치하라.

◆ 적합하지 않은 인력은 즉시 교체하라.

◆ 부가가치를 올리는 방법을 재정립하라.

◆ 진정한 팀워크가 생기도록 이끌어라.

인력의 적재적소 배치

'자신을 인재로 에워싸라'는 말이 너무도 흔히 사용되는 데는 그만한 이유가 있다. 기업이든, 정부든, 군대든, 비영리단체든 어떤 조직에서나 리더의 성공 여부는 아래 사람들에게 달려 있기 때문이다. 기업 임원의 경우에는 특히 그렇다. 임원이 되면 모든 일의 속도가 빨라지고 회사의 요구도 많아진다. 따라서 일을 감당할 수 있고 좋은 성과를 올리는 데 기여할 수 있는 인재가 필요하다.

나의 아들 브래드는 어릴 때부터 축구선수였다. 브래드가 11살 때의 어느 날 저녁, 나는 아이가 입단할 만한 팀에 가서 연습을 하도록 한 뒤 아이를 차에 태우고 귀가하고 있었다. 브래드는 8월생이라 초등학교 1학년 때부터 1년 일찍 학교에 다녔다(9월부터 학기가 시작된다). 축구도 마찬가지였다. 그런데 학업에서는 한 살 차이를 극복할 수 있었지만 축구에서는 그렇지가 않았다. 브래드와 함께 뛰는 12살짜리 아이들은 지난해에 키가 15cm나 훌쩍 커버렸지만, 아들은 작은 체구 그대로였다. 브래드는 그런 새로운 조건 때문에 약간 겁을 먹은 듯했다. 그래서 그날 저녁 차를 타고 집으로 가면서 이 팀과 함께 뛰어보니 어떠냐고 물었다. 브래드는 잘 모르겠다고 했다. 내가 다시 왜 잘 모르겠는지 묻자 브래드는

"아빠, 경기 속도가 훨씬 빨라졌어요"라고 말했다. 그래서 우리는 몸이 기량을 따라갈 수 있을 때까지 속도가 느린 팀을 찾아야 했다.

당시 브래드가 경기 속도가 훨씬 빨라졌다고 말했듯이 처음 임원이 되면 누구나 바로 그런 느낌을 갖는다. 하지만 임원은 브래드처럼 자신에게 맞는 팀을 선택할 여지가 없다. 따라서 회사가 원하는 속도에 맞출 수 있는 팀을 짜는 일이 필요하다. 뛰어난 인재를 영입해서 그들과 함께 일하면 수비보다 공격에 더 치중할 수 있다. 루시엔 알지아리는 이렇게 말했다.

"축구경기와 똑같다. 축구경기를 보면 너무도 자연스럽게 선수들이 본능적으로 다양한 포지션을 떠맡는다. 동료들이 골을 넣을 수 있도록 도움을 주는 것이 최선이며, 결국 팀의 승패는 거기서 갈린다는 사실을 잘 알기 때문이다."

이전에 그런 우수한 팀을 이끈 경험이 없다면 상상하기조차 힘들겠지만, 그런 팀을 꾸리면 최종 성과도 만족스럽고 임원으로서 삶의 질도 높아진다.

적합하지 않은 팀원은 즉시 교체하라

내 경험을 예로 들겠다. 컬럼비아가스트랜스미션에 인사 담당 부사장으로 부임하면서 수년 동안 거의 변함없이 유지되어온 팀을 맡았다. 전통적인 인사부서로 수많은 임원들의 손을 거친 팀이었다. 도산 위기에 몰린 회사를 구하기 위해 투입된 경영진의 CEO였던 내 상사 캐시 애벗은 엄격한 통제를 당연시하는 회사 문화를 바꿔 투자 대비 수익을 극대

156

화할 수 있는 혁신적인 회사로 만들려고 했다. 애벗은 회사의 문화를 바꾸려면 인사팀이 핵심 역할을 해야 한다고 생각하고 나를 스카우트했다. 나는 운이 좋았다. 인사팀에는 잠재력이 큰 팀원들이 있었다. 그들은 야심적인 변화를 위해 잠재력을 발휘하고 싶어 했다. 나는 그들에게 CEO의 비전에 부응할 수 있고 자신의 잠재력이 최대한 발휘될 수 있는 과제와 프로젝트를 만들어주기만 하면 되었다. 목표를 설정해준 뒤 나는 뒤로 물러서 있었다. 과연 그들은 강한 의욕을 보이며 능력을 발휘했다.

그러나 어느 조직이나 그렇듯이 내 팀에는 회사의 문화를 바꾸기 위해 최선을 다하는 팀원도 있었지만, 사고와 업무 방식을 바꾸고 싶어 하지 않는 복지부동형도 있었다.

그들이 결코 나쁜 사람들은 아니었다. 하지만 애벗과 내가 아무리 설득해도 그들은 기존의 업무 방식을 바꿔야 한다는 의욕을 갖지 못했다. 그 상황에서 나는 제대로 된 팀을 구성하기까지 너무나 오랜 시간을 끌었다. 팀원들 각자에게 공평한 기회를 주려고 하다가 너무 많은 시간을 소비했다. 그것은 나의 실수였다. 나의 실수

코칭 팁

: GAPS

인력의 적재적소를 파악하고 그들이 실적을 높일 수 있도록 유도하려면 GAPS모델을 사용하라. 인사컨설팅회사 퍼스넬 디시즌스 인터내셔널의 데이비드 피터슨과 메리 디 힉스가 개발한 모델이다. 팀원들 스스로가 생각하는 목표(G, goals)와 능력(A, abilities)을 조직이 인식(P, perception)하는 그들의 능력과 실적을 올리는 데 필요한 기준(S, standard)에 맞추어 평가하는 기법을 일컫는다. 그 2가지 사이의 격차를 줄이는 것이 과제다.

GAPS는 개인과 그에게 주어지는 역할의 적합성을 판단하는 방법으로 활용될 수 있다. 아울러 거기서 확인된 격차를 줄이는 방법을 논의하는 기본틀로서도 사용될 수 있다.

는 모건스탠리의 에드 사니니가 말한 내용과 정확히 일치했다. 사니니는 인력의 적재적소 배치에 관해 이렇게 말했다.

"부하직원은 일을 제대로 하는 사람이라야 한다. 내가 그들의 일을 대신해줄 수 없기 때문이다. 주어진 역할에 맞지 않는 팀원이 있을 때 그를 교체하지 않으면 내가 그의 역할을 대신해야 한다. 임원은 그럴 여력이 없다. 임원이 되면 부하직원들이 자신의 몫을 제대로 해낸다는 확신이 필요하다. 부하직원들이 제 몫을 다하지 못하면 임원으로서 맡은 역할을 효율적으로 수행할 수 없다. 그러면 결국 임원과 직원의 역할을 겸하게 된다."

당시 내가 처한 딜레마가 바로 그것이었다. 내가 맡은 팀은 한마음으로 개혁을 실행할 준비가 되어 있지 않은 상황에서 인사팀 고유의 기능을 해야 했기 때문에, 나는 인사 업무가 제대로 돌아가도록 직접 나서는 동시에 임원의 일원으로서 맡은 역할에도 충실해야 하는 이중의 어려움에 시달렸다. 한마디로 임원의 역할을 제대로 수행할 수 없었다.

팀에 적합하지 않은 직원을 내보내는 일은 임원으로서 마땅히 해야 하는 업무 중 가장 힘든 일이다. 내 동료 중 한 사람은 임원회의에서 이렇게 말했다.

"적절치 않다고 판단되는 팀원을 내보내는 일로 밤잠을 설치지 않는다면 그 일을 진지하게 생각하지 않는 것이다."

그러나 그런 일이 필요한 상황이라면 아무리 어려워도 할 수밖에 없다. 주어진 역할에 따르는 기대를 충족시킬 수 있는 팀을 꾸리지 못하면 조직 안에서 필요한 신뢰를 잃게 된다.

팀원들의 능력이 문제가 될 때도 있고, 그들의 의지가 문제가 될 때도 있다. 어느 쪽인지는 시기에 따라, 또 관련된 사람에 따라 달라진다. 그런데 문제는 의지다. 능력은 발전할 수 있지만 의지는 아무리 노력해도 안 되는 사람들이 있다. 그들은 변할 수도 없고 변화를 원치도 않는다. 그런 사람은 신속히 팀을 떠나도록 조치해야 한다. 그들의 존재가 나머지 팀원들에게도 해롭기 때문이다. 의약품회사 Ther-Rx의 사장인 그레그 디비스는 제약회사 셰링 플라우의 영국 지사장을 맡았을 때의 경험을 이렇게 말했다.

"3년 동안 지사장이 세 번이나 바뀐 조직이라 더 힘들었다. 나의 전임자는 노르웨이인으로 1년을 채우지 못하고 하차했다. 그의 전임자는 프랑스인으로 약 1년 반을 근무하고 떠났다. 그 두 사람 모두 해고당했다. 나는 미국인으로 그들의 후임자가 되었다.

직원들은 젊은 친구가 지사장으로 오는구나 하고 생각했다. '꼼꼼히 챙기는 친구일까? 일을 제대로 해낼 수 있을까? 꾹 참으면서 그런 친구를 상사로 모셔야 할까?'를 살폈다. 그런 맥락에서 독버섯 같은 존재가 몇 명 있었다. 그들은 쫓겨나야 마땅했다. 결국 부장 한 명을 해고했다. 그 결정을 내린 날을 결코 잊지 못할 것 같다. 그를 해고한 뒤 그의 팀을 불러 앞으로 해야 할 일과 변화를 두고 대화의 시간을 가졌다. 그들 모두가 한 명도 빠짐없이 "한숨 돌렸다"고 말했다. 그가 조직에 독버섯 같은 존재였는데도 직원들이 나를 직접 찾아와 그렇게 말하기에는 나에 대한 신뢰감이 부족했던 것이다.

거기서 나는 중요한 자리에서 몇 가지 바람직한 변화를 일으키면 조직 전체가 활성화된다는 소중한 교훈을 얻었다. 열쇠는 내가 걸핏하면 사람들을 자르고 직원들을 폄하하는 추한 미국인이라는 인상을 주지 않고 그런 변화를 일으키는 것이었다. 무엇보다 우리는 사람들이 뭉칠 수 있는 명분을 만들려고 노력했다. 그 결과 회사는 6개월 만에 회생했다."

디비스의 이야기가 잘 보여주듯이 팀이 최선의 실적을 내도록 하려면 때로는 가슴 아픈 결정도 과감하게 내려야 한다. 당신이 특정 팀원의 업무 수행에 문제가 있다고 판단한다면 다른 팀원들도 그렇게 판단할 가능성이 크다. 에이본의 루시엔 알지아리는 조직에 적합하지 않은 팀원을 내보내는 일과 관련해 이렇게 조언했다.

"기존의 팀원들을 데리고 최선을 다하려고 애쓰는 사람들을 많이 본다. 나는 늘 그들에게 이렇게 묻는다. '애초에 팀 구성이 잘 되었다고 생각하는가?' 상당히 명확한 질문이다. 객관적으로 냉철하게 팀을 평가하고 '나는 그들을 잘 알고, 좋아하며, 그들이 잘되기를 바라고, 그들에게서 최선을 원하지만, 결국 문제는 그들이 조직에서 필요로 하는 일을 해낼 수 있는지 여부다'라고 말하는 경지에 도달하는 것이 리더의 진정한 통과의례다. 진짜 중요한 문제다. 내게 충분한 시간이 주어지고 팀원들이 목표를 달성할 수 있다는 생각이 들면 팀원들에게 전적으로 기댈 것이다. 그러나 그런 판단은 아주 객관적으로 내려져야 한다."

부가가치를 올리는 방법을 재정립하라

팀의 인력을 적재적소에 배치하면 팀의 업무와 조직 전체의 목표에 부가가치를 창출할 수 있는 방법을 재정립할 기회가 생긴다. 리더십 코치로서 내가 코칭했거나 인터뷰한 임원들 중 다수는 조직에 부가가치를 창출하기 위해 필요한 변화를 이야기했다. 그들은 전에 개인으로서 또는 실무 팀장으로서 실제로 무엇인가를 만들어내거나 실행함으로써 부가가치를 창출했다. 재무 분석이나 중요한 거래의 성사, 제조공정 개선 방안의 개발을 통해서 말이다. 그들이 실제로 행한 업무와 그들이 올린 실적 사이의 관계는 구체적이고 명확했다. 그러나 임원이 된 뒤 그들은 경영진의 차원에서 부가가치 창출이 상당히 추상적이라는 사실을 깨달았다.

그들의 가치는 대부분 팀의 업무를 용이하게 만들어주고 그 업무를 해석하는 것에서 찾아진다. 팀의 업무를 용이하게 만들어주려면 임원으로서 갖는 권한과 영향력을 행사하여 필요한 자원을 확보하거나 중요한 일이 성사되도록 장벽을 낮춰주어야 한다. 때로는 팀 자체로는 가질 수 없지만 임원으로서 가질 수 있는 관점을 추가로 제공해야 한다.

임원으로서 당신은 팀의 업무를 정의하고, 해석하고, 발표하는 전 과정에서 부가가치를 창출할 수 있는 더 넓은 관점을 가져야 한다. 당신의 역할은 팀의 실무가 제대로 진행되는지 일일이 확인하는 것이 아니라(물론 그 일을 제대로 할 수 있는 부하직원을 둬야 한다) 조직 전체를 위해 그 업무의 가치를 확대하는 것이다.

에드 사니니는 JP모건의 아시아사업부 감사팀을 이끌기 위해 도쿄로 부임하면서 처음 임원이 되었다. 사니니는 당시 임원으로서 자신의 기본적인 변화를 이렇게 돌이켰다.

"나는 더 이상 감사보고서가 정확한지 확인하는 일을 하지 않았다. 대신 그 결과를 바탕으로 부가가치를 만들어냈다. 내가 넘겨받은 감사보고서의 정확성을 따지고 다른 사람에게 그 해석을 맡기는 대신 보고서의 결론을 다른 차원으로 발전시키는 것이 내가 만들어낸 부가가치였다."

다른 측면에서 임원은 기능적 업무 자체에 신경을 쓰기보다 그 업무 수행을 관리하는 역할로 옮겨가야 한다. 그동안 즐겨 하던 기능적 업무에서 손을 떼야 한다는 뜻이다. 미국 경영대학원 입학위원회(GMAC)의 데이비드 윌슨 사무총장은 동료 임원들이 그런 변화를 실현하도록 도움을 주어야 했다. 그는 이렇게 말했다.

"그들은 교육 콘텐츠의 개발자에서 임원으로 역할이 바뀌었다. 그런데도 그들은 여전히 개발 업무를 제대로 하기를 원하고 직접 가서 가르치고 싶어 했다. 가르치는 일을 하려면 한 번에 일주일씩 사무실을 비워야 한다. 하지만 직원 40명을 관리하는 임원이 자격을 갖춘 다른 사람들이 할 수 있는 일을 직접 하려고 1년에 5~6주씩 사무실에 자리를 비울 순 없다. 그들이 자기만큼 잘 가르치지 못한다고 생각할 수도 있지만 그런 생각을 떨쳐버려야 하는 것이 현실이다."

윌슨의 이야기가 시사하듯 당신의 스타일이 모든 일을 완벽하게 하려고 세세하게 파고드는 것이라면 당신의 부가가치 창출 방식을 바꾸기가 쉽지 않을 것이다. 그런 변화를 실현하려면 어느 수준이 되어야 "그 정도면 되었다"고 말할 수 있을지 결정하는 요령이 필요하다. 오래전에 경제학자 아서 오쿤은 이를 최대한 좋은 성과를 올려야 할 때와 작은 성과에 만족해야 할 때를 아는 것으로 설명했다. 그의 경험으로 보건대 최대한 좋은 성과를 올려야 할 일은 거의 없었다. 대부분의 경우 '그 정도면 되었다'는 최소한의 만족으로 족했다. 오쿤에 의하면 뛰어난 결정권자는 최대한의 성과를 가져오는 솔루션이 필요할 때와 '그 정도면 되었다'는 최소한의 만족스러운 솔루션으로 충분할 때를 아는 사람이다.

투자은행 캐피털 원의 수석부사장이자 회계 책임자인 스티브 리네한은 작은 성과에 만족하는 비결을 터득하면서 부가가치를 창출하는 역량이 커진 자신의 경험을 이야기했다. 그의 이야기는 캐피털 원에 합류하기 전인 미국연방예금보험공사(FDIC)에서 임원으로 승진했을 때부터 시작된다. 그는 실무를 부하직원에게 넘기고 전에 가지고 있던 자존심을 버리는 문제를 이야기했다.

"FDIC에서는 행동과 습관의 취사선택의 문제가 가장 큰 어려움이었다. 사실 나는 만사를 내 뜻대로 해야 직성이 풀리는 '통제광(control freak)'이었다. 나는 일을 완벽하게 하는 방법을 알고 있었지만, 임원이 되면서 도저히 그럴 수 없는 역할을 맡았다. 전에 가지고 있던 실무 지식을 생각하지 말도록 강요당했다. 마치 술이 없으면 살 수 없는 알코올중

코칭 팁

: 나만 할 수 있는 일은 무엇인가?

먼저 오해하지 말기 바란다. 당신이 없어서는 안 될 필수적인 존재가 되는 것에 관한 이야기가 결코 아니다. 우리들 각자는 모두 특별하고 멋지지만 "공동묘지는 생전에 없어서는 안 되었을 사람들로 가득하다"는 샤를 드골의 명언을 기억할 필요가 있다. 이런 질문을 잘 생각해보라. 내가 맡은 역할과 그에 따라 동원할 수 있는 자원을 감안할 때 나만이 할 수 있는 일은 무엇인가?

임원으로서 당신은 팀에서 리더십을 발휘할 수 있는 유일한 존재다. 따라서 당신은 정보, 권한, 접근권, 자원 등 리더의 역할에 따르는 모든 것을 충분히 동원할 수 있는 유일한 사람이다. 핵심은 당신이 아니라 당신의 역할이다. 따라서 당신만이 할 수 있는 일을 목록으로 만들어보라. 짧지만 효과적인 목록이 되어야 한다. 할 수 있다거나 하고 싶은 일의 목록이 아니다. 임원으로서 당신만이 할 수 있는 일의 목록이다.

독자가 스스로 중독을 인정하고 억지로 술을 끊어야 하는 상황과 비슷했다. 실무를 챙길 수 없는 상황. 아무리 애를 써도 챙길 수가 없었다.

그래서 실무를 아랫사람들에게 위임하기 시작했다. 그리고 진짜 내가 해야 할 일을 받아들였다. 그것이 가장 큰 도움이 되었다. 과거에 내가 하던 방식과는 달랐지만 정말 좋았다. 내 일을 받아들이고 나니 너무도 자유로웠다. 그때부터 나는 가속도를 내기 시작했다고 생각한다."

리네한은 FDIC에서 이룬 성공에 힘입어 캐피털 원에 스카우트되었다. 하지만 조직의 환경이 예전과 또 달랐기 때문에 리네한은 계속 업무에 적응하고 자신의 부가가치 창출 방식을 바꿔야 했다. 특히 업무의 세부 사항보다 결과에 초점을 맞추는 것이 큰 어려움이었다.

"정말 열심히 일했다. 수없이 야근을 하며 많은 일들을 해냈지만 나의 업무 평가는 시원치 않았다. 내가 투입한 노력에 비하면 평가 결과가 너무도 한심했다. 모든 일을 직접 하는 방식 때문이었다. 그런 습관을 버려야 했다. 그러기가 너무도 어려웠지만 어쩔 수 없었다. 대신 다른 사람들이 일을 하도록 만드는 데 초점을 맞춰야 했다. 팀원들과 다른 사람들을 끌어와 내가 원하는 목표에 맞추도록 하는 데 더 많이 신경을 쓰는 한편 일을 황급히 주도하는 것을 삼가야 했다. 나는 모든 일을 서둘러 했다. 많은 리더들이 그렇듯이 나도 '내가 직접 하기보다 다른 사람에게 하는 방법을 가르치는 게 시간이 더 오래 걸려!'라는 사고방식에 빠져 있었기 때문이다. 하지만 아무리 열심히 해도 결과는 신통치 않았다. 내 상사의 기대에 미치지 못했다. 그가 내게서 원하는 일은 그게 아니었다."

리네한은 상사가 기대하는 결과를 만들어내려면 '80 : 20 법칙'을 따

라야 한다는 사실을 깨달았다고 말했다. 그의 말은 팀 업무의 질적 수준
이 어느 정도가 되어야 바람직한 결과를 얻기에 충분한지 확인하는 것
을 뜻한다. 내 경험에 따르면 80 : 20 법칙을 효과적으로 적용하는 방법
은 전체 노력 가운데 어떤 20%가 바람직한 결과의 80%를 만들어내는지
평가하는 것이다. 임원의 관점에서 보면 그 20%의 노력은 원하는 결과
를 명확히 정의하고 팀원들에게 충분히 주지시키는 것이 되어야 한다.

무엇을 해야 할지 큰 윤곽을 정의하는 습관을 들이고, 일을 어떻게 해
야 하는지 세세히 간섭하는 습관을 버리는 것에 대해서는 6장에서 좀
더 자세히 알아볼 것이다.

진정한 팀워크가 생기도록 이끌어라

나는 리더들과 그들의 팀을 코칭할 때 'GRPI'라는 도구를 즐겨 사용한
다. 제너럴일렉트릭에서 개발한 것으로, GRPI는 다음의 4가지 뜻을 가
지고 있다.

- Goals(목표)
- Roles and Responsibilities(역할과 책임)
- Plans and Processes(계획과 프로세스)
- Interpersonal Norms(대인관계 규범)

내가 GRPI를 특별히 좋아하는 것은 팀이 진정한 팀워크를 발휘하도
록 하는 데 필요한 요소를 상징하기 때문이다. G(목표)는 팀의 성공을 정

의하는 결과를 말한다. R(역할과 책임)은 2가지가 어떻게 중복되고 교차하는지 팀원 각자를 위해 명확히 규정되어야 한다. P(계획과 프로세스)는 성공 요인을 확인할 수 있도록 해주며 과제가 제시된 행동 계획, 중간 목표가 설정된 일정, 성공의 잣대 등을 만들어내는 데 도움이 된다. 마지막으로 I(대인관계 규범)는 업무 방식에 관한 합의와 효과적인 팀이 되는 데 필요한 행동을 설명해준다.

GRPI의 각 요소가 팀의 성공에 반드시 필요하다는 사실은 두말할 필요도 없지만, 팀에 의존하는 문제에 관해 내가 인터뷰한 임원들은 효과적인 팀워크를 구축하는 기본 원칙을 확립하고 철저히 따르는 것이 더 중요하다고 강조했다. 그들이 제시한 아이디어를 간략히 살펴보자.

• 목표 설정에 팀을 참여시켜라. 루시엔 알지아리는 이를 "우리가 나아가는 방향을 팀에 이해시키고 주지시키는 과정"이라고 설명했다. "향후 3년이나 5년 동안 우리의 임무와 전략이 무엇인지 자세히 설명해서 납득시키는 것이 매우 중요하다. 그래야 훨씬 더 개인적이고 감성적인 차원에서 팀원들과 자연스럽게 교류할 수 있다."

• 팀 차원의 문제 해결을 장려하라. CGI의 도나 모리어가 얻은 중요한 교훈은 팀원들이 함께 문제를 해결하고 의견 충돌을 해소할 수 있는 자리를 만들어주는 것이었다. 모리어는 "몇 사람의 의견이 엇갈리면 리더들이 때로는 '좋아, 이 문제는 나중에 이야기하지'라고 말하는 경향을 보인다"고 지적했다. 그러면 안 된다. 그녀는 임원 초년 시절 부하직원 중 한 명이 찾아와 팀이 갈등을 건설적으로 해소할 수 있도

록 자리를 마련해달라고 요청했을 때 그런 일이 얼마나 중요한지 깨달았다. 갈등은 그냥 덮어두면 언젠가 다시 드러나게 마련이다.

- 다양한 견해가 표출되는 분위기를 만들어라. 마크 스태비시는 AOL의 고참 임원 시절 자신이 맡은 팀을 위해 세운 목표 중 하나가 '건설적인 반대, 견해의 다양성, 능력의 다양성을 촉진하는 것'이었다고 말했다. "정직함을 유지하려면 조직 내에 그런 반대 의견을 가진 사람들이 있어야 한다." 스태비시는 경험과 관점이 다양한 사람들이 있으면 더 나은 결과가 나온다는 점을 알게 되었다. IT 인력 알선업체 SRA 인터내셔널의 수석부사장 메리 굿도 스태비시의 말에 공감을 표하며 이렇게 덧붙였다. "생각이 다른 사람들이 더 나은 아이디어를 내는 경우가 많다. 임원으로서 당신이 가진 가치 중 일부는 다른 사람들의 재능을 활용하는 것이다. 당신 자신의 능력만으로는 부족하다."

- 정직한 피드백을 촉진하라. 나는 임원들을 위한 동료나 부하직원들의 피드백에서 그들이 좀 더 가까이 하기 쉬운 사람으로 인식된다면 더 효과적일 것이라는 이야기를 종종 듣는다. 우수한 팀을 만들려면 임원에게 자유롭게 피드백을 제공할 수 있는 환경을 만드는 것이 중요하다. 메리 굿은 자신이 임원으로 승진했을 때를 이렇게 돌이켰다. "나에게 정직한 피드백을 제공하고 내 생각에 반대할 때는 내 면전에서 솔직히 말하기를 두려워하지 않는 사람들을 원했다. 그게 내가 가장 우선시한 자질이었다. '임금님은 벌거숭이'라고 내게 말할 수 있는 대담함과 자신감, 그리고 뚜렷한 자기주장을 가진 사람들을 높이 샀다."

- 존중을 표하고 신뢰를 얻어라. 4장에서 언급했듯이 존재감이 존재

감을 낳는다. 당신이 팀에 제시하는 존재감은 당신이 팀에게서 받는 존재감을 예상할 수 있게 해준다. 새러리의 인사 담당 수석부사장 스티븐 서론은 이렇게 말했다. "따르는 사람들이 없으면 리더로서 성공하기는 사실상 불가능하다. 따르는 사람들을 얻는 유일한 길은 그들을 존중하는 것이다. 그들을 존중으로 대하면 그들은 당신이 무슨 일을 하든 당신을 신뢰한다." 언어학자이자 경영 컨설턴트인 페르난도 플로레스에 따르면 신뢰는 3가지 요인을 바탕으로 한다. 성실성, 신뢰성, 능력이다. 팀에 의존하는 습관을 취하고 자신에게 의존하는 버릇을 버리려는 임원으로서 당신이 투사해야 하고 팀원들에게 기대해야 하는 덕목이 바로 성실성, 신뢰성, 능력이다.

팀에 의존하는 것, 즉 팀적 존재의 중요성을 강조한 이 장을 마무리하면서 SAIC의 스튜 시어의 생각을 들어보자. 그는 리더와 팀 사이의 상호 작용을 아주 생생한 시각적 은유로 표현했다.

"나 자신을 서퍼로 생각한다. 내가 파도를 만들 수는 없다. 어디서 파도를 타면 좋을지 찾아낼 뿐이다. 서핑에서 진짜 멋진 점은 파도의 힘이다. 당신이 아니라 당신을 위해 일하는 사람들을 말한다. 당신은 파도를 타는 영광을 얻는다. 또 당신은 머리가 좋아 파도 사이를 잘 헤쳐나가는 방법을 잘 알지도 모른다. 하지만 진짜 힘을 가진 쪽은 당신이 아니라 팀이다."

<u>Summary</u>

팀에 의존하는 행동을 취하고
자신에게 의존하는 습관을 버리는 10가지 비결

<u>1</u> 당신이 가진 강점 중 임원 역할에 도움이 될 만한 요소가 무엇이고, 약화시키거나 자제해야 할 요소는 무엇인지 믿을 만한 동료에게 피드백을 구하라.

<u>2</u> 당신의 성취가 아니라 팀의 성취에서 만족을 얻도록 자존심을 버리고 자신을 훈련하라.

<u>3</u> 팀과 경쟁하지 말고 팀의 역량 강화에 당신의 에너지를 사용하라.

<u>4</u> 성과를 낼 수 있는 팀을 신속히 구축하라. 평범한 팀으로는 임원 차원의 업무 속도를 따라갈 수 없다.

<u>5</u> 팀을 평가할 때 '올바른 팀원들로 구성되어 있는가?'를 솔직하게 자문하라. 정직한 대답이 '노'라면 팀원을 신속히 교체하되 존중과 동정심을 가져라.

<u>6</u> 임원 차원의 관점을 통해 팀의 업무를 정의하고 해석함으로써 부가

가치를 창출하라.

7 팀과 일할 때 바람직한 결과를 정의하고 충분히 주지시키는 데 초점을 맞춰라.

8 팀에 권한을 위임할 때 '만족스러움'이 어떤 수준인지 명확하게 현실적으로 판단하라.

9 부가가치를 창출할 수 있는 최선의 방법을 찾을 때 자신에게 이런 질문을 자주 던져라. '임원으로서 갖고 있는 관점과 자원을 고려할 때 나만이 할 수 있는 일은 무엇인가?'

10 나아갈 방향을 설정하고 효과적인 팀을 구성하기 위해 GRPI 모델을 활용하라. 뛰어난(great) 팀과 단순히 좋은(good) 팀을 구별해주는 대인관계 규범을 확립하는 데 시간을 투자하라.

할 일을 정의하고 물러서라 6

+ 팀이 해야 할 일을 명확히 정의한다
− 팀의 실무 수행 방식에 간여한다

    자신에게 의존하는 데서 팀에 의존하는 것으로 전환할 때 가장 극복하기 어려운 장애물 중 하나가 팀이 업무를 어떻게 수행해야 하는지 사사건건 간섭하고 싶은 충동을 버리는 것이다. 당신은 그동안 특정 분야에서 일을 잘해내는 능력을 보여줬기 때문에 임원으로 승진했다. 당신은 주어진 업무를 성공적으로 수행하면서 전문가임을 잇따라 입증했고, 그런 전문성으로 인정도 받고 보상도 받았다. 하지만 이제 임원이 된 당신은 성공을 약속했던 업무의 일부를 팀에 넘겨주어야 한다. 그러나 여전히 당신은 일을 어떻게 해야 하는지를 세세히 설명하는 데 많은 시간을 보내고 있을 게 뻔하다. 사실 거기까지는 문제가 없다. 자신이 가진 전문 지식을 팀원들에게 전달함으로써 팀의 발전을 돕고 팀이 조직에 기여할 수 있는 역량을 강화할 수 있기 때문이다.

그러나 지나치면 곤란하다. 이제는 업무를 어떻게 처리해야 할지 말해주는 대신 팀이 해야 할 일을 정의해줄 필요가 있기 때문이다. 그런데 이것이 쉽지 않은 것은 불안감 때문이다. 해당 업무를 누구보다 잘 아는 당신이기에 간여하지 않으면 불안하고 불편하다. 게다가 당신을 임원으로 승진하게 해주지 않았는가. 따라서 그 업무를 편안하게 생각하고 깊은 관심을 보이는 것은 당연한 일이며, 세부사항을 팀에게 넘기기가 꺼려지고 불안해질 수밖에 없다.

나는 수년 동안 그런 임원들을 많이 만나보았다. 그들은 자신이 최선이라고 생각하는 방식으로 일이 진행되지 않으면 무언가 잘못될 수 있다는 두려움 때문에 세부사항까지 간여하는 습관을 버리지 못했다. 하지만 그런 방식이 그들 자신과 그들이 맡은 팀, 그리고 그들의 조직에 기여한 수준은 늘 기대에 못 미쳤다. 임원이 실무에 끊임없이 간여하면 그 자체로도 힘에 부칠 뿐 아니라 임원으로서 진정한 역할을 수행할 수 있는 여력도 없어진다. 그런 임원 아래서 일하는 팀 또한 성장하지 못하고 침체할 수밖에 없다. 그런 임원이 많은 조직은 당연히 기대되는 성과를 내지 못한다. 아메리칸온라인(AOL)이 3,000만 명의 회원을 거느렸던 전성기에 최고운영책임자(COO)를 맡았던 밥 피트먼은 임원들에게 "당신들은 'What'의 관리자이지 'How'의 달인이 아니다"라고 강조했다. AOL은 시장의 상황 때문에 오래 버티지 못했지만 피트먼의 말은 모든 임원들이 깊이 새겨야 할 명언이다. GMAC의 CEO 데이비드 월슨은 임원의 역할을 이렇게 요약했다.

"팀이 해야 할 일을 정의해준 뒤 물러서야 한다. 엔진 자체가 되기보다 엔진의 관리자가 되어야 조직에 더 많은 기여를 할 수 있다. 따라서 임원이 되면 팀에 지침을 준 뒤 실무 수행에서는 비켜나 있어야 한다. 이렇게 저렇게 하라고 시시콜콜 지시하지 않고 큰 그림에서 나아가야 할 방향과 피드백을 제공함으로써 팀을 효과적으로 이끌어야 한다."

이 장에서는 팀의 업무를 정의해주는 행동과 습관을 취하고, 업무의 세부사항에 간섭하는 버릇을 버리는 방법을 알아보기로 하자. 임원의 차원에서 성공하려면 반드시 실천해야 할 가장 중요한 전환 중 하나다.

'What'에 집중하라

임원으로서 'How'보다 'What'에 초점을 맞추면 전술보다 전략적인 영역에서 게임을 하게 된다. 그리고 완전히 전략적인 영역에 진입하려면 먼저 팀 자체가 유능해야 한다. 인력을 적재적소에 배치하는 것은 팀에 의존하는 데 필수적인 조건일 뿐 아니라, 실무에 간여하지 않고 큰 방향만 제시해도 편안함을 느낄 수 있게 해주는 주된 요인이기도 하다.

스티브 리피는 미국 육군 소장으로 예편한 뒤 종교재단 프로테스턴트 에피스코펄 커시드럴 파운데이션의 최고운영책임자(COO)로서 워싱턴 DC의 국립대성당과 성당 산하의 사립학교들을 비롯한 기구들의 운영을 감독했다. 그는 군에서 29년을 지내면서 규정된 업무 분장을 바탕으로 실무를 스스로 해낼 수 있는 유능한 사람들을 확보하는 것이 얼마나 중요한지 깨달았다. 종교재단으로 자리를 옮긴 뒤 몇 달 후에 그는 국장(國

葬)을 효율적으로 치르기 위한 마스터플랜이 필요하다고 판단했고, 군에서 일한 경험을 바탕으로 혼자서도 얼마든지 계획을 짤 수 있었다. 하지만 COO로서 좀 더 넓게 신경을 써야 한다는 점을 알고 있던 그는 자신의 부하였고 프로젝트 기획의 전문가였던 퇴역 중령을 영입해서 운영국장으로 앉혔다. 그에게 최우선 업무로 성당의 국장(國葬) 계획을 전면 수정하는 일을 맡겼다. 몇 달 뒤 운영국장이 리피에게 색색으로 보기 좋게 구분한 두꺼운 바인더에 국장 실시 계획서를 담아 제출했다.

몇 주 뒤 토요일 오후였다. 리피가 워싱턴의 메이플라워호텔에서 아내와 함께 음료를 마시고 있을 때 휴대전화가 울렸다. 워싱턴 주교의 전화였다. 레이건 전 대통령이 서거했다는 이야기를 방금 들었다는 내용이었다. 주교는 장례식을 준비하기 위해 성당으로 즉시 와달라고 했다. 리피는 국장 계획이 이미 완성되어 있다는 사실을 떠올리고는 다음 날 아침 일찍 만나도 된다고 말했다. 그리고 일요일 미사 전 리피와 직원들이 주교와 만나 국장 계획을 검토했다. 그다음 바인더를 해체해서 사무실 벽에 각 페이지를 붙였다. 다음 주에 치를 행사의 총괄 일정으로 활용하기 위해서였다. TV에서 레이건 장례식을 지켜본 사람이라면 잘 알겠지만, 레이건 가족의 워싱턴 도착부터 며칠 뒤 캘리포니아의 장지로 떠날 때까지 모든 국장 절차는 완벽하게 진행되었다.

나는 리피에게 그 주에 잠을 설치지 않았는지 물었다. 리피는 장례식 전날 밤을 제외하고는 평소와 다름없이 잘 잤다고 했다. 장례식 당일 아침 리피와 직원들은 새벽 4시에 성당에 도착해서 방송국 사람들과 함께 카메라와 조명을 설치했다. 장례식이 끝나자 곧바로 성당팀은 오후 2시에 성당에서 진행하기로 예정된 고등학교 졸업식을 위해 모든 준비를 마쳤다. 그날 저녁에는 결혼식 리허설도 예정대로 진행되었다. 이 모든 과정이 완벽하고 순조롭게 진행될 수 있었던 것은 리피가 미리 팀의 일을 명확히 정의해놓았기 때문이다. 또한 그가 영입한 유능한 직원이 실무 세부사항에 대한 완벽한 계획을 만들어냈기 때문이다. 레이건 대통령의 장례식이 치러지는 동안 세계는 그들이 이루어낸 결과를 경건하게 지켜보았다.

'How'는 팀이 결정하게 하라

리피는 육군 소장까지 진급하면서 운영상의 기획과 실행 능력을 입증했다. 하지만 만약 그가 직접 국장 계획을 세웠더라면 레이건의 장례식이 그처럼 순조롭게 진행될 수 있었을까? 그렇지 않았을 가능성이 크다. 결과적으로 모든 절차가 잘 마무리된 것은 리피의 선택이 옳았다는 사실을 증명한다.

당신이 전문가이고 특정 분야에서 뛰어난 사람일 때 일을 어떻게 처리할지 훈수를 두거나 방향을 제시하고 싶은 충동을 자제하기는 쉽지 않을 것이다. 그러나 임원으로서 제 역할을 수행하려면 그런 충동과 습관을 버려야 한다는 점을 명심하라.

조지 스터너도 미국 해군 장교 시절의 체험을 통해 그런 교훈을 얻었다. 그는 당시 부제독으로 해군 해상시스템 사령부의 사령관을 맡고 있었다. 그의 사령부는 세계 52개 기지에 흩어져 있는 9만 명을 거느린 거대한 조직이었다. 스터너는 처음에 하이먼 리코버 제독(원자력잠수함을 개발하여 '원자력 해군의 아버지'로 불린다) 아래서 초급 장교로 군 경력을 시작했다. 80세까지 현역으로 활동한 리코버는 머리가 비상한 완벽주의자에다 악명 높은 실무 감독자였다. 그의 지휘 아래에서는 전문가가 되지 않고는 버틸 수 없었다. 조지 스터너는 그런 기대를 저버리지 않고 실무 전문가가 되었다. 스터너는 당시에 얻은 교훈과 관련해 이렇게 말했다.

"엔지니어링의 특정 부분에서 나는 전문가였다. 문제가 생기면 정답을 알 만한 사람은 나뿐이었다. 하지만 정답을 아는 것이 반드시 가장 중요한 일은 아니라는 사실을 깨달았다."

스터너는 핵잠수함 함장을 맡은 다음 잠수함 점검팀을 이끌었다. 그는 그때를 이렇게 돌이켰다.

"잠수함 한 정을 지휘하다가 1년에 각기 다른 잠수함 40대씩을 점검하게 되었는데, 한 대당 30시간씩 투자해 모든 사항을 살펴야 했다. 그 잠수함들을 운행하는 데는 수백 가지 다른 방법이 있다는 사실을 깨달았다. 가장 큰 깨달음이었다. 그 방법 중 대다수가 아주 훌륭했다. 그전에 내가 해왔던 방식과는 전혀 달랐다. 아주 중요한 교훈이었다."

물론 우리들 대다수는 그처럼 어렵고 복잡한 핵잠수함 점검팀을 이끌지 않아도 된다. 어쩌면 그런 사실이 세계의 평화를 위해 다행스러운 일일지 모른다. 그러나 스터너의 이야기는 바람직한 결과를 얻는 방식이 결코 한 가지만은 아니라는 중요한 관점을 제공한다. 누구보다 철저한 완벽주의자 밑에서 경력을 쌓은 조지 스터너는 팀에 시시콜콜 세부사항을 지시하는 대신 팀이 이루어내야 할 바람직한 결과를 정의하는 쪽으로 초점을 맞추는 관점의 전환에 성공했다.

SRA 인터내셔널의 메리 굿도 민간기업에 있을 때 그와 비슷한 경험을 했다. 그녀는 "버려야 할 가장 중요한 것 중 하나가 완벽주의 추구 본능"이라고 말했다.

"추진력과 강도를 포기해선 안 되지만 완벽주의는 포기해야 한다. 나를 위해 일하는 사람들이 내 방식과 똑같이 하지 않는다고 해도 목표와 결과가 내가 세운 전략과 일치한다면 그들이 자신의 방식대로 일할 수 있도록 뒷전으로 물러서야 한다."

메드이뮨의 연구개발 담당 수석부사장인 비히야 잘랄은 메리 굿이 말한 요점과 관련하여 기술적 전문가가 실무에 대한 간여를 포기하는 것이 얼마나 어려운지를 이렇게 이야기했다.

"포기해야 할 것들은 대부분 전술적인 일들이다. 갈수록 실무는 팀에 더 많이 의존해야 한다. 메드이뮨은 과학을 다루는 회사다. 그런 분야에서는 누구나 더 많은 것을 알고 프로젝트에 간여해야 한다고 느낀다. 그러나 임원이 되면 그런 충동과 습관을 버려야 한다. 처음에는 정말 그러기가 어렵다. 자신이 가졌던 기술적 전문 지식에서 점점 멀어져야 하고 다른 사람이 그 역할을 맡도록 물러서야 하기 때문이다. 회의에 참석해보면 문제의 해답을 뻔히 알지만 팀원들이 그 해답을 제시하도록 재량권을 주어야 한다. 실무를 어떻게 해야 하는지 지시하지 말아야 한다. 당신이 직접 실무를 수행할 입장이 아니라는 사실을 인정하면 그러기가 쉬워진다. 실무를 직접 챙기는 동시에 임원의 임무를 수행하기는 불가능하다. 둘 중 하나는 포기해야 한다."

물론 임원도 실무 방식과 관련해서 팀과 머리를 맞대야 할 때가 있다. 어느 때일까? 개입해야 한다는 느낌이 왔을 때 과연 그게 정당한지, 아니면 팀에 맡겨두고 뒤로 물러나 있으려고 더 노력해야 한다는 조짐인지 어떻게 판단할 수 있을까?

인사컨설팅 전문업체 머서의 제이슨 제페이는 실무에 개입해야 하는 적절한 시점을 판단할 때 필요한 사항을 이렇게 이야기했다.

"자신에게 물어야 할 질문은 '내가 이 일에 도움이 될 수 있을까?' 또는 '내가 좋은 성과를 올릴 수 있을까?'가 아니다. 올바른 질문은 '이 일에 내 시간을 할애함으로써 팀 전체에 더 나은 결과가 나올까?'이다."

후자의 질문에 답이 '예스'라면 개입하고, '노'라면 뒤로 물러서라. 그러나 예스가 대부분이라면 이때는 임원으로서 당신이 어디서 어떤 방식으로 최선의 기여를 해야 하는지에 대한 관점을 바꿀 필요가 있거나, 근본적으로 팀의 질적 수준을 제고할 필요가 있다는 뜻이다. 아주 간단한 문제다. 밥 피트먼이 말했듯이 당신의 임무는 무엇(What)의 관리자가 되는 것이지 어떻게(How)의 달인이 되는 것이 아니기 때문이다.

◆ 데이터 포인트 ◆

'넥스트 레벨 리더 360도' 데이터베이스에서 What을 규정하는 일과 How를 지시하는 일의 대비와 관련하여 스스로 가장 낮게 평가하는 행동은 '자주 뒤로 물러나 해야 할 일이 무엇인지를 정의하거나 수정한다'였다.

상사의 기대치를 정확히 파악하라

밥 피트먼의 What과 How의 구분에는 매우 중요한 뜻이 있다. 임원으로서 당신은 What의 관리자 중 한 사람이지 유일한 관리자는 아니라는 것이다. 따라서 동료 임원들과 손잡고 조직 전체의 큰 그림 전략에서 가장 중요한 것이 무엇인지 파악하라. 그다음 당신이 맡은 팀이 조직 전체의 일부분으로서 그 전략에 무엇을 어떻게 기여해야 할지 결정하라. 조직 전체의 전략에 맞추어 당신이 해야 할 일을 규정하는 데서 가장 중요한 자문 상대는 임원들 중에서도 당신의 상사라는 사실을 잊지 마라.

기대치가 분명할 경우

당신이 임원으로 승진했을 때 운이 좋으면 달성해야 할 목표를 명확하게 제시해주는 상사를 만날 것이다. 버짓렌터카에서 CEO를 역임한 빌 플라몬돈은 신임 임원이 업무적으로 상사와 어떤 대화를 나눠야 하는지에 관해 이렇게 조언했다.

"다른 분야에서 새로운 일을 맡게 되었을 때 상사에게 이런 질문을 하면 더 나은 관점을 확립하는 데 도움이 된다. '나의 업무가 뭔가요? 어디까지 책임져야 하나요? 목표가 뭔가요? 가능하다면 적어주세요. 어떤 행동이 적절하다고 생각하나요?' 직무와 책임 소재가 명확해질수록 임원으로서 맡은 역할을 더 효율적으로 수행할 수 있다. 핵심은 이렇다. '내 역할이 뭔가? 나의 거시적인 책임은 무엇이고 미시적인 책임은 어디까지인가? 성공의 정의는 무엇이며, 측정 기준은 무엇인가?' 요컨대 기능적인 실무는 당신의 일이 아니다. 당신이 이끄는 팀이 실무를 제시간에 잘해내도록 이끄는 일이 당신의 임무다."

기대치가 모호할 경우

임원으로 일하다 보면 빌 플라몬돈이 신임 임원에게 제시하는 목표의 정의처럼 명확하게 이야기하는 상사를 만나지 못할 때가 많다. 그런 경우에는 스티브 리피가 장교 시절 깨달은 바를 교훈으로 삼는 게 좋을 듯하다. 그는 승진을 거듭하면서, 특히 대령(육군에서는 신임 임원에 해당한다) 이상의 지위에 올랐을 때 상관의 시각으로 자신과 부하장병들에게 기대되는 바가 무엇인지에 신경을 쓰는 일이 갈수록 중요해진다는 사실을 깨달았다. 그러면 그런 쪽으로 초점을 맞추기 위해 어떻게 해야 할까? 스스로 상사라고 생각하고 다음의 3가지를 자문해보라.

- 이 일과 관련해서 나는 무엇을 생각하나?
- 이 일에 대해 나는 어떻게 느끼고 있나?
- 이 일에서 나는 무엇을 바라나?

임원 전문 코치 티머시 골웨이는 이렇게 자신이 아닌 다른 사람의 관점을 취하는 것을 '전치(轉置, transposing)'라고 부른다. 전치에 필요한 '공감(empathy)'을 형성하려면 질문을 3인칭(그가 원하는 게 뭐지?)이 아니라 1인칭(내가 원하는 게 뭔가?)으로 하는 게 중요하다.

상사가 무엇을 원하는지 감을 잡았다면 상사와 직접 대화하거나, 아니면 좀 더 큰 그림을 이해하며 믿을 수 있는 동료 임원들과 대화를 통해 기대치를 확인하라.

기대 이상의 성과를 낳게 하는 4가지 방법

조직 전체의 큰 그림에서 자신이 해야 할 일을 명확히 알았다면 그다음의 임무는 큰 그림의 일을 팀에 충분히 주지시키고 그 일이 잘 진행되도록 뒷받침하는 것이다. 어떤 결과가 성공으로 간주되는지, 목표의 달성에 어떻게 기여해야 하는지 팀이 확실히 이해해야 기대 수준 또는 그 이상의 성과가 나올 수 있다.

듀폰의 혁신구축 담당 사장인 톰 슐러를 인터뷰할 때쯤 세계 경제는 2008년 시작된 대불황에서 겨우 조금씩 되살아나고 있었다. 하지만 건설업계에 자재를 공급하는 업체들은 여전히 매우 어려운 시기였다. 슐러는 힘든 시절일수록 팀이 맡은 임무에 초점을 맞추도록 이끄는 것이 더욱 중요하다는 점을 깨달았다. 그는

> **코칭 팁**
>
> **: 4P**
>
> 자기계발서 저술가인 윌리엄 브리지스는 팀이 How를 What과 연결시키는 데 도움을 줄 수 있는 '4P'라는 간편한 도구를 제시했다. 4P는 Purpose(목표), Picture(그림), Plan(계획), Part to Play(역할)를 의미한다. 다음 질문을 충분히 생각해본 다음 팀원들과 그에 관해 이야기해보라.
>
> • 목표(Purpose) : 우리가 무엇을 하려고 여기에 있는가?
> • 그림(Picture) : 목표를 달성했을 때 우리의 미래는 어떤 모습일까?
> • 계획(Plan) : 그런 미래 모습을 그려내기 위한 계획은 무엇인가?
> • 역할(Part to Play) : 그 계획에 각자는 어떻게 기여해야 하는가?

그 시기에 자신이 강조한 부분을 이렇게 설명했다.

"우리 업계에 불어닥친 전례 없는 불황을 맞아 우리는 수많은 사업상의 어려운 결정을 신속히 내려야 했다. 당시 상황은 우리의 전략 실행 방식에 상당한 영향을 미쳤지만, 전략 자체와는 별 상관이 없었다. 우리 팀은 단기적 결정을 내리는 동시에 계속해서 장기적 목표에 초점을 맞추어 나갔다.

위기 상황에서는 감정이 곧잘 격화되고 주의를 산만하게 만드는 일이 많아지게 마련이다. 문제가 생겼을 때 부적절한 대응을 하기 쉽다. 그럴 때일수록 팀을 혼란의 진창에서 끌어내 더 넓은 관점이 있다는 사실을 상기시켜주면 많은 도움이 된다.

당시 우리 팀원들은 화합과 방향 안내를 원했다. 그래서 나는 그들이 전략을 올바로 이해하고 실행의 초점을 제대로 맞출 수 있도록 오랜 시간 공을 들였다. 우리는 이렇게 회의를 시작했다. '자, 우리가 해야 할 일은 이겁니다. 이 일을 우리의 장기 전략에 맞추려면 어떻게 해야 할까요?'

나는 부하직원들과 많은 시간을 함께한다. 그들이 무엇을 하는지 감독하려는 것이 아니라 우리의 전략은 일관되며 매일같이 전략을 실행하면 성공할 수 있다는 점을 주지시키려는 것이다. 이것이 우리가 만들어낸 좋은 습관이다. 지금의 불황에서 그나마 긍정적인 면은 우리가 진정으로 훌륭한 습관을 들였다는 점이다. 나중에 경기가 회복되더라도 우리는 이 습관을 버리고 싶은 생각이 없다."

슐러가 시사했듯이 어떤 경제적 환경에서도 팀이 What을 How와 연결시키도록 돕는 것이 리더십의 핵심이다. 이제 그런 연결을 강화하는 몇 가지 추가적인 기법을 살펴보자.

우리의 임원 멘토들은 팀이 해야 할 일을 명확히 정의하는 동시에 팀에 실행과 관련한 선택권을 주는 데 필요한 가장 효과적인 방법을 제시했다. 간추리면 다음과 같다.

- 관점 이전 연습
- 기대치 설정
- 가이드라인과 시스템 구축
- 팀 코칭

당신과 당신의 팀에 이 중의 일부 또는 전부가 도움을 줄 수 있을 것이다. 각 방법의 실행 사례를 살펴보자.

관점 이전 연습

버라이즌의 마이크 래니어는 팀에 해야 할 일을 확실히 주지시키는 과정을 팀빌딩(team-builidng. 집단이 과제를 달성하는 방식을 개선하도록 도움을 주고 구성원들이 대인 기술과 문제해결 능력을 강화하도록 도움을 주는 행동 계획) 게임에 비유했다. 예를 들어 팀원 한 명만 제외하고 모두 눈가리개를 한 뒤 한 명의 방향 지시에 따라 팀이 A 지점에서 B 지점으로 이동하도록 한다. 래니어는 이 게임에서 방향을 지시하는 사람이 구체적이고 명확하게 뜻을 전달해야 하며 팀이 그 방향 지시를 이해하는지 계속 확

코칭 팁

: 관점의 출처를 확인하라

팀과 함께 관점 이전을 연습하려면 자신의 관점이 어디서 나왔는지 확실히 알아야 한다. 지난 세 달 동안의 일정표를 돌아보라. 팀이 가지지 못한 관점을 자신이 얻게 된 정기적인 회의나 행사, 대화가 무엇이었는가? 그 관점을 팀에 정기적으로 전달하고 팀원들과 이해를 공유하기 위해 어떤 계획을 세울 수 있는가?

인하는 것이 중요하다는 교훈을 얻었다. 또한 임원으로서 팀이 달성해야 할 목표를 구체적으로 이해시키는 것이 얼마나 중요한지를 깨달았다.

래니어는 임원으로서 팀에 제공할 수 있는 가장 소중한 자원 중 하나가 다른 임원들과의 회의에서 얻는 관점과 통찰력이라는 사실을 절감했다. 팀원들은 그런 관점을 래니어 외에 다른 누구로부터도 얻을 기회가 없다. 나는 이것을 '역동적 관점 이전(dynamic perspective transference)'이라고 부른다. 마이크 래니어가 팀의 과제를 정의할 때 자신의 관점을 팀에 이전할 기회를 갖지 않는다면 그에게는 관점이 없는 것이나 마찬가지다. 임원 차원의 관점과 통찰력은 팀원들에게 방향을 설정해주고 행동을 촉진하는 데 사용되어야만 그 존재 이유가 성립된다. 그 외에 다른 목적은 없다.

임원으로서 가진 자신의 관점을 팀과 공유하면 팀이 주어진 과제를 더 깊이 이해할 수 있다. 아울러 팀이 그 과제(What)가 주어진 배경의 이유(Why)를 이해하는 데도 도움을 주기 때문에 동기와 열의를 유발할 수 있다.

'넥스트 레벨 리더 360도' 데이터베이스에서 스스로 낮게 평가한 행동 중 하나는 '바람직한 결과를 달성하는 과정에 자신이 참여하는 가장 좋은 방법을 팀에 명확히 밝힌다'였다.

기대치 설정

팀과 함께 기대치를 설정할 때는 What과 How 2가지 모두에 초점을 맞춰야 한다. 앞서 빌 플라몬돈은 성공이 어떤 모습일지 미리 상상해보고 규정하는 데 시간을 할애함으로써 목표를 명확히 파악해야 할 필요가 있다고 말했다. 바로 그런 것을 나누어야 한다. 주요 프로젝트나 제안을 시작할 때는 무엇이 성공인지에 관해 모두가 같은 생각을 가져야 한다. 그런 대화에서 반드시 묻고 답해야 할 질문 몇 가지를 살펴보자.

- 우리가 성공할 경우 현 상태에서 달라지는 것이 무엇인가?
- 성공이 어떤 차이를 가져올 것인가?
- 성공을 측정하는 데 도움이 되는 수단은 무엇인가?
- 바람직한 결과를 얻는 과정에서 금기 행동은 무엇인가?
- 마감 시한은 언제인가?

주어진 과제에 대한 기대치가 확실해지고 나면 당신이 그 일에 어떻게 참여하고 싶은지 팀에 알리는 것이 중요하다. 임원으로서 당신이 가진 가장 소중한 2가지 자원은 시간과 관심이다. 따라서 어떤 경우 또는 어느 시점에 팀이 당신을 업무 흐름에 참여시켜 관점과 도움을 요청해야 할지 팀에 분명히 밝히는 것이 필수적이다. 캐피털 원의 스티브 리네한은 이런 과정을 곰곰이 생각해본 뒤 다음과 같은 접근법을 제안했다.

"나는 어느 정도의 수준에 도달한 일을 내게 가져오라고 미리 기대치를 설정해준다. 그러면 팀은 내게서 무슨 도움이 필요할지 명확히 알게 된다. 사전에 그런 정보를 주면 팀은 스스로 일의 체계를 잡는다. 나는 팀이 '이 정도로 잘 정리된 건의안이라면 임원에게 상의해야 한다'고 생각하도록 만들고 싶다. 팀이 아이디어를 제대로 확정하지 못해 난상토론을 하는 과정에 내가 참여하고 싶지는 않다. 나는 팀이 업무의 확실한 틀을 잡고 난 뒤 문제를 내게 제시하기를 기대한다.

팀이 업무의 윤곽을 잡지 못한 채 임원과 함께 문제 해결을 하길 원하는 경우가 많다. 하지만 임원이 된 뒤에는 그런 일에 참여할 시간이 없다. 팀 내부의 문제 해결에 내가 나설 수는 없다. 팀이 스스로 해결하기를 나는 바란다. 팀이 때때로 내게 질문을 던지는 것은 얼마든지 환영하지만, 내가 그들과 그 문제를 두고 직접 해결책을 찾아선 안 된다. 임원은 그들과 일일이 상대할 여력이 없다.

따라서 기대치를 높이 설정하면 팀은 내가 무엇을 원하는지, 언제 나를 필요로 해야 할지 알게 된다. 그처럼 분명한 메시지를 전하는 것이 중요하다. 나는 팀이 진정으로 고심해서 내린 결론을 원한다. 팀이 나의 참여를 원하는 시점은 그들이 이렇게 말할 때다. '스티브가 더 넓은 관점을 제시할 수 있다. 그는 동료 임원들과의 대화를 통해 우리가 미처 알지 못하는 무언가를 알고 있을 수 있다.'"

186

리네한의 이야기는 2가지 중요한 점을 말해준다. 첫째, 팀과 함께 바람직한 결과를 정의한 뒤 팀 스스로 높은 수준의 문제 해결책을 찾도록 기대한다는 점을 분명히 밝힌다. 둘째, 문제 해결 과정에서 팀이 도움을 요청할 때 일 자체보다는 관점 이전에 관한 도움을 필요로 한다고 간주한다. 리네한은 이 같은 접근법을 통해 임원으로서 자신에게 주어지는 자원을 팀과 자신, 그리고 조직 전체에 도움이 되도록 활용한다.

가이드라인과 시스템 구축

바람직한 결과를 이끌어내는 업무 수행을 모니터하기 위한 시스템 구축은 7장에서 자세히 알아보기로 하고, 여기서는 맛보기로 간단히 짚어보자. 조지 스터너는 목표 달성에 필요한 일을 정의하고 진척 상황을 확인하는 문제와 관련해 이렇게 말했다.

"리더는 바람직한 결과의 가이드라인을 설정한 뒤 실무에서는 비켜나는 게 바람직하다. 하지만 과제의 진척 상황을 점검하는 시스템을 팀과 함께 설정하는 일도 그에 못지않게 중요하다. 팀의 일에 전혀 간섭하지

코칭 팁

: 20 : 80 분석

당신의 시간과 관심을 미래의 성공에 필요한 일로 돌리면 당신과 당신 팀의 역량이 강화된다. 다음 질문에 답을 적어보고 팀과 대화하면서 그 아이디어를 공유해보라.

1. 우리가 완벽하게 성공할 경우 1년 뒤 우리의 상황은 어떻게 변할까?
2. 전체 과제 중에서 그런 미래의 상황을 만들기 위해 내 시간과 관심의 80%를 투자할 필요가 있는 20%의 일은 무엇인가?
3. 전체 과제 중에서 지금까지 내 시간의 80%를 투자해온 20%의 일은 무엇인가?
4. 3번 질문의 답 중에서 내가 손을 떼고 대신 팀이 맡아야 할 일은 무엇인가?
5. 내가 넘겨주는 일을 팀이 떠맡을 수 있는 여력을 만들어내려면 팀이 어떤 일에서 손을 떼야 할까?

않는 리더가 되어선 안 된다. 그냥 자기 사무실에 앉아 있지 말고 팀의 업무 현장에 나가봐야 한다."

스터너의 접근법은 스티브 리네한보다 실무를 더 많이 챙긴다는 인상을 줄지 모른다. 그러나 두 사람 모두 바람직한 결과를 정의하고 팀이 일을 하도록 간섭하지 말아야 한다고 생각한다는 사실이 중요하다. 스터너의 리더십 스타일에서 중요한 부분은 계속해서 팀에 자신의 존재를 보임으로써 열린 커뮤니케이션을 확립하는 것이다. 그러기 위해 그는 격식에 얽매이지 않는 상황에서 팀과 함께 시간을 갖는 데 의존한다. 한편 리네한의 스타일은 팀의 요청에 언제든 응하지만 어떤 상황에서 팀이 자신에게 요청을 해야 하는지 그 조건을 더 강조한다. 어느 한 쪽이 옳거나 틀린 것은 아니다. 임원의 개인 스타일이나 조직 문화에 따라 다를 수 있기 때문이다. 그러나 두 접근법의 공통분모는 팀이 이루어내야 할 결과를 정의하기 위한 가이드라인을 설정하고, 진척 상황을 점검하기 위해 적절히 개입한다는 것이다.

팀 코칭

팀의 역량을 강화하는 동시에 그들의 실무에 일일이 개입하지 않는 가장 효과적인 방법 중 하나는 팀 코칭이다. 코칭 접근법은 해답을 주기보다 질문을 강조하기 때문에 효과적이다. 코칭의 목표는 주어진 업무를 가장 효과적으로 수행할 수 있는 방법을 스스로 발견하도록 돕는 질문을 함으로써 팀원들의 창의성과 문제 해결 능력을 이끌어내는 것이다. 이와 관련해 에이본의 루시엔 알지아리는 이렇게 말했다.

"자신의 역량을 키우는 임원들은 전략적 차원에서 자신이 어디로 가기를 원하는지 파악한 다음 자신의 개인적 기여도를 바탕으로 팀원들이 적재적소에서 일할 수 있도록 코칭한다."

탁월한 전문 기술과 신속한 해결력으로 승진에 승진을 거듭한 임원들로서는 코치가 되어 팀원들을 이끄는 역할로 전환하기가 쉽지 않다. 듀폰의 톰 슐러는 이렇게 말했다.

"신임 임원이 많은 어려움을 겪는 문제다. 그들은 늘 '그 문제를 어떻게 해결해야 할지 나는 알아. 나는 해답이 무엇인지 알고 그들에게 말해줄 수 있기 때문에 그들을 채근할 수 있어'라고 말하기 때문이다."

직접적인 해결책을 계속해서 제공하면 임원으로서 당신만이 할 수 있는 일을 할 시간과 에너지가 고갈될뿐더러 팀원들도 주어진 과제를 해낼 능력을 발전시킬 기회가 없어진다.

바람직한 코칭 대화는 간단한 개방형 질문으로 팀원들이 자신의 목표와 현재 상황, 선택 사안, 차후 상황을 명확히 정의하도록 도와줄 수 있다. 이번 주에 당장 코칭 대화를 시도

코칭 팁

: GROW 접근법

존 휘트모어는 저서 《성과 향상을 위한 코칭 리더십(Coaching for Performance)》에서 GROW 코칭 접근법을 소개했다. G는 목표(Goals), R는 현실(Reality), O는 대안(Options), W는 실행의지(Will)를 일컫는다. 팀원들과 코칭을 위한 대화를 하면서 효과적으로 사용할 수 있는 실행 계획이다.

G(Goal, 목표) : 무엇을 이루려고 하는가? 그 성취가 어떤 변화를 가져오는가?
R(Reality, 현실) : 현 상황은 어떤가? 지금까지 어떤 시도를 했는가?
O(Options, 대안) : 그 외 어떤 시도가 가능한가? 그 대안들의 장단점은 무엇인가?
W(Will, 실행의지) : 그다음의 한두 단계는 무엇인가? 기한 내에 무엇을 하기로 했는가?

해보라. 대화를 오래 끌지 말고, 해답을 주려는 충동을 억제하고, What에 초점을 맞출 때 어떤 일이 일어나는지 관찰하고, 팀원들이 스스로 How를 찾도록 장려하라.

임원의 역량은 '성장 공간'이 좌우한다

임원으로서 당신은 차세대 임원이 될 만한 역량을 가진 팀원을 발굴하고 배양할 책임이 있다. What(목표)을 설정해주는 습관을 들이고 How(실무 방법)를 지시하는 습관을 버리면 팀원들을 조직의 차세대 리더로 배양하는 중요한 임무를 성실히 수행할 수 있다. 서던캘리포니아대학에서 경영·조직을 가르치는 모건 매콜 교수는 《야심가들 : 차세대 리더를 육성하는 방법(High Flyers : Developing the Next Generation of Leaders)》을 쓰려고 실시한 조사에서 잠재력이 큰 리더들은 다른 어떤 방법보다도 실무 체험을 통해 더 빨리 더 완벽하게 성장한다는 사실을 확인했다. 내가 만난 임원들도 한결같이, 훌륭한 인재에게 스스로 최고라고 생각하는 방식으로 일을 하도록 함으로써 성장할 수 있는 공간을 제공하는 것이 중요하다고 이야기했다. 메리 굿은 임원으로서 역량을 강화하는 과정에서 얻은 중요한 교훈을 이렇게 전했다.

"사람들이 일하는 방식은 각기 다르다는 사실을 명심해야 한다. 그런 개성을 존중하지 않으면 팀원들을 억눌러 그들로부터 최선을 뽑아내지 못한다."

스티브 리네한은 팀원들에게 스스로 더 많은 결정을 하도록 재량권을 주는 문제를 이야기하며 이렇게 말했다.

"임원의 차원에서는 사소한 문제로 실무에 얽매이지 않는 것이 매우 중요하다."

자기만의 방식을 고집하면 주어진 임무를 완수하기 어렵다. 그러나 시의적절하게 바람직한 결과를 얻을 수 있는 방식으로 임원 역할을 한다면 팀 역량을 강화하는 긍정적인 효과가 나타날 뿐 아니라 임원으로서 본연의 역할을 다할 수 있는 시간을 벌 수 있다.

What을 정의하고 How를 규정하는 문제에서 임원과 팀이 각기 맡은 고유의 영역에서 역할을 잘해내면 양쪽 모두 바람직한 결과를 얻을 수 있다. 이 문제와 관련하여 루시엔 알지아리는 다음과 같은 관점을 제시했다.

"부사장과 그의 팀을 평가할 때 내가 생각하는 가장 중요한 기준 중 하나는 모두가 적정한 수준에서 일하는지, 또 부사장이 임원의 차원에서 이상적으로 일하는지 여부다. 팀이 자신의 역할을 제대로 하지 못하면 하향 평준화가 이루어진다. 그러면 임원도 세부 실무에 개입해야 한다. 하급자가 더 아랫사람의 일을 하기 때문에 임원도 하급자의 일을 하게 된다. 그러면 결국 조직이 임원으로서 당신에게 요구하는 임무를 완수할 수 없다. 그러나 일이 바람직하게 돌아간다면 당신은 당신 상사의 일을 하게 되고, 그러면 상사는 더 높은 차원의 일을 할 수 있기 때문에 당신에게 고마워한다."

알지아리의 이야기는 모두가 스스로 최고 역량을 발휘하고 있다는 사실을 아는 데서 생기는 편안함과 자신감으로 임했을 때 어떤 결과가 나타나는지 분명하게 보여준다. 더 높은 차원으로 올라가는 리더로서 당신은 자신의 역량을 강화하고 발전시킬 뿐 아니라 팀원들이 그다음 단계인 미지의 영역을 헤쳐나가도록 인도할 수 있는 좋은 기회를 맞는 것이다.

<u>*Summary*</u>

What을 정의하는 습관을 취하고
How를 지시하는 습관을 버리는 10가지 비결

<u>1</u> 임원으로서 당신은 What의 관리자이지 How의 달인이 아니라는
점을 명심하라.

<u>2</u> How에서 비켜나려면 능력 있는 직원들로 팀을 짜라.

<u>3</u> 목표를 달성하는 방법은 여러 가지임을 명심하고 '나의 방식'을 강요
하는 습관을 버려라.

<u>4</u> How에 개입하고 싶은 유혹을 느낄 때는 자신에게 이런 질문을 던
져라. '이 일에 내 시간을 투자하면 그렇게 하지 않을 경우보다 결과
가 크게 나아질 수 있을까?'

<u>5</u> 임원인 당신과 당신이 이끄는 팀에 조직이 어떤 성과를 기대하는지
큰 그림을 정확히 읽어라.

<u>6</u> 목표가 무엇인지, 현재의 진척 상황이 어떤지에 관한 관점을 수시로
재검토하고 수정하라.

7 팀에 무엇을 해야 하고 왜 해야 하는지 정확히 알려주고 팀이 스스로 역량을 강화할 수 있도록 '관점 이전'을 연습하라.

8 팀원 모두가 구체적인 과제가 무엇인지 명확히 이해하도록 솔직한 대화를 하라. 아울러 그들이 임원인 당신에게 언제 어떻게 도움을 청해야 하는지 기본 원칙을 확실히 주지시켜라.

9 주어진 기회를 최대한 활용하고 문제를 해결하기 위해 팀원들 스스로 새로운 접근법과 해법을 생각해낼 수 있도록 코칭하라.

10 팀원들에게 한 단계 더 높이 생각하고 일하도록 격려함으로써 팀의 역량을 강화하라.

좋든 나쁘든 결과는 당신 책임이다 7

\+ 전체 결과에 대해 총체적으로 책임진다
\- 일부 결과에 대해 단편적으로 책임진다

리더십 코치로 임원 고객을 위해 그의 상사와 인터뷰를 하면서 총체적
책임(accountability)과 단편적 책임(responsibility)의 차이에 관해 처음
들었다. 상사는 내 고객의 발전 기회를 이야기하면서 이렇게 말했다.

"그는 몇 가지 일에 단편적으로 책임지는 것에서 벗어나 수많은 일에
총체적인 책임을 질 필요가 있다."

내가 부연 설명을 요청하자 그는 내 고객이 단편적인 책임의식에 사로
잡혀 자신의 역량에 비해 너무 좁은 무대에 스스로를 국한시킨다고 말
했다.

잠재력이 큰 임원 고객들에 대한 피드백에서 나는 이런 이야기를 자주
듣는다. 그들의 동료들은 내 고객이 조직 내에서 더 큰 게임을 할 능력

을 갖췄다는 느낌 또는 확신을 갖는다. 하지만 그런 능력에도 불구하고 고객은 모든 단편적인 일에 개인적 책임이 있는 것처럼 행동함으로써 스스로 발전을 가로막는다. 일의 마무리 단계에서 최종 품질을 보장하려면 이전의 모든 단계에서 실행되는 일 전부에 손을 대야 한다고 느끼기 때문이다.

◆ 데이터 포인트 ◆

'넥스트 레벨 리더 360도' 데이터베이스에서 잠재력이 높은 리더들이 책임 문제와 관련해 자신을 평가한 항목 중에서 가장 점수가 낮게 나온 항목은 '자신의 기능적 기술을 사용하는 시간을 줄이고 팀원들이 그들의 기술을 사용하도록 격려하는 데 더 많은 시간을 할애한다'였다.

고위직으로 올라갈수록 책임의 범위가 넓어져 혼자서는 모든 일을 확인할 시간과 에너지가 없어진다. 따라서 임원이라는 자리에서 생존하고 성공하려면 '모든 일에 반드시 필요한 사람'이라는 자아상을 극복하고 '팀원 각자가 반드시 필요한 사람'이 되도록 팀을 발전시키는 역할을 맡았다고 생각해야 한다. 그래야 더 큰 게임을 할 여력이 생긴다. 수많은 결과에 대한 총체적인 책임을 지려는 습관을 취하고 단편적 결과에 개인적 책임이 있는 듯이 행동하는 습관을 버리면 그런 수준에 오르는 데 많은 도움이 된다.

임원에 맞는 모델로 전환하라

단편적 책임과 총체적 책임의 구분은 실제로 일을 누가 하며 업무가 어떻게 정의되는지에 달려 있다. 단편적 책임 모델에서는 당신이 직접 일을 하거나 그 일을 하는 사람들을 일일이 감독하게 된다. 책임감 있는 사람이면 많은 일에 개입할 가능성이 크다. 심지어 늘 많은 일을 직접 하기도 할 것이다. 어느 쪽이든 일이 잘 진행되고 바람직한 결과로 이어지도록 개인적으로 애쓸 것이 틀림없다. 그 노력이 성공적인 결과를 가져올 수 있다. 사실 이 모델이 잘못된 것은 아니다. 조직은 그런 공간에서 효과적으로 일하는 관리자가 반드시 필요하다. 그러나 임원으로서 성공하려면 그보다는 총체적 책임 모델로 전환해야 한다.

총체적 책임 모델에서는 자신이 아닌 다른 사람들에게 책임이 있는 결과의 달성 여부에 책임을 진다. 이 모델은 성공하는 임원이 되기 위해 취하고 버려야 할 행동과 습관에 관한 2가지 핵심 요소를 아우른다. 즉 팀 의존을 취하고 자기 의존을 버려야 한다. 그러기 위해 팀빌딩이 필요하다. 신뢰하고 의지할 수 있는 유능한 팀이 없으면 총체적 책임 모델이 무의미하다. 또 팀이 해야 할 일을 정의하는 행동을 취하고 그 일을 어떻게 해야 할지 간여하는 행동을 버려야 한다. 이렇게 해서 결과에 총체적인 책임을 지는 습관을 잘 들인 임원은 그 결과에서 비롯되는 상황에 초점을 맞춘다.

총체적 책임 모델로 일하는 임원은 높은 차원에서 장기적인 관점을 적용한다. 그들의 임무는 어젠다를 설정하고, 자신만이 아니라 더 큰 조직

의 어젠다를 뒷받침할 수 있도록 일의 여러 가지 흐름을 한데 아우르는
것이다. 그는 어젠다를 지탱하는 최종 결과에 책임을 진다. 결과를 만들
어내는 중간 부분에서는 중간관리자와 팀이 책임을 져야 한다.

이 장에서는 단편적 책임 모델에서 총체적 책임 모델로 전환하는 데
필요한 행동과 마음가짐, 과정을 탐구해보기로 한다. 먼저, 성공하는 임
원은 팀의 일을 어떻게 규정하는지부터 알아보자.

잔디 깎는 임원은 위험하다

사람들은 대개 자기 집 정원의 잔디를 깎고 잡초를 제거하는 일을 즐
긴다. 당신도 그중 한 사람이거나 적어도 주변에서 그런 사람을 한두 명
은 알 것이다. 또 사람들은 일을 시작한 뒤 비교적 빨리 끝내는 데서 보
람을 느낀다. 정원을 손질하고 나서 자신이 한 일을 흐뭇하게 바라보게
마련이다. 정원에서 본인이 작업한 결과는 명확하다. 거기에는 어떤 모
호함도 없다. 당신이 직접 잔디를 깎았고 정원의 잡초를 제거했기 때문
이다.

직장생활에서도 그런 만족감을 느낄 때가 많다. 보고서를 완성하거나
중요한 거래를 성사시켰을 때 그런 보람을 느꼈을 것이다. 새롭게 주어진
업무를 마치거나 어려운 프로젝트를 이끌었을 때도 마찬가지다. 그 각각
의 경우에서 당신은 일이 언제 마무리되는지를 잘 알고, 그동안 이룬 성
과를 명확히 인식하고 홀가분한 마음으로 귀가했을 것이다.

그러나 임원으로 일할 때는 다르다. 자신이 무엇을 이루었는지 그 정의

가 애매모호한 경우가 많다. 그렇더라도 임원으로서 성공하려면 잔디를 직접 깎기보다 용역회사에 맡기는 것이 정답이다. 잔디를 직접 깎았다는 사실보다 잔디가 말끔하게 잘 깎였다는 결과에서 보람을 찾아야 한다는 이야기다. 비유를 좀 더 확장하자면 당신은 스스로 일주일에 100m × 100m 넓이의 잔디를 깎는 용역업체의 사장이라고 생각해야 한다. 그 많은 잔디를 혼자서 다 깎기는 불가능하다. 그래서 일꾼들을 고용해서 그들에게 일을 맡겨야 한다. 당신의 임무는 일의 진행 과정을 감독하고, 고객에게 책임을 지고, 차후 조경 분야로 사업을 확장하는 일을 계획하는 것이다. 그러면 하루 일과를 마쳤을 때 신발에 잔디 부스러기가 묻은 채 몸에서 휘발유 냄새를 풍기며 귀가하지 않을 것이다. 그렇다고 해서 일을 전혀 하지 않았다는 뜻은 아니다. 분명히 일을 했지만 직접적인 결과를 몸으로 느낄 수 없다는 것이다.

◆ 데이터 포인트 ◆

'넥스트 레벨 리더 360도' 데이터베이스에서 리더들이 자신에게 가장 낮은 점수를 준 사안 중 하나는 '일상적인 업무에 신경을 덜 쓰고 전략적 기회를 찾고 이용하는 데 더 집중한다'였다.

잔디 깎기 비유가 너무 심하다고 생각할지도 모르겠다. 하지만 나는 리더십 코치로서 스스로 잔디를 깎듯이 회사 일도 그렇게 해야 한다는 생각을 좀처럼 떨치지 못하는 임원 수백 명을 만나봤다. 일례로 나의 고객 중 한 명은 뛰어난 과학자였다. 직접 연구를 수행하던 그는 부사장으로 승진한 뒤로 R&D팀 여럿을 이끄는 역할을 떠맡았다. 초기에 그는 하루 일과를 마치고 차를 몰고 집으로 가면서 "오늘 하루 종일 내가 도대체 뭘 했지?"라는 생각에 상당히 불안했다고 말했다. 실험실에서 직접 일하는 대신 여러 회의를 주재하며 실험실 연구자들이 하는 일에 대해 이야기만 했기 때문이다.

미국 해군 핵잠수함 점검팀을 이끈 조지 스터너 부제독처럼 그 과학자도 자신의 분야에서는 일인자였고, 특정 연구 분야에서 제기되는 문제의 해결책을 누구보다도 잘 알고 있었다. 그러나 임원이 되고 나서는 그런 것이 소용이 없었다. 그는 자신의 연구 결과가 아니라 여러 팀이 이루어낸 결과에 책임을 져야 했다. 자신이 매일 하는 일을 전과 달리 이해하고, 그 이해를 바탕으로 실천해야 하는 어려움에 직면한 것이다. 결국 그는 단편적 책임 모델의 편안함과 익숙함에서 벗어나 총체적 책임 모델로 일하는 법을 익혀야 했다. 그러면서 그가 하는 일의 성격 자체가 달라지게 되었다.

책임감을 가져야 할 때와 버려야 할 때

이 책의 주요 메시지 중 하나는 임원으로 성공하려면 개인적인 변화가 필요하다는 것이다. 그 변화 과정의 대부분은 직장생활이나 인생의 초기에 큰 도움을 준 기능적인 기술과 행동, 그리고 습관을 과감히 버리는 데 편안해지는 방법을 터득하는 것이다.

우리는 살면서 책임감을 가져야 한다는 말을 자주 듣는다. 이때의 책임감은 개인적이고 단편적인 책임감을 의미한다. 하지만 임원이 되면 그런 책임감에서 자유로워져야 한다. 개인적인 책임이 없어진다고 말하려는 게 아니다. 오히려 그 반대다. 사실 지난 20년 동안 일어난 기업의 비리 스캔들 대부분이 개인적 책임의 부재에서 비롯되었다고 해도 과언이 아니다. 2008년 전 세계를 강타한 금융위기와 경기침체도 예외가 아니다. 나는 책임감이 윤리나 도덕적 기준과 동일하다는 지적에 전적으로 공감하는 사람이다. 그런 책임감 없이는 임원으로서나 인간으로서 성공할 수 없다고 생각한다.

그러나 여기서 내가 말하고자 하는 바는 이런 문제와는 근본적으로 다른 것이다. 임원의 경우 실무진이 만들어낸 각각의 결과에 개인적으로 책임을 지려 해서는 안 된다는 점을 말하려는 것이다.

헨리 루커스는 엔지니어링 컨설팅서비스(ECS)의 CEO이자 공동 창업자다. ECS는 북부 버지니아주에서 사무실 하나로 시작해서 미국 전역에 24개 지점과 직원 700명을 거느린 회사로 성장했다. 프로미식축구(NFL) 최대 규모의 경기장인 페덱스필드와 세계은행본부 건설 프로젝트에 자문을 제공하기도 했으며, 현재 엔지니어링 컨설팅 부문에서 선두주자로 인정받고 있다. 루커스는 엔지니어로 일하다가 기업을 세운 뒤 자산 가치 수백억 달러 회사의 CEO에 오르는 과정에서 자신과 회사가 잘되도록 하기 위해 반드시 필요했던 변화에 관해 누구보다 깊이 생각했다. 그는 자신이 경영자로서 단편적 책임 모델을 왜 버려야 했는지에 관해 이렇게 말했다.

"원래 나는 엔지니어였고 엔지니어링을 너무도 좋아한다. 회사가 성장하면서 더 큰 리더십 역할을 떠맡게 되었을 때 나는 일상적인 실무에 필요 이상으로 계속 몰입하고 있다는 사실을 깨달았다. 그게 가장 어려운 문제였다. 어느 순간 잠에서 깨어났을 때 내가 경력 초기의 자신에게서 벗어나 다른 사람이 되어야 한다는 사실을 깨닫게 되었다. 이것은 대다수 사람들에게도 아주 어려운 문제인 것 같다. 물론 그런 변화를 다른 사람들보다 더 쉽게 받아들이는 사람도 있다. 하지만 자신의 생업에 진정한 열정이 있다면 자신의 그런 강점을 포기하기란 결코 쉽지 않다. 그러나 경력의 더 높은 단계인 임원으로 도약하려면 사고방식과 마음가짐, 행동의 변화가 반드시 필요하다. 그러고 나면 변화된 역할에 열정을 갖게 될 소지가 크다. 만약 변화를 수용하고 거기에 열정을 갖는다면 임원의 차원에서도 크게 성공할 수 있다."

루커스의 이야기에서 흥미로운 점 중 하나는 임원의 차원으로 진입하면 열정도 좁은 초점에서 더 넓은 초점으로 확대되어야 한다는 것이다. 바로 그런 변화가 기능적인 관리자에서 임원급 리더로 도약하는 데 필수적이다. 루커스는 자신이 몸담고 있는 엔지니어링 컨설팅회사라는 맥락에서 그런 변화가 어떤 모습을 띠는지에 관해 이렇게 설명했다.

"행위자에서 중간관리자로, 또 리더로 서서히 바뀌어야 한다. 중간관리자와 리더의 가장 큰 차이는 관리자의 경우 일상의 실무에 대해 더 자세히 알아야 한다는 점이다. 리더보다 중간관리자가 실무를 훨씬 더 잘 이해해야 마땅하다. 중간관리자는 이런 질문을 해야 한다. '이번 주에 올려야 할 보고서는 무엇인가? 누구와 연락해야 하는가? 우리 업무에 불만이 있는 고객은 누구이며, 우리 업무에 만족하고 다른 프로젝트에 우리를 추천할 만한 고객은 누구인가? 이처럼 중간관리자가 가져야 할 질문과 겨냥해야 할 초점은 실무의 기초적인 문제들이다.

반면에 리더는 더 넓은 시야를 가져야 한다. 실무에 대한 개입을 줄이면서 조직이 추구해야 할 전략적 기회를 더 많이 생각하고 또 정확히 알아야 한다. 리더는 이런 질문을 해야 한다. '시장이 어디로 향하고 있는가? 이 특정 사업 영역에 계속 머물러야 하는가? 어디에 지점을 개설해야 하는가? 왜 지점을 개설해야 하는가?' 마지막으로 리더는 직원 채용과정 전반에 더 많이 개입할 필요가 있다."

루커스의 이야기는 리더와 중간관리자가 던져야 할 질문이 서로 어떻게 다른지 매우 적절하게 짚어준다. 중간관리자의 질문은 임원에게 보고해야 할 사항, 고객만족, 새로운 사업 개발 같은 일상적인 실무에 초점을 맞춘다. 반면 리더의 질문은 회사의 경쟁적 포지셔닝 전략, 사업 확장 여부, 회사가 육성해야 할 인재의 확충에 초점을 맞춘다. ECS처럼 잘 돌아가는 조직에서는 중간관리자와 리더 사이에서 적절한 역할 분담을 통해모든 일이 목표한 대로 진행된다. 결과에 대한 책임 소재도 분명하다. 결과적으로 기능적인 역할의 책임은 중간관리자에게 있고, 총체적인 역할의 책임은 리더인 임원에게 있다.

총체적 책임을 진다는 것

결과를 도출하는 과정에 기여하는 방식을 이전과 다르게 생각한다는 것은 마치 확실치 않은 것을 무조건 믿어야 하는 믿음의 비약처럼 느껴질지 모른다. 사실 어떻게 변화를 이루고 그 상태를 제대로 유지할지에 관해 전략적으로 그리고 체계적으로 생각하지 않는다면 믿음에 의존할 수밖에 없기도 하다. 이와 같은 임원 리더십의 총체적 책임 모델은 다음의 3가지 의미를 갖는다.

- '당신이 최근에 내 목표를 돕기 위해 한 일이 무엇인가?'를 더 자주 묻는다.
- 좋든 나쁘든 결과는 당신 책임이다.
- 임원은 더 큰 문제를 해결하는 데 집중해야 한다.

각각의 의미를 좀 더 자세히 살펴보자.

당신이 최근에 내 목표를 돕기 위해 한 일이 무엇인가?

스티브 스미스는 전기·가스회사 니소스의 수석부사장이자 최고재무책임자(CFO, 재무총괄)다. 그는 이미 다른 세 회사에서 고위 임원을 지냈다. 여러 차례 임원으로 승진한 경험이 있는 그가 이렇게 말했다.

"일단 부사장이 되고 나면 사람들이 당신을 다르게 본다. 더 넓게 생각해야 할 사람, 그리고 일이 성사되도록 만드는 사람으로 간주된다는 뜻이다."

일이 성사되도록 만드는 사람이라는 기대치와 관련해 모건스탠리의 에드 사니니는 자신이 처음 임원이 되었을 때 가장 힘들게 얻은 교훈 중 하나를 이렇게 설명했다.

"당신의 가치는 그날그날 회의 테이블에 당신이 가져오는 것에 달려 있다. 임원 차원의 관점은 '당신이 최근에 내 목표를 돕기 위해 한 일이 무엇인가?'이다. 지난 2년, 아니 3년, 5년, 또는 15년 동안 당신이 무엇을 했는지는 아무도 관심이 없다. 임원으로서 당신은 훨씬 더 짧은 주기로 평가받는다."

버라이즌의 마이크 래니어는 임원으로 승진했을 때 알게 된 역학관계를 이렇게 설명했다.

"임원이 되기 전에는 주어진 일에 참여하는 여러 사람 중 한 명이었지만, 일단 임원이 되고 나면 확실한 책임이 따른다. 물론 과거에도 일부 프로젝트에서는 내가 더 많은 책임을 졌지만, 내 위에는 늘 그 책임을 더 크게 져야 하는 임원이 있었다. 그런가 하면 고위 경영진은 팀이 일을 제대로 해내도록 만드는 데 각 임원에게 크게 의존한다. 임원인 당신이 책임을 져야 하는 지출과 수익의 액수를 보통 이상으로 느끼게 된다. '결코 가볍게 생각해선 안 되는 규모다.' … 임원이 되기 전에는 그런 실질적인 책임이 없다. … 몇 가지 프로젝트에 참여했겠지만 그처럼 큰 책임을 지지는 않았다. 임원이 되어서도 당신이 직접 참여하거나 부분적으로 직접 해야 할 일도 있다. … 하지만 이전보다 그에 대해 더 큰 책임을 져야 한다. 어떤 식으로든 그 총체적 결과에 당신이 책임을 져야 한다."

임원의 차원에서는 '당신이 최근에 내 목표를 돕기 위해 한 일이 무엇인가?'가 매우 중요하다. 그런 분위기 때문에 당신은 맡은 팀의 결과를 관리하기 위해 무엇을 해야 할지 심각하게 고민하게 된다. 그래서 팀의 결과가 일관되고 시한에 맞게 도출되도록 이끌면 자연스럽게 조직 안에서 평판이 높아지게 될 것이다. 그래도 팀이 이루어낸 결과를 조직의 주요 이해 당사자와 영향력 행사자에게 적절히 알리는 일이 중요하다. 실적 자체가 스스로 홍보하지 않는다는 점을 명심하라. 당신이 직접 그 실적을 홍보해야 한다.

좋든 나쁘든 결과는 당신 책임이다

스미스, 사니니, 래니어의 이야기에는 공통적으로 내포된 메시지가 있다. '당신이 임원이면 모든 책임이 당신에게 있다'는 것이다. 그러므로 당신이 책임져야 할 일의 결과가 잘못되거나 실현되지 않았을 때 다른 사람에게 책임을 전가하면 곧바로 팀과 동료, 상사의 신뢰를 잃게 된다. 이 문제와 관련해 에이본의 루시엔 알지아리는 이렇게 말했다.

"여기서 주제는 임원으로서 당신이 실무를 직접 챙기지는 않지만 그 일의 결과는 당신의 책임이라는 사실이다. 다른 사람들이 그 결과를 보고는 '아, 이건 아무개 팀이 한 일이야'라고 말하기 때문이다."

물론 결과가 훌륭하다면 당신이 팀에 그 사실을 알리고 공을 함께 나누는 게 당연하다. 그러나 반대로 당신이 받는 피드백이 비난이라면 그건 당신이 혼자서 전적으로 받아들여야 한다. 아울러 비난 때문에 실망에 빠지지 말고 문제를 인정하고 고치겠다는 결의와 적극적인 자세를 보여주는 게 바람직하다. 모든 문제가 팀의 저조한 실적에서 비롯되었다고 해도 이를 널리 알리면 안 된다. 동네방네 떠들고 다니면 당신에게 더 부정적인 영향이 미친다. 그들을 직접 고용했거나 팀에 합류시킨 사람이 바로 당신이기 때문이다. 당신에겐 인력을 적재적소에 배치하고, 나아갈 방향을 제시하고, 진척 상황을 확인할 임무가 있다. 따라서 그들이 만들어낸 결과에 총체적 책임을 져야 한다.

결과가 기대치에 못 미칠 때 상사나 동료 임원들은 그게 당신 팀의 잘못이라는 사실에 관심을 두지 않는다. 그들은 당신의 핑계나 변명을 바라지 않는다. 당신이 나서서 문제를 해결하길 바랄 뿐이다. 따라서 팀의 역할과 책임을 바꾸거나 팀원의 능력을 제고해야 문제가 해결된다고 판단되면 서슴지 말고 그렇게 해야 한다. 저질러진 실수에서 교훈을 얻고 그에 따라 문제를 해결해나가야 한다.

임원은 더 큰 문제를 해결하는 데 집중해야 한다

이제 임원으로서 당신은 기능적인 전문 지식이나 기술의 범위를 벗어나는 고차원적인 문제에서 해결책을 찾도록 요구받게 된다. 그 문제들은 이전보다 더 크고 더 복잡할 것이다. 당신은 그 문제들을 동료 임원들과 함께 해결할 책임이 있다.

임원 차원에서 부닥친 복잡한 문제를 해결하려면 당신이 가진 기능적인 전문 지식이 어느 정도 도움이 되겠지만 여기에 새로운 기술을 추가할 필요가 있다. 루시엔 알지아리가 앞서 한 말처럼, 임원으로 승진하는 데 도움이 된 기술은 임원으로서 앞으로 성공하는 데 도움이 될 수 있는 기술과는 전혀 다르기 때문이다. 니소스의 스티브 스미스는 기능적인 기술을 '댄스 파티 입장권'이라고 부른다. 그는 주변 사람들이 자신의 재무 기술을 높이 평가하고 존중했기 때문에 임원으로 승진할 수 있었다고 믿는다. 그래서 그는 재무 기술이 자신의 '댄스 파티 입장권'이라고 생각한다며 이렇게 말했다.

"마케팅에 뛰어나든, 법률에 뛰어나든, 행정에 뛰어나든 동료들 사이에서 특정 분야의 인재라는 인정을 받아야 한다."

그러나 기능적 능숙함에서 나오는 관점은 그 자체만으로는 충분하지 않다. 실제적인 부가가치는 당신이 다양한 결과에 영향을 미치는 문제들에 책임을 지고 동료들과 함께 해결에 적극 참여하는 데서 창출된다. 스미스는 광범위한 문제 해결 기술을 갖추는 것이 임원의 주요 임무 중 하나라고 생각한다.

"일반적으로 임원 승진은 문제를 해결할 수 있는 능력에 달려 있다. 규모가 큰 복합기업의 경우 걸핏하면 문제가 생긴다. 그런 조직에서 당신이 임원이 되었다면 그 문제들을 관리할 능력이 있기 때문이다. 임원이 되면 반드시 아주 골치 아픈 문제를 다루어야 한다. 당신이 승진한 이유는 그런 골칫거리를 덜어줄 수 있다고 회사가 믿기 때문이다."

스미스가 지적하듯이 임원이 되면 동료나 상사로부터 문제를 해결하라는 압력과, 문제를 해결할 수 있으리라는 기대가 부과된다. 이런 차원에서 중요한 문제 해결 기술은 순간적 급박함 때문에 너무 열정적으로 또는 너무 미온적으로 대처하는 것을 삼가는 균형 잡기라고 할 수 있다. 에이본의 최고정보책임자(CIO) 도너 헐리는 올바르게 균형을 잡는 법을 이렇게 조언했다.

"지위가 올라갈수록 회의 현장에서 바로 결정을 내려야 할 입장에 처한다. … 때로는 확실하게 '그렇게 합시다'라고 말해야 한다. 하지만 때로는 결정을 미루는 것도 바람직한 전략이다.

예를 들어 리더십 회의에 참석했는데 누군가가 회사의 웹사이트를 바꿔야 한다고 말한다. 경쟁사가 웹사이트를 아주 멋지게 꾸며 우리에게 타격을 주니 우리도 웹사이트를 바꿔야 한다고 주장한다. 그러면 때로는 그 자리에서 '예스'라고 말할 수 있다. 그러나 때로는 다음에 결정을 내리겠다는 약속을 하고 그동안 검토를 철저히 하겠다고 말해야 한다. 이를테면 '이번 금요일 다시 논의하겠다'고 말하는 것이다.

가끔씩 사람들은 현장에서 결단을 내려야 한다는 감정의 덫에 빠지는 경우가 있다. 실제로 내가 목격하는 일이다. 하지만 확신이 서지 않으면 그 자리에서 '노'라고 말해야 한다. 맹목적인 낙관론자라면 모든 것에 전부 '예스'라고 말할 것이다. 바로 그런 것이 지키지 못할 약속이다. 즉시 결정을 내리지 않고 다음으로 미루면서 해결책을 찾겠다는 확신을 주는 것이 중요하다. 그러면 일을 계속 진척시킬 수 있다."

스미스와 헐리가 설명한 문제 해결 접근법과 기술은 더 큰 조직에서 리더로서 존재감을 과시할 수 있는 기초가 된다. 조직 차원의 존재감을 확립하는 기술에 관해서는 3부에서 더 자세히 알아볼 것이다.

업무를 확인하고 지원하는 시스템 & 프로세스 구축하기

신임 임원 대다수에게는 실무 챙기기를 그만두는 데 편안해지는 비결을 터득하는 것이 단편적 책임 모델에서 총체적 책임 모델로 전환하는 관건 중 하나다. 이 전환을 이루는 데 특히 중요한 두 단계가 있다. 하나는 앞서 5장에서 다뤘듯이 어느 누구도 당신만큼 일을 잘할 수 없다는 생각을 버리고 자만심을 걷어내는 것이다. 또 하나는 팀이 맡은 일을 제대로 하는지 확인하고 당신이 책임을 져야 하는 결과가 기대치를 넘어서도록 팀을 격려하는 시스템과 프로세스를 만드는 것이다.

당신이 임원으로서 실무 하나하나에 책임을 지는 행동을 하지 않으면서도 업무의 진척도를 정확히 파악할 수 있는 시스템과 프로세스의 구축에 관해 우리의 임원 멘토들의 견해를 들어보기로 하자.

◆ **데이터 포인트** ◆

'넥스트 레벨 리더 360도' 데이터베이스에서 자기 평가와 동료 평가 둘 다에서 낮은 점수가 나온 행동은 '결과와 진척도를 모니터하는 시스템을 만들어 사용한다'였다.

출발선, 중간 목표, 최종 목표를 설정하라

가만히 생각해보면 리더가 해야 할 일의 대부분은 조직이 현재의 상태에서 더 나은 미래의 상태로 이동하도록 돕는 것이다. 그러기 위해 명심해야 할 첫 프로세스 중 하나는 팀이 달성해야 할 최종 목표가 무엇인지, 출발선이 어디인지, 진척 과정의 중간 목표가 무엇인지 분명히 하는 것이다. 그레그 디비스가 제약회사 셰링 플라우의 해외 비즈니스팀 개혁을 위해 영국에 갔을 때 처음 한 일이 바로 그것이었다. 디비스는 그 프로세스를 이렇게 설명했다.

"팀이 구성된 뒤 전략을 짜서 5개년 계획으로 발표했다. 그 계획 안에서 중간 목표도 설정했다. 그래서 우리는 비즈니스의 현재 상태에 비추어 무엇을 해야 할지 분명히 인식했다. 그다음 우리 자신의 업무를 조정하고 계획에서 벗어나지 않도록 하기 위해 모두가 사용하기로 동의한 적합한 통제장치와 프로세스를 만들었다. 우리는 목표들에 견주어 진척 상황을 계속 검토하고 논의했다. 신제품 출시, 판매 실적, 재무 현황, 내부적인 발전 등 우리가 설정한 모든 프로그램에 그런 프로세스가 적용되었다.

개괄적인 묘사이지만 우리가 구축한 프로세스가 그것이었다. 상당히 간단했다. 특히 어떻게 팀원들의 협력과 열정을 이끌어내느냐에 초점을 맞췄다."

팀원들에게 어디서 출발하고, 어디가 최종 목적지이고, 어디가 중간 기착지인지 정확히 알리는 것이 리더십의 중요한 요소다. 그런 대화를 정기적으로 가지면 모두가 한마음으로 같은 길을 가는 데 큰 도움이 된다.

실행 지침을 만들어라

리더에게 단편적 책임 모델을 버리는 일이 그토록 어려운 이유 중 하나는 자신이 직접 챙기지 않으면 팀이 올바른 결정을 내리지 못한다고 생각하는 것이다. 우리의 임원 멘토들 대부분은 팀을 위해 명확한 실행 지침을 만드는 것이 팀의 의사결정 역량과 임원 자신의 팀 신뢰도 둘 다를 높이는데 핵심적인 단계라는 점을 깨달았다. 에이본의 CIO 도너 헐리는 그것이 자신의 조직에서 어떻게 작동하는지 다음과 같이 설명했다.

"나는 언제나 8개 내지 10개의 원칙을 갖고 있었다. 지금도 대부분 달라지지 않았다. 그런 원칙을 가지면 기술 문제든 프로젝트든 무엇이든 간에 특정 비즈니스 이슈에서 한발 물러서서 이렇게 물을 수 있다. '우리가 비전과 원칙에 동의하는가?' 동의한다면, 그래서 공감대가 형성된다면, 특정 문제를 처리할 때 투명하게 이 원칙들을 지침으로 삼을 수 있다. 특히 지리적으로 널리 분산된 조직을 운영할 때 큰 도움이 된다.

지금 내가 경영하는 IT그룹은 인원이 약 1,500명이고 60여 개 국가에 흩어져 있다. 매일 어떻게 행동해야 하는지, 어떻게 의사결정을 내려야 하는지를 규정한 규칙을 만들어야 한다는 이야기가 아니다. 하지만 우리는 우리의 원칙을 갖고 있다. 그래서 중국의 누구든, 멕시코의 누구든, 브라질의 누구든 어떤 상황에 직면했을 때 우리가 공감하는 원칙을 따르면 그들이 내리는 결정이 내가 뉴욕에서 내리는 결정과 비슷하리라고 믿고 일을 맡길 수 있다."

케빈 와일드는 식료품회사 제너럴 밀스의 최고교육책임자(CLO, Chief Learning Officer)다. 그는 서로 합의한 원칙이 세계 각지에서 일하는 중간관리자들에게 필요한 지침을 제공한다며 다음과 같이 설명했다.

"일례로 제너럴 밀스의 훌륭한 리더는 혁신과 새로운 사고를 선도한다. 미국 시더 래피즈에서 혁신을 이끄는 일은 인도 뭄바이나 중국 상하이에서 혁신을 이끄는 것과 다를 수 있다. 따라서 기준이나 기대치가 똑같다고 해도 의미나 방법에서는 팀의 사정에 맞추어 판단하도록 재량권을 주어야 한다. 미국에서는 협력 작업이 선호될지 모르지만, 세계의 다른 지역에서는 그런 접근법이 효과적이지 않을 수 있다. … 그러나 국가적 기준에서도 차이가 없는 한 가지 예외가 있다. 성실성의 원칙이다. 현명한 회사들은 투명성과 신뢰성, 성실성의 명확한 기준을 설정한다. …

제너럴 밀스에서도 그런 원칙이 우리 정체성의 핵심을 이룬다. 회사는 모든 직원들에게 다음과 같은 메시지를 보낸다.

'우리는 부적절한 일을 하도록 요구하지 않는다. 세계 어디서든 우리는 공통의 기준을 갖고 있다. 그런 것이 우리를 앞서가게 한다. … 여기서 일한다면 성실성이 가장 중요하다.'"

리더십의 도구로서 원칙을 효과적으로 활용하려면 명확하게, 그리고 자주 그 원칙을 반복해서 언급하고 강조해야 한다.

직급에 맞는 측정 기준을 설정하라

빌 플라몬돈은 버짓렌터카에서 CEO로 일하면서 업무의 결과를 평가하는 가장 효과적인 방법 중 하나가 올바른 측정 기준을 찾아내고, 각 직급에 맞게 그 기준을 적용하는 것이라는 교훈을 얻었다. 그는 렌터카 사업에서는 임대되는 차량의 수와 반환된 차량의 세차 속도가 핵심이라고 설명했다. 그 두 요소의 측정 기준은 측정하는 사람의 직급에 따라 다르다. 플라몬돈은 이렇게 표현했다.

"렌터카 사업에서는 세차를 담당하거나 차량 임대를 담당하는 실무자의 경우 15분에서 1시간 동안 하는 일의 양이 중요하다. 그들의 업무에 대한 측정 기준은 주로 1시간 동안 상대하는 고객의 수와 1시간 동안 세차하는 차량의 수다. 그 위 직급인 감독관은 근무시간(8시간) 동안 무슨 일이 일어났는지에 초점을 맞춘다. 다시 그 위 단계에서는 24시간 동안 일어나는 일에 신경을 써야 한다. 또 그 위의 단계에서는 한 달 동안의 실적에 초점을 맞춘다. … 조직에서 직급이 높아지는데도 이전의 수준으로 생각하면 당신이 그 조직에 존재할 이유가 없다. 과거의 관점에서 일을 하기 때문이다."

플라몬돈의 이야기에서 분명하게 드러나는 점은 임원으로서 세부 실무에 파묻히지 말고 객관적인 평가에 필요한 정보를 바탕으로 측정 기준을 설정해야 한다는 것이다.

수시로 교류하라

듀폰의 혁신구축 담당 사장인 톰 슐러는 임원의 특징 중 하나가 지나치게 여과된 정보만 접한다는 점이라고 지적했다.

"정보가 당신의 책상에 올라오는 도중에 많은 부분이 걸러진다. 따라서 임원이 되면 여과되지 않은 정보를 얻기 위해 끊임없이 노력해야 한다."

슐러가 그런 여과장치를 극복하는 방법 중 하나는 조직의 팀원들과 수시로 대화하며 상황을 점검하는 것이다. 그는 팀원들이 자신을 언제든 편하게 만날 수 있다고 느끼기를 바란다.

"팀의 결과가 좋으면 나는 그들에게 축하 메시지를 보낸다. 나는 팀원들이 자신의 일이 우리 회사의 글로벌 비즈니스에 매우 중요하다는 점을 충분히 인식하도록 하려고 애쓴다."

슐러는 세계 각지에 흩어져 있는 팀원들과 소통을 유지하려고 그들과 자주 통화하고 직접 그들을 방문한다. 그의 말을 들어보자.

"여과되지 않은 생생한 정보를 얻는 것이 출발점이긴 하지만, 그것만으로는 충분하지 않다. 그 정보 속에 담긴 의미를 캐내야 한다. 그런 통찰력이야말로 가치가 크고 문제 해결에 직접적인 도움이 된다. 팀원들과의 신뢰·협력 관계가 구축되지 않으면 불가능한 일이다. 나는 팀원들을 개인적으로 알고 그런 관계가 구축되고 조직에 깊이 뿌리내리도록 노력한다.

나는 지역 담당자 모두와 한 주에 한 번은 대화한다. 그런 절차를 통상 '업데이트'라고 하지만, 우리는 그 시간을 활용해 좀 더 깊은 토의를 한다. 정보의 교환에 그치지 않는다. 출장도 자주 간다. 각 지역을 방문해 직접 현장에 가서 팀원들과 교류한다. 잘 알다시피 소통의 절반 이상은 언어로 이루어지지 않는다. 나는 방금 아시아 지역 회의에 참석하고 돌아왔다. 아시아 지역의 각국 담당자 전원이 참석했다. 따라서 나는 말레이시아에서 우리 사업이 어떻게 되어가는지, 인도네시아의 현황은 어떤지 잘 안다. 아울러 그들의 상사와도 좋은 관계를 구축했다. 이제 그들은 이전보다 훨씬 솔직하게 나에게 돌아가는 상황을 알려준다."

미국 해군 부제독을 지낸 조지 스터너도 부하들의 역량을 파악할 수 있는 프로세스와 시스템의 중요성을 강조했다. 그는 그런 과정을 통해 누구의 판단과 실적을 믿을 수 있는지, 누구에게 좀 더 철저한 감독이 필요한지 파악했다. 스터너는 해군에서 여러 다른 보직을 거치면서 매우 중요한 교훈을 얻었다며 이렇게 돌이켰다.

"부임한 첫 날은 부하들 대다수를 믿게 된다. 하지만 그다음 날부터는 상황이 달라진다. 믿을 만한 부하와 그렇지 않은 부하의 차이가 드러나 보이기 시작한다. 신뢰 구축은 매우 개인적인 일이다. … 누구를 믿을 수 있고, 누가 올바른 정보와 관점을 제공할지 정확히 파악하는 것이 무엇보다 중요하다. 정보는 널려 있지만 그중 일부의 가치가 훨씬 높다. 그 정보를 제공하는 사람이 이슈를 정확히 이해하고 그 정보를 설명할 수 있기 때문이다. 새 부임지에 가면 누구에게 의지할 수 있을지 신속히 파악해야 한다."

정기적인 사업 검토를 실시하라

밥 존슨은 넥스텔의 국내영업 담당 수석부사장으로 일했을 때 정기적인 현장 업무 검토를 통해 미국 전역의 팀들이 이룬 실적을 사업계획서에 제시된 목표에 대비해 평가했다. 통신산업에 수십 년 동안 몸담은 경험을 바탕으로 존슨은 적합한 평가 프로세스를 만들었다. 초점, 모멘텀, 서로 멀리 떨어져 있는 팀원들 사이에서 신뢰를 구축하고 유지할 수 있는 평가였다. 존슨은 그 프로세스를 다음과 같이 설명했다.

"사업계획서에 제시된 모든 일을 직접 하지는 않는다. 그러나 지속적인 검토로 목표가 달성되도록 이끈다. 이 때문에 나는 출장을 많이 다닌다. 우리는 정기적으로 진척도를 검토한다. 팀원들에게 그들의 임무가 중요하며 좋든 나쁘든 일을 마무리해야 한다는 점을 주지시키기 위해서다. 철저하고 세부적으로 따지는 사업 검토는 어떻게 보면 무자비할 수 있다. 우리는 그렇게 하지 않는다. 팀에 책임을 묻는 객관적이고 실제적인 평가 기준을 활용한다.

(…)

우리의 기본 접근법은 이렇다. '나는 당신을 6개월 전에 LA에 파견했고 우리가 서로 적절하다고 합의한 6개월분의 사업계획서를 전달했다. 이제 내가 그곳에 가서 지금까지 당신이 이룬 진척도를 확인하겠다.' 그게 전부다. 잘못을 징계하려는 것이 아니라 잘한 면이 어느 정도인지 보겠다는 식으로 인식되어야 한다. 팀이 일을 잘하고 있는 경우에는 눈앞에서 칭찬을 해줄 좋은 기회가 된다. 서너 달 뒤에나 다시 그곳을 찾을지 모르기 때문에 현장에서 팀원들에게 '실적이 아주 좋다. 아주 잘했다'고 말한다.

뜬금없이 현장을 찾아가 6개월 동안의 업무 검토를 하는 경우는 거의 없다. 그런 검토가 예정되었다는 것을 모두가 안다. 우리의 측정 방식은 팀에서 이야기를 직접 듣지 않아도 문제점을 파악할 수 있게 해준다."

진실을 말해도 아무 탈이 없도록 만들어라

모든 프로세스는 팀원들이 실제 상황을 보고하는 데 활용하지 않는다면 무용지물이다. 회사에서는 흔히 주요 프로젝트의 현황을 보고하면서 녹색, 노란색, 빨간색의 신호등 방식을 사용한다. 이런 식의 현황 보고에 자주 참석했다면 바로 전에는 녹색이던 프로젝트가 아무 경고 없이 갑자기 빨간색으로 변한 경우를 보았을 것이다. 그럴 때 노란색은 어떻게 되었는지 궁금하지 않을 수 없다. 왜 이런 일이 일어날까? 여러 가지 이유가 있다. 에이본의 도너 헐리는 이와 관련하여 "사람들이 당신을 실망시키고 싶지 않기 때문에 그런 일이 생긴다. 또 그들은 당신을 방해하지 않으려고 한다. 그들은 당신이 그런 일까지 개입하기에는 너무 바쁘다고 생각한다"고 설명했다.

포드의 CEO 앨런 멀랠리는 〈뉴요커〉의 편집자 제임스 서로위키와 인터뷰를 하면서 현황 보고에서 투명성이 결여되는 이유를 자신의 경험을 들어 이야기했다. 그가 2006년 CEO로 부임했을 때 포드는 전 해에 200억 달러의 적자를 냈다. 그런데도 매주 열리는 현황 보고회에서 모든 프로젝트가 녹색으로 나타났다. 당연히 그는 회사가 연간 수십억 달러의 적자를 내는데 어떻게 모든 프로젝트가 녹색일 수 있느냐고 물었다. 몇 주 뒤 한 관리자가 신제품 프로젝트의 현황을 빨간색으로 보고했다. 멀랠리가 어떤 반응을 보일지 모두가 숨죽이고 지켜보고 있을 때 멀랠리는 그 관리자에게 박수를 보냈다. 있는 그대로 투명하게 보고해줘서 고맙다고 말한 뒤 프로젝트 현황을 노란색으로, 그다음엔 녹색으로 바꾸기 위해 팀이 할 수 있는 일이 무엇인지 토론하도록 회의를 이끌었다. 이를 통해 멀랠리는 포드에서는 있는 그대로의 진실을 보고해도 아무런 탈이 없다는 메시지를 전했다.

도너 헐리도 멀랠리의 이야기에 공감을 표했다. 헐리는 조직에 투명성을 장려하기 위해서 어떤 문화를 정착시키려고 애쓰며 그 혜택은 무엇인지를 다음과 같이 설명했다.

"프로젝트의 실패가 매우 창의적이고 긍정적인 계기가 될 수 있다. 위기에 처하면 나는 팀원들이 곧바로 실패를 선언하고, 그 용기로 칭찬받기를 원한다. 가장 먼저 실패를 선언한 사람에게 포상을 해야 한다. 그다음 실패를 성공으로 바꾸는 것을 목표로 팀을 구성해야 한다. 바로 그런 실패에서 혁신의 씨앗이 뿌려지기 때문이다."

이 이야기는 팀의 존재감을 구축하는 문제를 다룬 2부의 결론을 대변해준다. 팀에 의존하고, 팀이 무엇을 해야 할지 정의하고, 하나둘이 아니라 수많은 결과에 총체적으로 책임을 지는 자세로 일하면 당신이나 당신의 팀, 그리고 조직이 더 발전할 수 있는 단단한 기초가 만들어진다.

이제 당신의 조직적 존재감을 구축하기 위해 취하고 버려야 할 것이 무엇인지 살펴봄으로써 미지의 영역을 헤쳐나가는 여행을 계속해보자.

전체 결과에 총체적 책임을 지는 행동을 취하고
일부 결과에 단편적 책임을 지는 습관을 버리는 10가지 비결

1 많은 결과에 책임을 지려면 먼저 역량이 강한 팀을 구성하고 그 팀이 해야 할 일이 무엇인지 확실하게 정의하라.

2 당신이 직접 뛰어들어 일했다는 사실이 아니라 팀의 목표가 달성되었다는 사실에서 보람을 느끼려고 노력하라.

3 모든 사소한 결과까지 개인적으로 책임지려는 태도를 버려라.

4 좁은 기능적인 이익에서 넓은 전략적 이익으로 열정과 에너지를 전환하라.

5 자신이 자주 묻는 질문이 무엇인지 주의 깊게 살펴보라. 그러면 당신이 총체적인 책임이라는 전략적 영역에서 일하는지, 몇 가지 단편적인 결과에만 책임지는 전술적 영역에서 일하는지 정확히 알 수 있다.

6 팀의 결과가 나오는 시기와 그에 관한 커뮤니케이션을 전략적으로

관리함으로써 팀의 노력을 지원하라.

7   성과가 좋을 때는 팀과 함께 공을 나누고, 일이 잘못되었을 때는 혼
    자서 비난을 감당하라. 목표 달성에 실패했을 때는 빨리 털어버리고
    거기서 얻은 교훈을 바탕으로 다음 프로젝트에 착수하라.

8   임원의 차원에서 다루어야 하는 더 큰 문제를 해결하기 위해 동료
    임원들과 협력하는 새로운 기술을 습득하라.

9   결과를 모니터하는, 정기적인 일정이 포함된 일정관리 시스템을 구
    축하라.

10   팀이 실제 상황을 있는 그대로 투명하게 보고해도 아무런 탈이 없
     다고 느낄 수 있는 프로세스와 틀을 만들어라.

3부

지금 당신은
무엇을 보고
있는가

조직 전체로서의 존재

'수직적 터널시야'를 극복하라 8

+ 조직을 이끌면서 좌우, 대각선을 살핀다
− 조직을 이끌면서 주로 위아래를 본다

지금까지는 성공하는 임원이 팀의 존재로서 팀을 이끄는 방법에 초점을 맞추어 설명했다. 이제는 더 광범위한 조직에서 존재감을 표현하는 방법을 알아보자.

조직의 맥락에서 존재감을 확립하려면 무엇보다 먼저 시야를 넓혀야 한다. 그러려면 우선 초점을 넓혀 좌우와 대각선상의 동료를 포함시켜야 한다. 동시에 위아래 사람들에게도 관심을 가져야 한다. 360도 전방위를 돌아보며 대인관계를 관리하라는 뜻이다. 그렇게 다방면으로 관계를 구축하고 유지하는 일은 사실 대단히 복잡하다. 따라서 동료들과 유기적인 협력관계를 구축하지 못하는 임원은 도태될 수밖에 없다. 기업 리더십위원회의 조사에서 임원이 도태되는 1차적 원인 중 하나로 동료나 부하와의 협력관계 구축의 실패를 꼽은 응답자 비율이 82%에 달했다.

반면 네트워크의 전략적 관리에 능한 리더는 조직에서 최고의 성과를 올리는 그룹에 속할 가능성이 크다. 네트워크 라운드테이블의 설립자 롭 크로스와 그의 버지니아대 동료들이 실시한 조사가 이를 뒷받침한다. 크로스의 연구팀은 200개 조직에서 상위 20% 고과자를 대상으로 그들이 나머지 80%보다 어떤 점에서 더 뛰어난지 조사했다. 그 결과 그들은 네트워크 관리 방식에서 가장 차별화되었다. 이 조사가 주는 교훈은 양보다 질이 더 중요하다는 점이다. 성과가 뛰어난 임원들은 누가 먼저 더 큰 규모의 네트워크를 구축하느냐는 게임에는 관심이 없다. 그보다는 목표한 결과를 얻기 위해 조직 내의 누구와 협력해야 가장 좋은지에 큰 관심을 보인다. 그들은 대인관계를 바탕으로 성과를 쌓아 올린다. 그런 대인관계는 위아래를 뛰어넘어 다양한 방향으로 뻗어나간다.

팀과 경영진의 요구 사이에서

임원과 리더십 코치로 활동하는 동안 이른바 '수직적 터널시야(vertical tunnel vision)'를 극복하지 못해 실패하는 리더들을 수없이 목격했다. 터널시야는 터널 속 터널 입구를 바라보듯 시야가 좁아지는 현상을 말한다. 거기에 '수직적'이란 단어를 붙여 신임 임원들이 겪는 시야의 문제를 일컫게 되었다. 위아래만 보는 것이다. 위로 상사가 무엇을 원하는지, 그리고 아래로 팀이 무엇을 하는지 수직적으로 위아래만 바라보면 그림의 절반밖에 볼 수 없다.

누구나 임원이 되면 2개의 팀에 속하게 된다. 자신이 이끄는 팀의 일원인 동시에 조직 내 리더십 팀의 일원이 된다. 이처럼 두 팀에 동시에 소속되기 때문에 관리해야 할 대인관계와 이슈가 더 많아진다. 그런데도 신임 임원들은 수직적 터널시야 때문에 자신이 폭넓은 관계를 구축해야 한다는 사실을 간과하는 경우가 흔하다.

SAIC의 정보·보안·기술 사업 담당 사장인 스튜 시어는 "지원 조직과 상담역들을 찾아야 하는데, 그들은 모두 상하가 아니라 좌우에 있다"고 말했다. SRA 인터내셔널의 수석부사장 메리 굿은 직장생활을 하는 동안 수직적 터널시야가 미치는 영향을 실감했다.

"실패하는 사람들에게서 반복적으로 발생하는 문제 중의 하나가 이해관계자들과 관계를 구축하는 정치적 상황 판단력의 결핍이다. 위아래는 관리하지만 좌우는 관리할 생각을 하지 않는다. 어려운 목표를 달성해야 하거나, 상사나 이사회 또는 누군가의 주문에 부응하기 위해 집중할 때 그런 경향이 나타나기 쉽다."

나도 컬럼비아가스트랜스미션에 인사 담당 부사장으로 부임하면서 같은 실수를 했다. 당시 나는 상사인 캐시 애벗이 느리고 답답한 조직 문화를 빠르고 민첩하게 바꾸고 싶어 한다고 판단했다. 그 몇 달 전 〈비즈니스위크〉에 '캐시 애벗은 인정 많은 호인이 아니다(Cathy Abbott Is No Good Ol' Boy)'는 제목의 기사가 실렸다. 나는 두 면에 걸친 그 기사를 통해 그녀의 이야기를 처음 접했다. 업계에서 그녀의 별명은 '피도 눈물도 없는 애벗(Hard-as-Nails Abbott)'이었다. 그녀가 나를 채용했을 때 나는 그녀에게서 내 능력을 인정받고 싶었다.

나는 우선 현장을 돌면서 회사 분위기를 파악하는 일이 급선무라고 생각했다. 우리 사업은 멕시코만으로부터 뉴욕주 북부에까지 뻗쳐 있었다. 2만 4,000km가 넘는 천연가스 파이프라인을 따라 인사관리 직원이 배치되었는데, 나는 부임 후 몇 주 뒤부터 현장을 돌며 직원들을 만나 업무를 파악하기 시작했다. 그 자체로는 문제가 없었지만 의욕 과잉이었다. 3~4주 동안 본사에는 매주 2~3일씩만 출근하며 출장을 다니자 동료 임원들이 내가 어디에 있는지 궁금해한다는 피드백을 받게 되었다.

그때 내가 보인 것이 급성 수직적 터널시야 증상이었다(다행히 곧바로 치료가 되었다). 위로는 캐시 애벗이 무엇을 원하는지 신경 쓰고, 아래로는 팀의 업무 파악에 전념했다. 좌우로는 전혀 신경을 쓰지 않았기 때문에 동료 임원들의 관심사와 이슈에는 깜깜했다. 조직 내 다른 부서를 지원하는 인사팀의 리더로서 큰 실수였다. 설상가상으로 동료 임원들은 인사팀에 많은 기대를 걸었다. 그리고 내가 자리를 많이 비우면서 처리해야 할 업무가 계속 쌓였다.

다행히 애벗이 곧바로 내 방향을 시정해주었다. 어느 날 그녀가 퇴근 후 맥주 한잔 하자고 제안했다. 사무실 앞에서 엘리베이터를 기다리는 동안 그녀는 '당신에 관해 뭔가 안다'는 표정으로 나를 쳐다보며 물었다.

"생각보다 일이 벅차죠?"

"저런, 어떻게 아셨어요?"

내가 대답했다. 맥주를 몇 잔 나누는 동안 애벗은 임원진의 일원으로 내게 기대되는 역할이 무엇인지 간단명료하게 이야기해주었다.

서로 다른 두 팀의 기대를 만들어내고 그에 부응하는 방법을 배우는 것이 임원 승진에 따르는 가장 어려운 면 중 하나다. 처음에는 맡은 팀과 경영진의 요구 사이에서 갈등을 느낄 가능성이 크다. 팀의 관리자에서 승진했을 경우에 특히 그렇다. 임원의 중책을 맡게 됨에 따라 추가적인 시간과 노력이 필요하지만, 팀은 그 점을 인정하거나 이해하지 못할 수 있다. 게다가 팀은 임원으로서 당신의 일차적인 역할이 자신들의 입장이나 프로젝트를 대변하는 것이라고 기대할지도 모른다. 하지만 그렇지 않다는 사실을 명심해야 한다. 임원으로서 일차적인 책임은 조직 전체의 어젠다를 규정하고 지지하고 실행하는 일이다. 동료 임원들과 협력하고 자신이 맡은 팀과 동료 임원들이 맡은 팀의 지원을 받아 그 일을 해야 한다.

이 장에서는 조직의 위아래에 적당한 수준의 초점을 유지하는 한편 좌우뿐 아니라 대각선으로도 시야를 넓히기 위해 무엇이 필요한지 살펴본다.

'더불어 성과'를 만드는 5가지 요인

개별적으로 업무를 수행하거나 팀장으로 일할 때는 집중력, 끈기, 그리고 의지력으로 혼자서 많은 성과를 올릴 수 있다. 어쨌거나 성과를 올리려면 난관을 돌파하는 해결사가 되어야 한다. 그러나 임원이 되면 더이상 혼자서는 중요한 업적을 달성할 수 없다. 역설적이지만 사실이 그렇다. 현안들, 그리고 그것을 둘러싼 관계의 정치가 임원 차원에서 복잡하게 작동한다. 한 차원 올라가면 독립성보다 상호 의존성이 더 요구된다. 성과를 올리려면 누구와 함께 일하고 누구의 조언을 들을지 알아야 한다. 그들의 관심사가 무엇이고 그것을 어떻게 지원할 수 있을지 알아야 한다. 자신의 어젠다를 명확하게 전달하고 동료들이 그것을 지원하고 싶은 생각이 들도록 행동해야 한다. CGI의 도나 모리어는 "임원이 되면 영향력만 가질 뿐 권위는 없다"고 말했다. 모리어로부터 이런 말을 들었을 때 나는 대학원 시절 가장 존경하던 교수님 한 분을 떠올렸다. 고인이 된 리처드 뉴스태트 교수다. 그는 정치학의 고전《대통령의 권력(Presidential Power)》을 펴냈다. 그의 저서에서 핵심 이론 중 하나는 온갖 동원 가능한 자원과는 상관없이 미국 대통령의 권력은 그의 설득력에서 나온다는 것이다. 기업 임원도 마찬가지다. 내 경험, 그리고 이 책을 위해 인터뷰한 임원들의 경험이 그런 사실을 뒷받침하고 있다.

좌우의 사람들을 설득하고 그들에게 영향력을 행사함으로써 업무 성과를 올리는 데는 5가지 요인이 필수적이다.

- 동료를 알아라
- 신뢰를 구축하라
- 신임을 얻어라
- 동료와 협력하라
- 동등하게 대하라

동료를 알아라

내가 아는 성공한 임원들 대다수는 임원으로 발령받았을 때 해야 할 가장 중요한 일 중의 하나가 '동료를 아는 것'이라고 말했다. 니소스의 스티브 스미스는 "다른 사람들이 어떤 책임을 맡고, 업무 범위가 어디까지인지 이해하고, 그들이 매일 무슨 일을 하며 그것이 어떻게 자신에게 영향을 미치는지 알아야 한다"고 강조했다.

도나 모리어도 신임 임원들에게 다음과 같은 전략을 제시했다.

"새로 어떤 팀을 맡았을 때 가장 먼저 해야 할 일은 팀원을 일일이 만나 그들이 누구이며 어떤 위치에 있는지 파악하는 것이다. 팀의 역학관계나 배경을 제대로 모르는 상황에서 이런저런 현안들을 들쑤시는 일은 삼가야 한다."

◆ 데이터 포인트 ◆

'넥스트 레벨 리더 360도' 데이터베이스의 결과는 리더를 평가할 때 동료들이 가장 비판적인 평가 집단임을 보여준다. 흥미롭게도 '좌우와 대각선 대 위아래' 부문에서 가장 낮은 평가를 받은 항목 중의 하나는 '특별히 시간을 내어 동료들과 그들의 관심사를 파악한다'였다.

리더십 코치로서 신임 임원 고객을 코칭할 때 나는 항상 모리어가 추천하는 방식을 따르도록 권장한다. 고객의 동료들로부터 입수한 피드백에 따르면 새로운 동료가 누구이고 무엇을 하는지 진지한 관심을 갖고 접근하면 생산적인 관계를 구축하는 데 큰 효과가 있다. 고객이 새로운 동료들과 첫 회합을 준비할 때 다음과 같은 개방형 답변을 요하는 질문을 하도록 권한다.

- 올해 당신과 당신의 팀을 성공적으로 만들 핵심 결과는 무엇인가?
- 당신이 성공하기 위해 나와 내 팀으로부터 어떤 지원을 받으면 좋겠는가?
- 우리 팀의 어떤 일이 효과적이고 계속되어야 한다고 생각하는가?
- 내 그룹이 더 효과적이 되려면 어떤 일을 시작하거나 또는 중단해야 한다고 생각하는가?
- 1~2년 뒤 내 팀이 성공한 모습을 가정할 때 어떤 결과를 얻으리라고 예상하며, 그런 결과를 낳는 마음가짐과 행동은 무엇이라고 보는가?
- 새로 임원이 된 나에게 어떤 충고나 조언을 줄 수 있는가?

코칭 팁

: 두루두루 이야기를 들어라

동료가 당신에게 개방형 답변을 요하는 질문을 한 적이 있는가? 내 고객들 중 상당수는 "한 번도 없다"고 대답했다. 그런 경험이 없더라도 동료가 당신의 중점 과제와 관련해서 개방형 답변을 요하는 질문을 하고 어떻게 도울 수 있는지 물을 경우 어떤 느낌일지 상상할 수는 있다. 대개는 내 이야기를 경청하고 존중하고 중시한다는 인상을 받게 될 것이다.

기다리지 말고 먼저 나서라. 돌아가며 동료들의 이야기를 들어라. 위에 열거한 것과 같은 질문을 하거나 나름대로의 질문을 생각해보라. 폐쇄형이 아닌 개방형 질문이 되도록 해야 한다. 그리고 답변을 메모하라. 나중에 서로 다른 관점을 비교하고 대조할 수 있다. 또 메모를 하면 동료가 자신의 이야기를 경청한다는 사실을 알게된다. 알아낸 정보를 팀과 공유하고 동료들에게 어떤 후속조치를 취할지 알려라.

위와 같은 개방형의 질문은 다양한 이점이 있다. 첫째, 동료의 목표와 인식에 관심이 있음을 보여준다. 둘째, 피드백에 따라 동료를 지원하기 위해 가능한 일을 하겠다는 열린 마음을 보여준다. 셋째, 그렇게 시작된 대화는 유용한 통찰력을 제공할 가능성이 크다. 넷째, 진지하고 적극적으로 경청하고 배우려는 자세로 대화에 접근함으로써 신뢰를 쌓는다.

신뢰를 구축하라

최근 금융서비스회사의 고객 중 한 명에게 회사 내 다른 업무 분야를 이끄는 동료들에게 도나 모리어의 방식을 적용해보라고 주문했다. 잠재력이 큰 그 고객은 자기 분야에서 업계를 통틀어 서너 손가락 안에 꼽히는 전문가다. 하지만 동료 임원들로부터 다소 냉담하며 기대만큼 협조적이지 않다는 피드백을 받았다. 회사 경영진은 그가 더 넓은 무대에서 재능과 지식을 응용하기를 바랐다. 나는 그에게 주요 업무 분야의 리더들과 미팅을 잡고 앞서 열거한 유형의 질문을 하도록 권유했다. 그는 내 권유대로 했고, 그 결과에 놀라워하면서 매우 만족스러워했다.

"나는 그들이 나에게 업무를 어떤 식으로 처리할 계획인지 질문했을 때 그들이 나를 신뢰하지 않거나 우리 팀의 결정에 이의를 제기하려 한다고 생각했다. 그들과의 대화에서 알게 된 것은 그들이 기본적으로 우리 일을 대단히 높이 평가하며 단순히 더 많은 사항을 알고 싶어 한다는 사실이었다."

아울러 고객은 대화를 통해 주요 업무 분야의 목표들, 그리고 자신과 팀의 노하우를 활용해 동료들이 회사를 위해 몇 가지 주요 성과를 올리도록 지원할 수 있는 새로운 방법들을 알게 되었다. 이 과정은 얼핏 단순해 보이지만, 신뢰관계를 구축하는 잠재력은 엄청나다.

개방적이고 규칙적인 커뮤니케이션은 동료 간 신뢰의 촉매제다. 소통이 없으면 사람들은 가정을 하고 다른 사람의 행동과 동기를 두고 갖가지 억측을 일삼는다. 이런 경향은 특히 아주 큰 이해가 걸려 있는 일을 맡는 상황에서 뚜렷하게 나타난다. 게다가 이런 목표는 그들의 이해관계와 상충되는 듯이 보일 수도 있다. 하지만 커뮤니케이션을 정기적으로 하면 대인관계에서 껄끄러운 부분을 매끄럽게 하고 신뢰를 구축할 수 있으며, 동료들이 서로 소통하지 않을 때 나타나는 가정과 억측을 최소화할 수 있다.

내가 아는 한 임원은 동료 임원들과 매주 15~20분의 브리핑 전화를 정례화하는 방법으로 이 문제를 해결했다. 내근을 하는 사람들은 직접 얼굴을 마주하고 출장 중인 사람은 전화로 이야기한다. 안건은 비공식적이다. 이를 통해 서로 근황을 전하고, 그 주에 무슨 일이 진행되며 다음 주에 어떤 일이 예정되었는지를 알린다. 그들은 이 같은 주간근황 보고가 자칫 발생하기 쉬운 오해를 예방하는 것은 물론 서로 협조하는 분위기를 만들어낸다는 사실을 깨달았다. 정례적인 커뮤니케이션은 동료 간에 생길 수 있는 불필요한 경쟁적 역학관계를 억제하고 공통된 목표의식을 구축해준다.

또 하나의 방법은 동료와 함께 여행할 기회를 갖는 것이다. 나는 대학원 졸업 후 첫 직장으로 투자은행의 공공재정 사업부에서 근무했다. 나의 입사에 큰 역할을 한 3년차 선배가 있었다. 입사 후 몇 개월 뒤 그녀에게 은행 입사 지원자에게서 어떤 자질을 보느냐고 물었다. 업무 지식과 두뇌가 어느 정도 비슷하다고 가정할 때 정말로 원하는 건 공항에서 함께 발이 묶이고 싶은 사람이라고 그녀는 대답했다. 함께 여행을 하면 그 사람에 대해 많은 걸 알 수 있다(어쩌면 알고 싶지 않은 점까지도). 에이본의 도너 헐리가 동료와의 여행 기회를 어떻게 활용하는지를 설명했다.

"가령 한 지역의 책임자가 브라질에 간다면 사정이 허락하는 한 나는 그 여행에 같이 따라 나서려 한다. 실제로 다음 주에도 그럴 예정이다. 공급업체들의 책임자를 만나 함께 비행기로 이동한다. 개별적으로 움직여 각자 일을 볼 수도 있지만, 그렇게 하면 함께 일하는 협력관계가 아니다. 우리의 현지 팀들에 모범을 보이지도 못한다. 그런 이유로 우리는 함께 이동한다. 우리에겐 부분적으로 중첩되는 2개의 어젠다가 있다. 우리가 서로 업무를 조율함으로써 우리가 그곳을 떠날 때 팀원들이 갖기를 원하는 참여, 조율, 개방적 태도의 본보기를 그들에게 보여주는 셈이다."

이것이야말로 동료들 사이에 믿음과 신뢰를 구축하는 협력적 동반자 관계라고 할 수 있다.

신임을 얻어라

동료를 더 잘 알면 알수록 그들이 가장 중시하는 문제에 대응해서 신임을 얻을 기회가 생긴다. 캐시 애벗 아래서 함께 임원으로 일할 때의 스티브 스미스가 그랬다. 캐시는 자신의 목표를 지원하고 달성하는 데 필요한 임원진을 구성할 때 팀의 구성에 변화를 주었다. 신규 사업을 담당하던 스티브를 발탁해서 CFO 자리에 앉힌 것이 한 예다. 스티브의 전임자는 각 사업 부문의 예산 심사 과정에서 부서장의 과오를 귀신같이 잡아낸다는 평가를 받았다. 새로 업무를 맡은 스티브는 그 과정과 방식에 변화를 주어 자신이 고위 임원진에 도움이 되는 역할을 해야 할 필요성을 깨달았다. 그렇게 해서 동료인 동시에 선배인 임원들의 성공을 지원하는 사람으로 신임을 얻었다. 그는 CFO로서 처음 몇 달 동안의 자신의 생각과 행동에 관해 이렇게 말했다.

"처음 컬럼비아에 입사했을 때 나는 사업개발 담당 부사장이었다. 많은 일을 하면서 다른 몇몇 고위 임원들에게 알려졌다. 그때 새로운 CFO가 필요하다고 판단한 캐시가 나를 그 자리에 앉혔다. 연간예산 수립 과정이 악몽 그 자체일 거라는 게 내게는 뻔히 보였다. 재무팀은 그들대로 예산을 잡았고 마케팅팀도 독자적으로 예산을 짰으며, 게다가 하급부서 예산도 있었다. 항상 회사의 보유자금보다 1억 달러가 더 필요하다는 결과가 나왔다. 터무니없이 비효율적이었으며 조직 전체적으로 막대한 에너지 소모였다. 한발 물러서서 이 문제를 살펴보니 '너무 비생산적'이라는 판단이 들었다.

그래서 '더는 이런 식으로는 안 된다'고 말했다. 모두가 손익계산서나 예산을 수립해서 시스템에 입력하도록 했다. 우리 팀은 단순히 데이터를 취합해서 분석하고 발표하는 일을 했다. 그러면 고위 경영진이 그것을 들여다보고 목표를 달성하기 위해 어떤 수단을 강구해야 할지 판단했다.

그 방식을 도입하는 데 위험성도 있었다. 기존 방식에 익숙한 사람들이 과연 잘해낼 수 있을지 확신이 서지 않았다. 전에는 대규모 회의를 열어 50명가량이 대형 테이블에 둘러앉아서 수치가 의미하는 바를 둘러싸고 논쟁을 벌였다. 대단히 비효율적이었다. 나는 방식을 바꾸어 예산 주도권을 업무 담당자들에게 넘겨줌으로써 해마다 기존 지침에 따르느라 통상적으로 겪게 되는 엄청난 양의 작업과 스트레스를 줄여주었다. 과정이 줄어들자 사람들이 변화를 알아차렸다. 한두 달이 지난 뒤 그들이 변

화를 실감하며 말했다. '맙소사, 일은 10분의 1로 줄었는데 성과는 3배나 많아!'

나는 우리가 수많은 사람의 시간과 자원, 에너지, 수고를 덜어주었기 때문에 나와 팀에 커다란 심리적 지렛대가 생겼다고 생각한다. 그들의 인생이 훨씬 편해졌고, 그 혜택이 내게 돌아왔다. 그들이 주변을 돌아보며 물었다. '누구한테 고마워해야 할까? 아, 이 사람이군. 그가 한 일 덕분에 이제 우리 일이 훨씬 수월해지고 마음이 편해졌으니까.' 그 6~9개월 동안 우리는 그 일을 하지 않았을 경우보다 훨씬 더 많은 발전을 이루었다."

임원으로 승진하면 신속하게 동료들의 신임을 얻을 기회를 살펴야 한다. 지원부서에서 일한다면 동료들의 업무를 더 쉽고 생산적으로 만들어주는 데서 기회가 생길 수 있다. 실무부서의 책임자라면 동료와 협력해서 새로운 계약을 따내거나 비용을 줄이는 데서 기회가 있을지 모른다. 아니면 어떤 목표를 달성하겠다고 선언한 뒤 약속한 기한 내에 그것을 실천하여 신임을 얻을 수도 있다.

동료와 협력하라

협력은 관계 당사자들이 결과뿐 아니라 관계 향상에 동등한 비중을 둘 때 효력을 발휘한다. 하이드로알루미늄 북미지사의 고위 임원 출신인 제이 마머는 직장생활을 하는 동안 이 같은 협력이 장기적으로 지속 가능한 결과를 도출하는 최상책이라는 교훈을 얻었다. 마머는 제너럴일렉트릭의 전도유망한 부장으로 일하는 동안 협력하는 법을 배운 과정을 다음과 같이 이야기했다.

"내 요점이 제대로 전달되는 수준까지 내 사고 과정을 발전시키는 방법이 주효했다. 그러면서 동료의 관점에도 반응할 수 있었다. 내 방식대로 하거나 상대방의 방법에 따르는 것과 달리 문제 해결에 대한 협력적인 접근법에 더 가까워지게 되었다. 그것이 그 과정에서 얻은 가장 큰 교훈이었다. (…) 협력(collaboration)은 파트너십을 형성해서 서로 의존하고 함께 일함으로써 공통된 결과를 달성하는 과정이다. 타협(compromising)보다 높은 차원이다. 타협할 때는 나도 뭔가를 얻고 상대방도 뭔가를 얻는다. 좋은 일이지만 궁극적인 윈-윈은 아니다. 이와 달리 협력할 경우의 궁극적인 보상은 양쪽이 모두 원하는 결과를 얻는다는 점이다."

협력적인 접근법을 개발하려면 성과 달성에 중점을 두는 동시에 탄탄한 관계 구축에도 신경을 써야 한다. 중요한 점은 입장을 주장하는 차원을 넘어 시간을 갖고 바탕이 되는 이해관계를 규명해야 한다는 것이다. 동료와 개방형 답변을 요구하는 질문들을 주고받고 상대방의 답변을 경청함으로써 협력 과정을 시작할 수 있다. 다음은 협력적인 관계를 구축하는 데 유용한 질문들이다.

- 무엇을 성취하려 하는가?
- 그것이 당신과 조직에 어떤 의미가 있는가?
- 나 또는 우리 팀이 무엇을 도울 수 있는가?
- 어떤 점에서 서로에게 이익이 되는가?

• 양쪽 모두에게 이익이 되지 않는 문제에서 어떻게 하면 모두에게 유익한 결과를 도출할 수 있는가?

마크 스태비시는 AOL, 펩시 등의 대기업에서 일하는 동안 뛰어난 성과를 올리는 임원들의 특징을 발견했다. 그는 이렇게 말했다.

"그들은 다른 조직과의 협력 작업에 훨씬 더 많은 시간을 보낸다. 그들은 업무를 결합하고, 관계를 극대화하고, 정보와 아이디어를 공유하는 기회를 찾는다. 대체로 뛰어난 통합 능력을 갖추고 있다. 그들은 다른 여러 조직의 사람들을 협력으로 이끌 수 있다. 흥미롭게도 우리는 그것을 '운영 능력(operational skill)'이라고 부른다. 우리가 말하는 훌륭한 운영 임원(operating executive)은 판매팀이 생산팀과, 생산팀이 고객지원팀과 함께 일하도록 하는 능력을 가진 사람이다. 그러한 임원들이 정말로 좋

코칭 팁

: 동료의 코칭을 받고 코치가 되라

동료와 코칭 관계를 만들어 색다르고 지속적인 방식으로 협력하라. 한 주에 20분만 시간을 내어 동료와 함께 과거를 돌아보고 미래를 내다봄으로써 더 효과적인 방향으로 서로를 도울 수 있다.

내가 고객들에게 권하는 동료 코칭 과정은 다음과 같다. 경험상 이런 방식은 많은 가치를 제공한다.

1. 잘 알지 못하는 동료 코치를 선임하라. 자신과 직능부서가 다른 사람을 골라야 한다.
2. 매주 20분씩 정기적으로 미팅을 갖는다. 각자 10분씩 상대방을 코칭한다.
3. 코치로서의 역할은 질문을 한 뒤 동료가 생각하고 대답할 시간을 주는 것이다. 대표적인 질문들로는 무슨 일을 하는가, 이번 주에 할 일 중에서 새로 변화를 주고 싶은 일은 무엇인가, 지난주의 일에서 무엇을 배웠는가 등이 있다.
4. 코칭을 받는 동료로서의 역할은 질문에 대해 생각하고 대답하는 일이다.
5. 10분 뒤 역할을 바꾼다.

동료 한 명을 찾아 4주 동안 서로 코칭을 주고받기로 약속하라. 그러면 분명 4주가 지난 뒤에도 서로 계속하기를 원하게 될 것이다.

아하고 힘을 얻는 요인은 업무의 통합이다."

직장생활 초기 스태비시는 호텔업계 선두 업체에서 일했다. 그는 임원들이 더 뛰어난 성과를 올리도록 코칭하는 일을 맡았다. 그들의 협력 기술과 습관의 개발에 초점을 맞추는 경우도 많았다. 그러면서 높은 성과를 올리는 임원은 다른 임원과 달리 자신의 일에만 집중하기보다 다른 사람들의 어젠다까지 신경을 쓴다는 사실을 알았다. 스태비시는 자신이 코칭한 어느 임원의 이야기를 들려주었다.

"나는 마케팅 담당자와 짝이 되었다. 그는 아이디어가 넘치고 재능이 뛰어난 사람이었다. 그의 가장 큰 문제는 자신의 아이디어를 동료들에게 말하는 걸 좋아하지 않는다는 점이었다. 그 이유는 첫째, 그것이 자신에게나 다른 사람들에게 시간 낭비이기 때문이며, 둘째, '그런 문제는 임원 회의에서 충분히 토의할 수 있을 것'이라고 생각했기 때문이었다. 그는 개인 플레이어라는 인상을 주며 독자적인 구상으로 사람을 놀라게 한다는 피드백을 받았다. 그래서 그에게 이렇게 말했다.

'아이디어의 공유는 정말 중요하다. 사람들과 일하며 그들이 무엇을 원하고 무엇을 필요로 하는지 이해하는 데 더 많은 시간, 어쩌면 자기 시간의 75%를 할애해야 한다.'

그는 이해하지 못하겠다는 반응을 보였다. 나는 이렇게 답변했다.

'당신의 일은 세계 최고의 브랜딩을 하는 게 아니다. 그들이 무엇을 최고의 브랜딩이라고 생각하는지 파악하는 일이다.'

그리고 그를 위해 하나의 전략을 짰다. 한 달에 며칠간은 마케팅회의를 한 뒤 거기서 얻은 결론을 다른 사람들과 공유하는 일만 하도록 했다. 그는 그 접근법을 썩 달가워하지 않았고 동료들의 비위를 맞추는 일이라고 느꼈지만, 어쨌든 시도해보기로 했다. 그 뒤로 그는 자신의 아이디어를 실천하는 데 필요한 협력의 기초를 닦았을 뿐 아니라, 그동안 뭔가를 놓치고 있었으며 그것을 일단 하고 나니 전보다 훨씬 나아졌음을 깨달았다."

때로는 협력을 가로막는 장벽이 협력을 꺼려서라기보다 이미 답을 알고 있으며 추가적인 정보는 필요 없다는 확신인 경우가 있다. 관건은 정답을 얻는 것보다 정답을 뒷받침하는 이해와 노력을 구하는 것이다. 파슨스 디자인스쿨 사장 출신인 데이비드 레비는 시간이 흐르면서 업무 성과를 올리는 데 협력의 중요성을 더욱 실감했다며 이렇게 말했다.

"사람들이 상담받기를 원한다는 사실을 거듭 확인하며 계속 배우고 있다. (…) 아무리 자신이 옳다고 믿어도 다른 사람과 대화를 해야 한다. 다른 사람의 의견을 들어야 한다."

동료와의 관계를 구축하고 그것을 지렛대로 활용하면 대인관계에서도 좋을 뿐 아니라 혼자서는 이루기 어려운 획기적인 결과를 만들 수 있다. 탠드버그의 글로벌 비즈니스 담당 사장인 릭 스나이더는 그런 접근법이 기본인 기업 문화에서 일한다. 그는 그것이 어떻게 작용하고 어떤 결과를 낳는지 다음과 같이 설명했다.

"우리는 서로 코칭을 한다. 서로 협력하고 정보를 제공한다. 자신의 전문 분야가 아니더라도 끊임없이 업무와 관련된 의견을 주고받는다. 우리는 서로 신뢰한다. 우리의 CEO 프레드릭은 그런 문화를 적극 장려했다. 내가 전화를 걸어 '이런 일을 추진할 생각'이라고 말하면 그는 대뜸 '다른 사람들 생각은 어떤가?'라는 반응을 보이는 경우가 많다. 그는 우리가 그런 업무 습관을 들이도록 유도했다. 따라서 그에게 아이디어를 제출할 때는 이미 상당히 걸러진 상태가 되며, 다른 팀들의 의견을 보태어 완성된 아이디어를 내놓게 된다. 그 기간 동안 나는 내가 일을 매듭짓고 완수하는 스타일임을 알게 되었다. 나는 임무를 끝내기를 원한다.

아이디어를 정말로 훌륭하게 만드는 건 마지막 단계의 내실을 다지는 두어 가지 생각이다. 시간과 노력이 필요하지만 결국은 토론과 논쟁에서 나온다. 우리 경영진의 정말 뛰어난 점은 모두가 한데 모여 마지막 10~15%를 놓고 논쟁을 한다는 점이며, 바로 그것이 우리가 차별화되는 점이다. 바로 거기서 정말로 비범한 아이디어가 나온다. 바로 거기서 더 우수한 실행 계획이 만들어진다."

동등하게 대하라

협력의 기술은 서로 주고받는다는 특성을 가지고 있다. 신임 임원으로서 명심해야 할 것은 도움을 주는 것과 받는 것이 대충 비슷해야 한다는 사실이다. 동료와의 협력 계정에서 대차대조표의 차변과 대변이 균형을 이루도록 하는 것이다. 협상학에 '상호주의(reciprocity)'라는 개념이 있다. 협상 파트너와 상호관계를 구축하려면 한 가지 현안에서 지원을 하거나 양보를 해서 추후 다른 문제에서 지원이나 양보를 요구할 권리를 얻는 것이다. 바로 그 개념이 임원들 간의 협력에도 적용된다. 동료의 요청에 응해 도움을 준 뒤 그다음에 도움을 요구하기를 두려워해서는 안 된다. 요구를 하고 요구를 받아주는 과정은 관계를 공고히 하고 상호 존중을 가능케 한다. 제너럴일렉트릭의 임원진에 막내로 합류한 제이 마머는 고위 임원으로부터 이와 관련한 좋은 조언을 받았다며 이렇게 말했다.

"임원 중 내가 가장 초보였다. 프린스턴대 교수 출신이 한 명 있었고, 상당한 학식과 함께 회사에서 큰 비중을 차지하고 있는 사람도 있었다. 그들의 위상은 압도적이었다. 상사가 내게 말했다.

'이 사람들과 회의할 때 그들이 당신이 해야 할 일 네댓 가지를 내놓으면, 그다음에는 당신이 그들이 해야 할 일을 한두 가지 제시하라.'

그의 말대로 했더니 그들이 내게 일을 떠넘기지 않게 되었다. 그들과 파트너십이 형성되어 서로 의지하고 협력하게 되었다. 공동의 목표를 위해 함께 일하는 협력의 중요성을 깨닫게 되었다."

마머가 제안하듯 상대방에게 뭔가를 요구할 정도가 되려면 숙제를 해야 한다. 동료들에게 무엇이 중요한지, 그리고 그들이 목표를 달성하도록 도우려면 무엇을 제공해야 하는지 알아야 한다. 마찬가지로 자신이 목표를 달성하려면 그들에게 무엇을 요구할 수 있는지도 파악해야 한다. 또한 믿을 만한 동료라는 인상을 주려면 사업 전략을 이행하는 데 무엇이 필요한지에 관한 명확하고 논리 정연한 관점을 가져야 한다. 그 관점은 자신과 자신의 팀뿐 아니라 동료들이 전략에 어떤 기여를 해야 하는지에 대한 명확한 이해를 아울러야 한다.

조직의 대각선 관계를 강화하라

조직은 빠르게 진화하며 더 넓은 세계에서 정보가 공유되는 방식을 반영한다. 인터넷에는 위아래가 따로 없다. 정보를 원하면 검색하고 찾아서 사용하면 그만이다. 버지니아대 롭 크로스 연구팀의 결과가 말해주듯이, 그리고 우리의 개인적인 경험이 확인해주듯이, 조직 내에서 혁신을 일으키고 영향을 주고 결과를 도출하는 데 필요한 정보는 누가 어디에 앉아 있는지에 따라 결정되지 않는다. 전문가와 여론 조성자들은 대개 직함이 없는 사람들이다. 그들은 조직에서 당신의 좌우만이 아니라 상하에도 있다. 조직 내부에만 있는 것도 아니다. 그들은 조직 외부에도 있으며 모든 단계에 존재하고 있다.

에이본의 도너 헐리는 조직 내의 대각선 관계를 어떻게 관리하고, 그들이 자신의 일을 어떻게 돕도록 하는지 다음과 같이 설명했다.

"나는 격식을 아주 싫어한다. (…) 동료들과 관계를 구축하고 그들을 신뢰한다. 하지만 그들의 위아래에 있는 사람들과도 관계가 좋다. 내게는 각양각색의 비공식적 정보 공급원이 많다. 그 정보 중 다수는 내가 아는 사람들과 우연히 마주칠 때 얻게 된다. 내게는 서로 다른 정보 공급원이 많다. 비공식적인 피드백의 관점에서 정보가 풍부할수록 큰 도움이 된다."

오늘날 대다수의 글로벌 기업들은 매트릭스 운영 모델을 택하고 있다. 그 모델에서는 대각선이 갈수록 중요해진다. 리더십에서도 권위의 비중은 떨어지고 영향력의 중요성이 훨씬 더 커진다. 의미 있는 결과를 얻으려면 조직 전반의 모든 단계에서 지지자들의 연합전선을 구축해야 한다. 헐리는 CIO처럼 최고정보책임자 타이틀에도 이런 원리가 적용된다는 사실을 다음과 같이 알게 되었다.

"나는 일이 어떻게 진행되는지 또는 결과가 어떻게 나오는지 예전처럼 관여할 수 없는 단계에 이르렀다. 이제 내가 해야 할 일은 사람들의 에너지, 목표, 계획, 그리고 책임의 조율이었다. 어떻게 해야 할까? 프랑스, 독일, 영국, 스페인 같은 나라에도 우리 지사가 있었다. 내가 할 일은 각국의 IT 책임자들뿐 아니라 그들의 지시를 받는 부장 이하 직원들에게도 신경을 쓰는 것이었다. 나는 실제로 부장 이하 직원들과 그런 관계를 구축했다. 내가 IT 책임자들만 상대하면 그들이 서로 다른 두 관점의 중간에서 일하게 되기 때문이었다."

사실 이 책의 다른 장에서 우리의 임원 멘토들이 해준 조언 중 다수가 대각선 관계 구축 기술에도 그대로 적용된다(특히 이 기술에 적용할 수 있는 내용으로 자신감 키우기와 맞춤형 커뮤니케이션에 관한 장을 참고하기 바란다). 따라서 여기서는 대각선 관계를 강화하는 방법에 관한 이론을 중심으로 살펴보고자 한다.

부조화가 아니라 조화를 지향하라

4장에서 언급했듯이 감성지능 전문가 대니얼 골먼과 공저자인 리처드 보이애치스, 애니 매키는 《감성의 리더십(Primal Leadership)》에서 철저한 조사에 기초해 대단히 실용적인 리더십 스타일을 제시했다. 여기에 두 종류의 기본 스타일 항목이 있다. 사람들과 유대관계를 형성하는 4가지 조화(resonant) 스타일과, 남용하면 사람들과 단절을 초래하는 2가지 부조화(dissonant) 스타일이다. 탄탄한 대각선 관계의 형성은 권위보다는 영향력에 좌우되기 때문에 조화의 리더십 스타일을 구사해야 한다.

조화의 스타일은 비전을 제시하고, 코칭을 하며, 민주적이고(즉 의견을 내도록 유도하고) 친화적이다(즉 개인적인 유대나 관계를 형성한다). 2가지 부조화 스타일은 주도적이고 명령조다. 대각선 관계 형성에 별로 도움이 되지 않는다. 남용하면 사람들이 불쾌감을 느껴 등을 돌리게 된다.

전체적인 맥락을 파악하라

'내가 얻는 건 무엇인가?' 인생에서 사람을 움직이게 하는 중요한 질문 중 하나다. 소리 높여 묻든 안 묻든 사람들은 대부분 그 답을 알고 싶어한다. 자신이 성취하려는 목표와 그것이 다른 사람들이 원하는 목표의 달성에 어떻게 도움이 되는지의 관련성을 이해하도록 도움으로써 그들에게 동기를 부여해야 한다. 물론 그 효과를 보려면 실제로 그들이 무엇을 원하는지 알아야 한다. 대각선 관계가 중요한 이유도 그 때문이다. 대각선 관계의 대화에서 얻을 만한 중요한 지식이 많다.

상대방의 생각을 물어라

경영학의 대가 톰 피터스는 저서 《리틀 빅 씽(The Little Big Things)》에서 '당신의 생각은 어떤가?'가 가장 강력한 질문이라고 말했다. 피터스의 설명대로 이 질문은 다음과 같은 메시지를 분명하게 전달한다. '당신은 없어서는 안 될 사람이다. 나는 당신을 존경한다. 당신의 지식을 높게 평가한다. 당신의 판단을 존중한다. 당신의 도움이 필요하다. 그리고 이것은 팀워크가 필요한 작업이다. 성공하든 실패하든 우리는 같은 운명이다.' '당신의 생각은 어떤가?'는 어떤 방향으로 물어도 큰 힘을 발휘하는 질문이다. 하지만 대각선 방향을 향할 때 특히 큰 힘을 발휘한다. 종종 사람들이 그런 질문을 예상하지 못하기 때문이다. 질문을 던지고, 대답을 경청하고, 의견을 제시하고, 자신을 차별화하라.

조직의 위를 올려다보기

좌우와 대각선을 바라봐야 한다고 강조했지만, 그렇다고 고위 경영진이나 자기 팀을 바라보는 일을 등한시하라는 뜻은 아니다. 분명 수직축을 따라 주고받아야 할 정보가 많다.

'How'가 아니라 'What'이다

고위 경영진을 대할 때 초점을 맞춰야 할 가장 중요한 일 중의 하나는 그들이 성공을 어떻게 파악하는지 명확하게 이해하는 것이다. 6장에서

팀이 무엇을 해야 할지 정의하는 습관을 취하고 어떻게 하라고 지시하는 습관을 버리라고 권했다. 바로 그런 원칙이 고위 경영진과의 관계를 어떻게 설정해야 하는지를 시사한다. 그들과 솔직하게 대화를 나누며 그들

이 내게서 어떤 일을 원하는지 명확히 이해하도록 해야 한다. 그들이 강요하지 않는 한 그 일을 수행하는 방법에 관해서는 그들의 아이디어에 의지하지 말아야 한다는 점을 명심해야 한다.

내가 고객을 위한 피드백 인터뷰를 할 때 때때로 고위 경영진이 푸념을 늘어놓을 때가 있다. 나의 고객이 너무 자주 자신이 어떻게 하고 있는지 또는 다음에는 무엇을 어떻게 해야 하는지를 묻는다는 이야기였다. 한번은 어느 고위 임원이 내게 이렇게 말했다.

"그의 일을 어떻게 하라고 내가 말해주어야 한다면 그 사람이 왜 필요하겠는가? 해당 분야의 전문가로서 일을 해결하라고 그를 고용했다. 내게 그 방법을 알려달라고 해선 안 된다."

그러나 고위 경영진이 생각하는 성공이 무엇인지를 이해하는 건 중요하다. 도달하거나 능가해야 하는 기준은 무엇인가? 임무는 언제까지 완료해야 하는가? 결과가 누구를 만족시켜야 하는가? 성공을 정의하려면 질문을 던져야 한다. 충분히 시간을 갖고 그 질문의 답을 찾아야 한다. 또한 얼마나 자주 경과를 보고해야 하고 거기에 어떤 정보를 포함해야 하는지 상사에게 물어야 한다. 커뮤니케이션과 관련된 규칙을 정해놓으면 짜증을 유발하기 쉬운 과잉 보고와 상사의 걱정을 유발하기 쉬운 소통 부족 간에 적절한 균형을 찾을 수 있다.

문제가 아니라 해결책을 말하라

임원까지 승진한 사람은 대부분 상사에게 문제뿐 아니라 해결책을 제시하는 게 얼마나 중요한지 깨닫는다. 앞서 이야기했듯이 상사는 신임 임원이 일처리 방법에 관해 끊임없이 지시를 바라는 데 짜증을 낸다. 내가 코칭하는 임원 고객과 임원 승진을 앞둔 고객 대다수는 문제만이 아니라 해결책까지 상사에게 제시하는 태도를 당연시한다. 제약회사 사노피 아벤티스의 임원인 제이슨 오닐은 내게 이렇게 말했다.

"누군가 다른 직원들과 효과적으로 협력해 문제를 해결함으로써 상사가 어떤 자원도 낭비하지 않도록 할 때 그 사람의 앞날은 대단히 밝다."

임원들 사이의 갈등에 사장이 개입해야 하는 상황도 흔히 발생한다. 말할 필요도 없이 사장이 달가워하거나 호의적으로 볼 만한 행동이 아니다. 코크란 갤러리의 데이비드 레비 전 사장은 이렇게 말했다.

"나는 무엇보다 임원들이 자신들을 하나의 팀으로 인식하기를 기대한다. 썩 내키지 않는 상황일지라도 기꺼이 서로 협력하고 지원하려는 모습을 보고 싶다. 조직 관계가 협력적이고 상호 보완적이 되는 방안을 모색하기를 기대한다."

완전히 병적인 조직이 아닌 한 사장은 임원들이 서로 협력해 하나의 팀으로 일하기를 기대한다. 이 장에서 멘토들이 제시한 조언을 바탕으로 탄탄한 동료 관계를 구축하도록 하자. 그러면 팀의 일원으로 일하면서 사장에게 문제가 아니라 해결책을 제시할 수 있게 된다.

상사에게 예의를 갖춰라

사회가 점점 더 격식을 따지지 않게 되면서 기업 문화도 그런 쪽으로 변하고 있다. 대체로 이전 세대보다 서로 다른 직급 간에 소통하는 일이 더 많아졌다. 대개는 적극적으로 의견을 개진하도록 장려하지만, 고위 경영진이 격의 없는 태도를 어느 정도까지 받아들일 것이냐는 차원에서 기업의 문화와 인간관계 규범을 파악하는 것이 중요하다. 미국 출신인 엘리자베스 볼지아노는 영국 런던의 한 회사에서 임원으로 일할 때 존중의 역학을 깨달았다며 이렇게 말했다.

"그 회사 또는 영국 전체의 문화에서는 회장과 이사들에게 경의와 존경을 표해야 한다는 사실을 명심해야 한다. 영국에서는 미국과 약간 느낌이 다르다고 생각한다. 그렇다고 미국에서는 함께 일하는 사람들을 존중하지 않아도 된다는 뜻은 아니다. 미국보다 영국에서는 직장에서 사람들 특히 이사진과의 관계에서 더 공손한 태도를 취한다. 그들은 규범에 따라 회장과 CEO 자리를 구분하기 때문이다."

볼지아노가 한 말은 어디에서 일하든 문화적 규범을 알면 그에 상응하는 보상을 얻는다는 의미로 더 폭넓게 해석할 수 있다. 듀폰의 톰 슐러도 같은 요지로 말했다.

"아시아 그리고 유럽에서도 위계질서가 커뮤니케이션과 의사결정 방식에 훨씬 더 많은 역할을 하기 때문에 그것을 존중하는 자세를 가져야 한다."

문화적 규범과 함께 임원 개개인이 기대하는 경의 표시에도 주의를 기울여야 한다. 나는 직장생활 초기에 이 문제와 관련해 정신이 번쩍 드는 교훈을 얻었다. 당시에 나는 회사 CEO의 업무를 도왔으며 다른 임원들과 함께 회사 차를 이용해 출장을 많이 다녔다. 모두를 잘 알게 되었고 이동 중에는 대체로 가볍고 협조적인 대화를 나누었다. 어느 날 주차장에서 차를 향해 걸어가면서 CEO에게 왜 항상 가죽 시트가 깔린 차만

타느냐고 물었다. 대단히 멍청하고 건방진 질문이었다. 아직 어린 나이라서 그랬다고 생각한다. 그는 나를 날카롭게 째려보더니 "나는 CEO이고 자네는 평사원이기 때문이야"라고 말했다. 그 후로 다시는 그런 실수를 하지 않았다. 회사 분위기가 아무리 격식이 없다고 하더라도 상사를 대할 때는 일정한 예의를 갖춰야 하는 법이다.

부하직원들과의 관계에서 명심할 몇 가지

좌우를 살피며 동료 관계를 구축할 때와 같은 맥락에서 부하직원들과의 관계를 관리할 때도 명심해야 할 사항들이 있다.

계속 접촉을 유지하라

《감성의 리더십》에서 저자들은 어떤 임원이라도 걸릴 수 있는 질병을 묘사했다. 그들은 '사람들이 중요한(대체로 불쾌한) 정보를 감춤으로써 리더 주위에 생기는 정보 공백'을 CEO 질병으로 규정했다. 이 질병을 얻는 지름길은 조직에서 일어나는 일과 관련한 피드백의 고리를 차단하거나 들어오는 피드백을 경청하지 않겠다는 신호를 보내는 것이다. 그렇게 하지 않아도 임원이 되면 조직의 하부에서 일어나는 일에 관해 진짜 중요한 정보를 입수할 가능성이 크게 줄어든다. 사람들이 직접적으로 상대해보기 전에는 임원 직책을 가진 사람을 불신하는 경향이 있기 때문이다. 어찌 되었건 CEO 질병이 뿌리내리면 중요하더라도 불쾌한 깜짝 뉴스는 드러나지 않게 된다.

나는 몇 년 전 컬럼비아가스트랜스미션의 부사장으로 있을 때 이 사실을 체험으로 깨달았다. 독서광인 나는 종종 내가 정말 좋아하는 책을 사서 사람들에게 나눠주곤 했다. 그런 책 중의 하나가 리처드 칼슨과 조셉 베일리가 공저한 《인생의 속도를 늦춰라(Slowing Down to the Speed of Life)》다. 이 책을 구입해서 무료로 나누어주었는데, 그중 상당수를 인사부 직원들에게 보냈다. 책에 대한 반응은 대단히 좋았다. 그래서 관심 있는 사람들끼리 몇 주 동안 매주 토론 모임을 갖자고 제안했다. 그 모임의 참가자 중 리자라는 이름의 직원이 있었다. 모임을 갖기 전에도 몇 차례 교류가 있었지만, 오래 대화를 나눈 적은 없었다. 토론 모임을 시작한 지 2주 정도 지났을 때 리자가 내게 이메일을 보내왔다. 모임과 책에 대해 고마움을 표하며 양쪽 모두에서 많은 것을 배웠다고 했다. 전체적으로 기분 좋은 내용이었는데, 마지막 부분이 내게 결정타를 날렸다. 그 모임이 자신에게 특히 좋은 경험인 이유가 나를 더 잘 알게 되었으며 부사장 이상은 모두 '인정사정없는 사람들!'이라는 선입견에서 벗어나게 되었다는 것이었다. 내게는 정신이 번쩍 드는 지적이었다. 그러면서 사람들이 나를 임원들 중 한 명으로서만이 아니라 한 인간으로서 알고 신뢰하도록 하기 위해 얼마나 더 많은 노력이 필요한지를 절실히 깨달았다.

임원이라는 지위가 조직에서 일어나는 일을 알기 위해 뛰어넘어야 할 장벽이 될 수 있듯이 문화 규범도 마찬가지다. 필요한 정보를 얻으려면 때로는 선호하는 관리 방식에서 탈피해서 궤도를 수정할 필요가 있다. 철강회사 페렉스포의 사이먼 원드키 최고마케팅책임자는 글로벌 광업회사 BHP 빌리턴의 부사장으로 인도네시아에서 파견 근무를 할 때 그런 교훈을 얻었다며 이렇게 말했다.

"새로운 지역 문화 또는 기업 문화에 신속히 융화되는 방법에 관한 교육이 더 많이 필요하다. 내게는 그것이 가장 큰 배움이었다. 일례로 내가 근무했던 어떤 나라에서는 상사에게 나쁜 소식을 전하지 말라는 문화가 있었다. 질문을 하면 그들은 미소로 답한다. 그러면 일이 잘되어가는구나 생각하게 된다. 하지만 그들은 실제로 쓰나미가 문 앞에 당도할 때까지 알리지 않는다. 그때 가서는 잘못을 시정하고 상황에 대처하기에는 너무 늦다.

영업과 물류 시스템의 구축은 진짜 악몽이었다. 우리는 그곳에서 독자적인 수송터미널을 건설하고 있었는데, 문제투성이었다. 그런 상황에서 나는 내 스타일로 돌아갈 수밖에 없었다. 믿고 권한을 위임할 수 없게 되었으며, 조직의 위와 아래를 모두 살펴야 했다. 내 부하들, 그리고 부하의 부하들이 하는 일까지 지켜봐야 했다. 두 단계를 모두 감독해야 했다. 일을 어떻게 하라고 일일이 지시하는 수준으로 되돌아가야 하는 일이 큰 스트레스였다."

윈드키의 이야기는 상황이나 문화에 따라 직접적인 개입이 필요할 때도 있다는 사실을 강조한다. 그러면서도 그는 조직 내부의 몇몇 핵심 인물들과 관계를 구축하여 실무를 파악하게 된 것이 적응에 도움을 준 요인 중 하나였다고 말했다. 마찬가지로 하이드로알루미늄 북미지사의 전 CEO 마틴 카터는 직장생활을 통해서 자기 리더십에 대한 환상을 갖지 않고 실제로 무슨 일이 일어나는지 정확한 정보를 입수하려면 회사 전체를 아우르는 네트워크를 구축해야 한다는 사실을 깨달았다.

"내가 어떻게 인식되는가에 관한 것만이 아니라 업무의 바탕을 이루는 실질적인 문제들에 관한 피드백을 받고자 할 때 조직 내 네트워크에 크게 의존한다. 이런 식으로 엄청난 정보를 입수한다. 그러한 정보들에 모두 반응할 수도 없고 해서도 안 되지만, 다른 사람들에 의존해 업무에 관한 더 양질의 실태 파악이 가능하게 된다. 초기에 형성된 공식 라인에서 얻는 정보에만 의존한다면 다소 왜곡된 그림을 보게 된다. 하지만 그런 공식적 장벽을 허무는 데는 상당한 시간이 걸린다."

조지 스터너 부제독은 해군 복무 시절 이른바 '눈의 네트워크(network of eyes)'를 개발했다. 그 덕분에 관심이 필요한 문제를 계속 주시할 수 있었다. 그는 조직의 모든 차원에서 '나쁜 소식을 가져오되 나를 놀라게 하지는 마라. 우리가 대책을 마련할 수 있도록 빨리 가져오라'는 사고를 장려하려는 것이 목표였다고 말했다. 지휘관 생활을 하는 내내 스터너는 휘하 장병들의 시야를 벗어나지 않고 그들의 환경에서 함께 교류하려고 노력했다. 부하들이 자신과 대화하는 것이 대단한 일이라고 생각하게 하지 않게끔 애썼다. 이처럼 접근하기 쉬운 분위기를 조성하자 네트워크가 그를 찾아내 조정 또는 방향 수정이 필요한 일들에 관해 적시에 조기경보를 울려주었다.

나는 리더십 코치로서 부하직원들의 접근성을 높여야 하는 임원 고객들을 수시로 접한다. 그들에게 나는 스터너가 조직에서 구현한 특성을 감안한 업무 방식을 도입할 것을 권한다.

* 항상 조직원이 찾아와 말할 수 있도록 자리를 지켜야 한다.

- 말을 끊거나 다른 데 정신이 팔린 듯한 인상을 주지 않고 경청해야 한다.
- 개방형의, 위협적이지 않은 질문을 한다.
- 사람들에게 진지한 관심을 보인다.

자신의 팀의 현실을 파악하라

아무리 최선을 다한다고 해도 팀이 항상 완벽하게 기능하는 것은 아니다. 따라서 그들의 성과에 대한 피드백에서 열린 자세를 보여주고 그에 따라 조치를 취하는 것이 중요하다. 피드백을 팀원들에게 알려주고 그들이 실수에서 배우도록 돕는 것이다. 동료로부터 부정적인 피드백을 받았을 때는 개방형 질문으로 결과에 대한 인식뿐만 아니라 결과 자체에 대해 더 많이 알아내야 한다. 불평이나 경쟁이 아닌, 학습을 장려하는 대화를 통해 동료가 피드백을 제공할 수 있도록 최선의 노력을 기울여야 한다.

이것을 뒤집어 말하면 자기 팀에 대해 이야기할 때도 적당히 균형을 잡아야 한다는 뜻이다. 리더는 누구나 고위 경영진과 동료들에게 팀의 성과를 알리고 싶어 한다. 스스로 알리지 않으면 아무도 알아주지 않는다는 사실을 알기 때문이다. 하지만 도를 넘지 않도록 주의해야 한다. 대학 학자금 대출기금 샐리 메이의 조니 라이시 전 수석부사장은 임원들이 서로 경쟁적인 방식으로 자신의 팀이 올린 실적을 과도하게 떠벌림으로써 스스로 신뢰도를 떨어뜨리는 광경을 여러 번 목격했다. 그녀는 이렇게 말했다.

"고위급 임원들이 자기 팀만 최고이며, 그만큼 인정을 받아야 마땅하고 다른 팀은 별 볼 일 없다는 생각에 사로잡혀 완전히 균형감각을 잃는 경우를 많이 겪었다. 임원 수준에서 이런 식의 사소한 다툼과 유치한 행동이 일어나는 것이 놀랍기는 하지만 때때로 있는 일이다. 하지만 그것은 회사에서 도태되는 가장 확실한 지름길이다."

끝으로 팀원들이 자기 팀과 업무가 회사의 전체 구도에서 어떤 위치를 차지하는지 파악하도록 도움으로써 현실을 직시하도록 해야 한다. 그들은 자신들이 어떻게 기여해야 하고 무슨 일을 해야 하는지 올바로 알아야 한다. 아울러 팀의 목표가 회사의 유일한 목표가 아니라는 사실을 이해하도록 리더십을 발휘해야 할지도 모른다. 당신이 임원으로서 성공하려면 관계의 시야를 넓혀야 하는 것처럼 팀원들에게도 좌우 그리고 대각선을 살피도록 권장함으로써 그들이 한 단계 높은 차원에서 역할을 하도록 도와야 한다.

Summary

**팀을 이끌 때 좌우와 대각선을 살피는 습관을 취하고
위아래만 보는 습관을 버리는 10가지 비결**

1 좌우의 동료들에게 관심을 갖고 수직적 터널시야를 피하라.

2 임원으로서 팀의 목표뿐만 아니라 더 큰 조직의 목표를 자신의 일
   차적인 관심사로 만들어라.

3 동료 임원들에게 개방형 답변이 필요한 질문을 던져 관심과 의지를
   보여주며 협력관계를 구축하라.

4 정보와 맥락을 공유하는 기회를 모색하고 만들어 동료들과 신뢰를
   구축하라.

5 동료들과의 대인관계 계정에서 차변과 대변의 균형을 맞추도록 노
   력하라.

6 조직 내의 대각선 축으로 영향력과 지식을 갖춘 사람들과 네트워크
   를 구축하라.

7 조직 안에서 기대되는 격식과 비격식의 수준을 파악하라.

<u>8</u>   상사에게서 일을 어떻게 진행해야 하는지에 관한 설명보다 무엇을 해야 하는지에 관한 명확한 정의를 구하라.

<u>9</u>   조직 내의 모든 채널과 소통을 유지하면서 불쾌한 돌발 변수가 생기지 않도록 주의하라.

<u>10</u> 팀원들이 좌우 그리고 대각선에 위치한 다른 동료들을 바라보도록 함으로써 그들을 더 높은 차원으로 끌어올려라.

상식에 어긋나는 포기를 하라 9

\+ 조직 전체를 밖에서 안으로 본다
− 자신의 역할을 안에서 밖으로 본다

어떤 차원에서 다음 차원으로 올라갈 때마다 더 광범위한 관점이 요구된다. 기능적 관리자의 입장에서는 팀의 목표 달성에 무엇이 득이 되고 무엇이 해가 되는지에만 초점을 맞추기 쉽다. 어떻게 보면 그것이 핵심이랄 수도 있다. 나르시시스트(narcissist)에 관한 우스갯소리가 있다. 자기 이야기만 한없이 늘어놓더니 마침내 상대방에게 이렇게 말한다.

"자, 내 얘기는 그만하면 되었고, 당신은 나를 어떻게 생각하시오?"

기능적 관리자의 경우가 그런 식이다. 자신과 자신의 팀이 우선이다. 어쩌다 눈을 팀의 외부로 돌릴 때는 필시 어떤 사람이 자신을 도와줄 수 있을지 살피거나 누가 자신의 목표 달성을 방해하지 않도록 하려는 목적에서다.

그러나 임원의 입장이 되면 '나와 나의 팀'에서 조직 전체의 '리더십팀으로서의 우리'로 초점이 바뀐다. 그처럼 나에서 우리로 전환할 때 곧이어 '우리'에서 '그들'로 추가적인 관점의 변화가 따라주어야 한다. 여기서 '그들'은 외부의 이해관계자와 경쟁자 모두를 일컫는다.

이 장에서는 그런 전환을 어떻게 이룰 것인지를 다룬다. 먼저 일에 대한 기능 중심적인 접근 방식을 버리고 '나 중심적인 사고방식(me mind-set)'에서 벗어나는 방법을 알아본다. 그다음 조직 전체의 관점에서 일하는 법을 찾아볼 것이다. 기본적으로는 '우리 중심의 사고방식(us mind-set)'으로 전환하는 것이 필요하다. 끝으로 유능한 임원들이 어떻게 외부인의 시각으로 자신의 조직을 바라보면서 더 광범위한 환경의 맥락을 이해하는지를 살펴보려고 한다. 이른바 '그들의 사고방식'으로 넘어가는 마지막 전환의 단계라고 할 수 있다.

디지털 정보혁명으로 세상이 갈수록 좁아짐에 따라 외부로부터의 관점은 우리 임원들에게 필요한 업무 방식의 결정적인 요소로 자리 잡았다. 캡 제미니 컨설팅 회장을 지낸 제임스 켈리는 나와의 인터뷰에서 오늘날의 환경에서 신속하게 내부로부터의 관점을 버리고 외부로부터의 관점을 취하는 것이 왜 중요한지를 이렇게 역설했다.

"사실 유능한 사람은 전 세계에 널려 있다. 나라와 지역마다 문화와 경제적 기회가 다르다. 높은 자리에 올라갈수록 사람들이 경계를 초월해서 소통하고 배워야 한다. 불쑥 나타나서는 어떤 일을 해야 하며 어떻게 해야 할지 알려주겠다고 말하는 식으로는 안 된다. (…) 내가 확인한 장벽 중 하나는 자신이 이미 해본 일이기 때문에 답을 알고 있다는 사고방식에서 비롯된 것이었다. 오늘날의 세계에서는 훨씬 더 협력적이고 열린 마음가짐으로 듣고 소통해야 한다. 답을 알고 있다고 생각하기 전에 동료나 부하직원들과 의도적으로 소통하고, 그 과정에서 다른 사람들과 협력해서 그 답을 찾아내야 한다. 갈수록 글로벌화하는 세계에서 대단히 중요한 일이다."

우리의 임원 멘토들이 이 장에서 전하는 조언이 내부로부터의 관점에서 외부로부터의 관점으로 전환하는 데 도움을 줄 것이다. 좀 더 복잡한 형태의 리더십이지만 거기서 생기는 기회는 더 흥미롭고 강한 영향력을 낳을 것이다.

사고의 중심을 확장하기 위해 버려야 할 행동들

곰곰이 생각해보면 대다수 신임 임원들이 '나 중심적인 사고방식'을 극복해야 한다는 사실이 전혀 놀랍지 않다. 대개는 임원으로 승진할 때까지 오로지 주어진 목표 달성에만 초점을 맞춘다. 니소스의 스티브 스미스는 이렇게 말했다.

"임원의 차원으로 올라서려면 놀라운 집중력을 보여야 한다. (⋯) 사람은 자신의 일상 업무에 몰입하게 마련이다. 하급 직원일 때는 집행과 목표 달성에 집중하며 그것이 바람직한 일이다."

그러나 앞서 언급한 대로 임원이 되고 난 뒤에는 그런 업무 방식을 바꾸지 않으면 오래 버틸 수 없다. 승진에 관해 이야기하면서 스미스는 어떤 식으로 사고방식을 바꿔야 하는지 이렇게 설명했다.

"부사장 자리에 오르더라도 여전히 조직에서 자신의 위치가 어디고 자신의 팀이 어떻게 인식되는지에 신경을 써야 한다. 동시에 더 대국적인 관점에서 조직을 파악하고, 자신이 조직에 어떤 가치가 있는지 살펴야 한다."

임원의 차원으로 옮겨가면 회사는 업무의 초점을 자신과 자신의 기능에서 고위 경영진과 조직으로 옮기도록 요구하고 기대한다. 임원급 아래에서 잠재력 많은 리더였을 때는 좁은 책임 범위 안에서 일을 계획하고 성과를 올리도록 격려받고 그 결과에 보상받았을 것이다. 그러나 그런 좁은 범위의 목적은 성공적인 임원급 리더에게는 사치나 다름없다. 임원 차원에서는 조직 전체의 이익을 위해 종종 고유한 기능의 목표를 수정하거나 나아가 미루기까지 해야 한다. 캐피털 원의 수석부사장을 지낸 로라 올리는 신임 임원에게 필요한 변화를 고위 임원들이 어떻게 보는지에 관해 설명했다.

"신임 부사장이라면 자신의 개인적인 목표에 부합하지 않을지라도 회사를 위하는 일을 하리라는 기대를 받는다. 부사장이 되면 훨씬 더 많은 자기희생이 필요하다. 회사에서는 임원들이 팀을 이끈다. 그들이 프로젝트를 운영한다. 그들은 프로젝트 또는 팀이나 그룹을 중심으로 성과를 올리는 데 대단한 집중력을 발휘한다. (…) 자신의 실적에만 맞추던 초점을 회사 전체의 실적으로 옮기는 것은 대단한 도약이다. 부사장이 되기 전의 행동과 부사장에 오른 뒤의 행동은 달라져야 한다."

중간관리자로서는 높이 평가받았지만 임원이 된 다음에는 버려야 할 기능 중심적인 행동은 무엇일까?

자기중심적인 사고에서 벗어나라

전문 분야의 성공을 위해 자원을 비축하는 방식으로 업무를 해왔다면 이제부터는 성공적인 임원이 되기 위해 그런 행동을 중단해야 한다. 신임 임원은 자원을 비축함으로써 결과적으로 자기 주위에 장벽을 쌓아 올린다는 사실을 뒤늦게 인지하는 경우가 많다. 스티브 스미스는 이 문제를 이렇게 설명했다.

"신임 부사장이 저지르는 가장 큰 실수 중 하나는 너무 근시안적으로 생각하기 쉽다는 점이다. 그들은 자신과 팀의 가치 제안(value proposition)이 조직 전반에 어떻게 적용되는지 실제로 생각해보지 않고 규모나 예산의 관점에서 세력 기반 구축에만 초점을 맞춘다. 그들은 외향적이 아니라 내향적으로 초점을 맞추어 전체 조직 안에 하나의 배타적 공간을 구축하고 그 공간을 영속화하는 데 중점을 둔다."

8장에서 논했듯이 임원 차원에서의 권한과 영향력은 동료들과의 협력, 그리고 정보와 자원의 공유에서 비롯된다. 스티브 스미스는 이런 접근 방식을 2 + 2 = 4가 아닌 2 + 2 = 5가 되는 것이라고 묘사했다. '나 중심적인 사고방식'에서 '우리 중심의 사고방식'으로 전환할 때 바로 그런 시너지 효과가 생긴다.

작은 그림을 큰 그림으로 대체하라

자기 중심적인 사고를 갖는다면 조직의 거시적인 성공에 무엇이 중요한지를 보기 어렵다. 샐리 메이의 전 임원 조니 라이시는 유망한 리더들이 큰 그림을 간과하거나 무시했다가 실패하는 모습을 자주 목격했다.

그녀는 임원이 작은 그림에 사로잡혔음을 나타내는 행동들을 다음과 같이 예시했다.

- 자신의 팀을 지나치게 옹호한다.
- 다른 팀에 비협조적인 분위기를 조성한다.
- 팀의 실수나 문제의 책임을 회피한다.
- 거시적인 문제 해결에 동참하지 않는다.
- 핵심 인재를 두고 서로 끌어가려고 다툰다.

내가 코칭을 하는 동안 이 같은 행동을 바꿔 성공한 동료나 고객이 많다. 자주 뒤로 한 걸음 물러나 이렇게 자문하는 것도 나쁘지 않다. '내가 혹시 바로 이런 행동을 하지는 않는가?' 만일 그런 행동을 하고 있다면 자신의 우선 과제가 조직 전체의 거시적인 방향과 일치하는지 더 깊이 들여다봐야 한다.

팀을 위해 희생을 감수하라

앞서 지적했듯이 임원 차원에서는 더 큰 자기희생이 필요하다. 때로는 조직의 더 큰 목표를 위해 자신의 자원이나 핵심 인력 일부를 양보함으로써 '자신을 희생해야' 할 때도 있다. 로라 올리는 캐피털 원의 임원이었을 때 모든 부사장에게 희생을 기대했다.

"가장 믿고 의지하는 보배 같은 부하직원이라도 회사의 더 큰 이익을 위해 다른 부서에서 필요로 한다면 보내주어야 한다."

물론 자신이 보유한 핵심 인적자원을 매번 양보할 수는 없다. 그랬다가는 나중에는 껍데기만 남은 조직이 된다. 그러므로 자신의 목표와 조직의 목표 간에 균형점을 찾는 것이 중요하다.

다른 파트와 조화를 이루어라

한 임원은 자신의 역할을 오케스트라의 지휘자에 견주었다. 그 비유는 임원진의 성공적인 한 구성원이 된다는 사고를 바탕으로 한다는 면에서 적절하다. 경력이 쌓임에 따라 특정 '악기'를 다루는 데 능숙해지면 오케스트라에서 수석 또는 차석을 맡아달라는 요청을 받을 가능성이 크다. 하지만 첼로 연주 솜씨가 뛰어나다고 해서 다른 관악기나 타악기가 불필요해지는 것은 아니다. 오케스트라의 지휘자(회사의 CEO)는 개별 연주자가 다른 연주자들과 화음을 만들어내기를 기대한다. 마크 에프런은 컨설팅회사 휴잇 어소시에이츠에서 리더십 개발 훈련을 담당할 때 이를 임원들에게 공통된 발전의 기회로 삼았다.

"이들은 거의 평생 동안 개인적으로 뛰어난 기여를 해왔다. 덕분에 현재의 지위까지 오를 수 있었다. 하지만 더 자신의 역량을 키워야 한다. 그들이 얼마나 똑똑하든 또는 협상을 얼마나 효과적으로 잘하든 중요하지 않다. 자신의 업무에 연관된 다른 부서와 어떻게 조화를 이루는지를 이해해야 한다. 문제는 단순히 자기 앞의 파이 조각뿐 아니라 파이 전체를 키울 수 있느냐는 점이다. 그것은 근본적으로 다른 능력이기 때문에 대다수 사람들에게 매우 어려운 도전이다. '이것이 내가 잘하는 일'에서 '이것이 우리가 함께 업무를 처리하는 방식'으로 넘어가는 과정은 사람들이 가장 어려워하는 과도기다.”

 ‘우리’ 사고방식으로 성공적인 리더십을 발휘하려면 자신의 목표와 동료의 목표를 연결시키는 데 초점을 맞춰야 한다. 에이본의 도너 헐리가 말하는 이른바 ‘판매(selling)’에서 ‘유인(enrollment)’으로의 전환을 이루어야 한다. 임원의 임무는 아이디어의 판매가 아니라 아이디어에 사람들을 끌어들이는 것이다. 사람들은 다른 사람의 전략에 설득당하는 데 일정한 저항감을 갖는다. 유인으로 저항감을 주지 않으면서 사람들을 끌어들이고 동참시키면 세일즈맨 노릇을 할 필요가 없다.

주변을 돌아보라

 사람들을 성공적으로 끌어들이려면 자신의 시야부터 넓혀야 한다. 임원의 자리에 오르기까지 같은 회사 같은 부서에서 오래 일했을 경우에는 이것이 특히나 중요하다. 스티브 스미스가 앞서 말했듯이 이런 유형의 승진 패턴은 때때로 근시안적 사고를 유발한다. 컬럼비아가스트랜스미션의 전 CEO 캐시 애벗은 다수의 신임 임원들에게서 이 같은 역학관계를 목격했다. 그녀는 이렇게 말했다.

 “내부 승진한 경우, 특히 회사에 오래 근무해서 조직을 잘 안다고 생각하는 경우, 자신이 이해하는 조직은 일개인의 관점에 불과하다는 사실을 명심해야 한다. 진짜 필요한 일은 임원진 전체가 목표를 달성하기 위해 무엇이 필요하고 거기에서 자신이 어떤 역할을 해야 하는지 터득하는 것이다. 조직 전체의 성공을 위해 개인의 자원이나 주요 목표를 포기해야 할지도 모른다는 사고는 받아들이기가 매우 어렵다. 대개는 상식에 어긋난다고 생각한다. 그러나 그런 포기가 필요하다."

애벗의 말과 다른 임원 멘토들의 관점에 근거할 때 리더로서 좌우 그리고 대각선을 바라보는 것이 '나 중심적인 사고방식'의 극복에 왜 그렇게 중요한지를 알 수 있다. '우리 중심의 사고방식'으로 전환하려면 끊임없이 주위를 돌아보며 다른 사람들이 무엇을 하는지, 그들이 무엇을 필요로 하는지, 그들을 어떻게 도울 수 있는지를 살펴야 한다. 더 넓은 시야가 필요하다. 주위를 살펴보면 누가 자신을 도울 수 있고 어떻게 그들의 도움을 이끌어낼 수 있을지를 알아내는 데도 큰 도움이 된다.

'우리 중심의 사고' 전환은 어떻게 가능한가

에이본의 루시엔 알지아리는 '우리 중심의 사고방식'으로 전환이 필요한 이유를 "임원이라면 비즈니스가 첫째, 부서는 둘째라는 사고를 가져야 한다"는 말로 압축했다. 이어서 그는 이렇게 설명했다.

"비즈니스를 전체적으로 바라본 뒤 자신의 부서가 비즈니스를 어떻게 지원할 수 있는지 거꾸로 좁혀 들어가는 사고방식을 취해야 한다. 최상의 기능적 성과 달성이 비즈니스의 목표는 아니다. 비즈니스 전반을 지지하는 적절한 어젠다의 수립이 목표다."

이 말에는 임원에게 기대되는 기여를 하려면 자신을 단순히 기능적인 리더가 아니라 비즈니스의 리더로 봐야 한다는 사고가 깔려 있다. 그런 변화를 어떻게 이룰지에 관해서는 자신의 역할에 대한 큰 영향력 관점의 중요성을 다룬 10장에서 자세히 다룰 것이다. 그에 앞서 자신의 기능에 대한 내부로부터의 시각을 버리고 조직에 대한 외부로부터의 시각을 취하는 현 단계에서는 자신이 기여하는 부분의 성격을 제대로 인식하는 데 초점을 맞추어야 한다.

더 크게 생각하라

자신에게 요구되는 바를 어떻게 생각해야 하는지에 대한 가장 간단한 표현은 '더 크게 생각하라'이다. 더 이상 자신과 자신이 해야 할 일에만 초점을 맞춰서는 안 된다는 점을 명심하라. 그보다 더 큰 목표가 있기 때문이다. 동료와 상사는 신임 임원이 그런 점을 이해하기를 기대한다. 임원이 되면 전망과 시야를 넓혀야 한다.

맥커슨 프로세스 테크놀로지(MPT)의 빌 크리스토퍼의 이야기는 이와 관련하여 어떤 변화가 필요한지 그 실례를 보여준다. 그는 MPT의 고객 관리 담당 부장에서 부사장으로 승진했다. 그는 부장이었을 때의 역할을 이렇게 설명했다.

"내 고객이 전부였다. 사업부 전체 수입에서 그들이 차지하는 비중이 50% 선으로 상당히 컸다. 중요한 일이었다. 그래서 나는 그 일에만 집중했지 전체 사업부가 어떻게 돌아가는지는 신경 쓰지 않았다."

그러나 MPT의 임원이 되자 크리스토퍼는 초점을 넓혀야 한다는 사실을 깨달았다. 부사장으로서 회사 전체를 생각하고 행동해야 했다. 그는 그런 변화를 이렇게 설명했다.

"이제 나는 사업부가 보유한 능력 이상의 역할을 해야 했다. 회사 전체가 추구하는 목표를 우선으로 삼아야 했다. 우리는 거기에 어떤 기여를 하는가? 기본적으로 지출이나 전략적 방향에 관한 어떤 결정을 내릴 때마다 그것이 회사 전체적으로 어떤 영향을 미칠지에 관해 생각하려고 애썼다."

크리스토퍼의 시야가 확대됨에 따라 그의 지식과 사업적 안목도 그와 함께 성장하게 되었다. 비즈니스를 다루는 유능한 임원진의 일원이 되려면 크리스토퍼가 자신의 결정이 회사 전체에 어떤 영향을 미치는지 생각할 때 보여준 지적인 호기심이 필요하다. 자신이 내린 결정의 영향을 제대로 예상하고 파악하려면 회사의 주요 재무지표, 그리고 그런 지표에 영향을 미치는 변수들과 갈수록 친숙해져야 한다. 회사 전체의 중점 과제, 그리고 자신의 결정이 어떻게 그런 중점 과제와 연관되고 영향을 미치는지 이해해야 한다. 이것이 조직 전체의 리더로서 임원들에게 요구되는 외부로부터의 관점과 행동이다.

팀을 동참시켜라

당신이 비즈니스를 첫째, 기능을 둘째로 삼기 시작할 때 팀원이 그런 업무 방식의 배경을 이해하도록 도움을 주어야 한다. '관점 이전'이 그들의 이해를 촉진하는 데 중요한 역할을 할 수 있다. "조직 전체가 추진하는 일을 팀에 알리고, 조직 전체가 성공하려면 그들이 무엇을 해야 하는지 이해하도록 돕는 일이 임원의 역할 중 하나"라고 캐시 애벗이 말했다. 임원 차원의 관점을 팀원들에게 이전하면 업무가 합리적으로 시의적절하게 실행될 수 있다. 또 팀원들의 업무 수준이 한 단계 높아지는 데 필요한 정보를 제공함으로써 팀의 발전을 가속화할 수 있다.

현장 학습은 리더십의 관점을 확대하는 좋은 방법이다. 하루 날을 잡아서 조직 내 다른 부서의 동료나 고위 임원과 함께 보낸다. 그날 하루 동안 그 임원의 그림자가 되는 것이다. 부서회의에 참석하고, 브리핑을 듣고, 다른 부문의 책임자나 이사와 자리를 함께하고, 고객들을 만난다. 그날 멘토가 하는 일을 모두 지켜보며 배운다. 그러면 '우리' 관점에 관해 더 많이 배우게 되고 멘토와의 관계도 더 돈독하게 된다. 다른 기업이나 협력업체의 동료와 교대로 현장 학습을 실시하면 '그들'의 입장에서 보는 관점도 확대할 수 있다.

'관점 이전'을 통해 팀이 같은 관점을 갖도록 하는 방법은 여러 가지가 있다. 이 책을 읽으면서 이미 내가 개방형 답변을 요하는 질문의 신봉자라는 사실을 알아차렸을 것이다. 팀장들에게 "우리의 중점 과제가 회사 전반의 중점 과제와 어떤 점에서 일치된다고 생각하는가?" 또는 "회사의 경영 전략을 감안할 때 앞으로는 어떤 일을 해야 한다고 생각하는가?"와 같은 질문으로 대화를 시작하면 그들에게 깨달음을 주고 적절한 행동을 하도록 유도할 수 있다고 나는 믿는다. 또 다른 좋은 방법은 고위 경영진이 왜, 어떻게 그런 결정을 내렸는지를 팀과 공유하는 것이다.

나는 리더십 코치로서 고객의 부하직원들로부터 "우리 상사는 다른 부서 동료들이 접하지 못하는 정보와 관점을 우리에게 공유해준다"는 피드백을 접할 때가 가장 기쁘다. 그와 같은 정보 공유가 팀의 성과, 사기, 발전에 미치는 영향은 지대하다. 그것이 얼마나 효과적인지를 감안할 때 그런 말이 더 자주 들리지 않는 것이 안타깝다. 물론 임원으로서 알게 된 정보 중에는 임원 외에 다른 사람들이 알아서는 안 되는 것도 있게 마련이다. 리츠칼튼 컴퍼니의 수석부사장인 슈 스티븐슨은 이렇게 지적했다.

"팀원과의 관계가 원만하고 탄탄하면, 그리고 소통 능력이 뛰어나면 가능한 한 많은 정보를 공유하려는 욕구가 생긴다. 따라서 공유해도 되는 정보와 안 되는 정보 간에 균형을 잡아야 한다. 고위직으로 올라갈수록 비밀 정보가 더 많아진다. 그런 비밀유지 서약을 위반할 경우 회사가 위험해질 가능성도 있다. 따라서 균형을 잡기가 어려울 수 있다."

나는 그동안 팀원들에게, 많은 정보들을 공유하겠지만 특정한 정보는 공개하지 않는 것이 모두에게 이익이 될 때도 있다고 공개적으로 말해왔다. 그렇게 하는 편이 더 낫다는 사실을 오랜 경험을 통해 터득했기 때문이다.

'그들'을 생각하라

제이 마머는 자신의 직장생활에서 '나'와 '우리'를 넘어 '그들'로 관심의 폭을 넓혀야 한다고 느꼈던 순간을 생생하게 기억한다. 그는 제너럴일렉트릭의 전도유망한 관리자였다. 그가 크로톤빌센터의 리더십 개발 과정에 참석했을 때 잭 웰치 전 CEO가 강사로 나섰다.

"1980년대 이라크와 이란 간에 전쟁이 벌어질 때였다. 웰치는 중동에서의 동향, 그 지역의 군사력 증강, 그리고 그 지역의 환경과 관련된 다른 문제들을 주제로 강연을 했다. 나는 청중석에 앉아 '맙소사! 우리는 냉장고 만드는 법에 관해 이야기하는데, 이 사람은 뚱딴지같이 중동 사태를 거론하네'라고 생각했다. 하지만 그의 요지는 회사 경영자로서 신경을 써야 하는 일이 대단히 많다는 것이었다. 훨씬 더 폭넓은 사고를 가져야 한다는 사실을 그때 깨달았다."

◆ 데이터 포인트 ◆

'넥스트 레벨 리더 360도' 데이터베이스에서 고잠재력 리더들이 스스로 가장 낮게 평가한 행동 중의 하나는 '시장과의 관계를 유지하고 새로운 관점을 얻기 위해 외부 네트워크를 구축하는 것'이었다.

임원진의 한 사람으로서 '우리'에 너무 매몰되면 '그들'에 대해서는 간과하기 쉽다. 자신의 업무 방식에 푹 빠져서 환경 변화를 이해하지 못하거나 또는 그들을 믿지 못해 결국 비즈니스를 망치게 한 임원의 사례가 기업의 역사와 경영전략 서적에 넘쳐난다. 이 같은 현상을 일컬어 '자기 목욕물 마시기(drinking your own bathwater)' 또는 '자기가 만든 마약 복용하기(smoking your own dope)'라고 한다. 그만큼 외부로부터의 시각에서 조직 내부를 들여다보지 못하는 임원들이 많다는 뜻일 것이다.

신임 임원으로 당신은 새로운 목소리를 낼 수 있다. 동료들의 가정에 반론을 제기하고 더 폭넓게 주변을 둘러보도록 자극할 기회를 가질 수 있다. 동료들이 별로 호응하지 않더라도 수시로 '그들'에 관해 생각해야 한다. 그것이 자신, 팀, 그리고 회사에 대한 임원의 의무다. AOL 출신의 마크 스태비시는 임원들의 부족한 점에 대해 이렇게 말했다.

"그들은 자신의 조직에 충분히 반론을 제기하지 않는다. 전제가 옳은지 따져 묻지 않는다. 우리의 방향이 옳은가? 정말 바람직한 방법으로 일을 하는가? 그런 적극적인 문제 제기가 없다."

인터넷의 역사를 조금이라도 아는 사람이라면 AOL이 부침을 겪었다는 사실을 잘 알 것이다. 이 회사는 1990년대 전화선과 모뎀을 통한 접속을 통해 전 세계의 수많은 사람들에게 인터넷 세상을 열어주었다. 그러나 2000년대 들어 광대역 통신망이 널리 보급되기 시작하면서 위상을 재정립하는 데 어려움을 겪었다.

이러한 AOL의 이야기는 다음의 인터뷰 내용을 설명해주는 많은 사례들 가운데 하나다. 마이크로소프트의 CEO 스티브 볼머는 2007년 1월 〈뉴욕타임스〉와의 인터뷰에서 이렇게 말했다.

"기업의 진화 법칙 중 하나는 성공이 실패를 낳는다는 것이다. 기업이 과거에 성공했던 전술과 습관에 젖어 환경의 변화에 적응하지 못하는 경우가 허다하다(아무리 규모가 크고 수익성이 좋고 존경받는 기업이라도 마찬가지다)."

임원으로서 가장 중요한 역할 중 하나는 자신, 자신의 팀, 그리고 조직에 환경 변화에 적응하는 법을 가르치는 일이다. 이는 외부 환경에 있는 '그들'이 하는 일에 의도적이고 주기적으로 초점을 맞추는 일로부터 시작된다. '그들'이란 고객, 경쟁자, 규제당국, 모든 분야의 혁신가, 소비자 전체를 일컫는다. 그다음 단계는 '그들'이 보이는 행동의 의미에 대해 직원들이 대화하고 생각하도록 이끄는 일이다. 그런 점에서 우리 임원 멘토들이 추천하는 구체적인 방법들이 있다.

컨설팅업체인 캡제미니의 창업자 제임스 켈리는 미래에 대한 대규모 협력 브레인스토밍 회의를 적극 권장한다. 그는 이런 회의를 할 때 무엇이 중요한지를 다음과 같이 설명했다.

코칭 팁

: 네트워크 구축의 5단계

외부로부터의 관점을 갖기 위해 필요한 노하우와 혁신적 시각을 갖추려면 외부 네트워크를 구축해야 한다. 다음은 외부 네트워크를 구축하는 5단계다.

1. 직접적인 연관성을 부여한다. 단순히 네트워킹을 하려고 네트워크에 관심을 갖고 시간을 투자하는 사람은 많지 않다. 중요한 주제에 초점을 맞추어 자신과 그들에게 직접적인 연관성을 부여해야 한다.
2. 자신의 일을 명확하게 알린다. 자신이 하는 일을 정확하게 공표하여 무슨 일을 하는지 사람들이 쉽게 알도록 한다.
3. 요청한다. 분명하고도 이행하기 쉬운 요청으로 사람들이 도와주기 쉽도록 유도한다. 가령 이런 식이다. "새로운 위젯 기술을 도입하려는데, 이 분야의 전문가를 아시나요? 아신다면 우리에게 소개시켜주시겠어요?"
4. 제안한다. 다른 사람들이 하는 일에 진지한 관심을 보이고 그들에게 도움이 될 만한 제안의 기회를 찾는다.
5. 신뢰를 쌓는다. 계속 연락을 취하면서 1~4단계를 반복함으로써 관계를 유지한다.

"상의하달 식 임원위원회를 중심으로 모든 일이 이루어지지 않도록 해야 한다. '우리 10명이 이곳을 이끌어간다'는 인식을 피해야 한다는 말이다. 의도적으로 대화의 범위를 넓혀 더 많은 사람들을 끌어들여야 한다. 보다 개방적인 분위기를 조성하여 외부로부터의 시각에서 상황을 바라보도록 해야 한다. 이 같은 협력적 대화 분위기를 조성하는 데 3가지 중요한 고려사항이 있다.

첫째, 사람들이 골고루 섞여 상하 계층으로 구분되지 않도록 해야 한다. 의도적으로 상급자와 하급자를 섞어놓아야 한다. 둘째, 지역별로 편중되지 않아야 한다. 글로벌 조직의 경우에는 세계 각지의 사람들로 구성해야 한다. 셋째, 단순히 발표회가 되지 않도록 해야 한다. 의도적인 과정을 통해 경험과 통찰의 학습과 공유가 이루어져야 한다. 40명의 그룹 앞에 나가 파워포인트로 프레젠테이션을 하는 데 그쳐서는 안 된다. 그것은 시간 낭비이고 따분한 일이다."

휴렛팩커드의 글로벌 사회혁신 담당 부사장인 개브리얼 제들메이어도 그와 비슷한 방식을 취했다. 그녀는 이렇게 말했다.

"기회는 어쩌면 사내의 어떤 특정한 곳에 없을지 모른다. 더 큰 장소, 어쩌면 시장에 있을지도 모른다. 더 큰 그림을 볼 경우에만 발견되는 어떤 발전 같은 것일 수 있다."

제들메이어는 외부로부터의 관점으로 전체 조직을 이끌어나가려면 다양한 견해를 수렴하는 것이 중요하다는 확고한 신념을 갖고 있다. 그녀는 이렇게 요약했다.

"팀의 구성이 진정으로 다양해야만 팀이 원활히 돌아간다고 철석같이 믿는다. 단지 동등한 남녀 비율 등을 말하는 게 아니다. 나는 항상 젊은 사람들을 끌어들이려 한다. 독특한 경험과 색다른 배경을 지닌 사람들 말이다. 사람들의 생각이 같지 않기 때문에 때때로 토론이 약간 가열될 수 있다. 그러나 그야말로 유익한 토론에 필요한 요소다. 현실적인 외부 세계를 반영하기 때문이다. 세상은 그렇게 동질적이지 않다."

제들메이어의 설명이 시사하는 것처럼 동질적이지 않은 세계에서는 리더가 통상적인 관점을 뛰어넘어야 한다. 일례로 한때 나의 상사였던 캐시 애벗은 에너지업계의 혁신가이자 폭넓은 사고의 소유자로 알려졌다. 그녀는 모든 임원들에게 에너지업계뿐 아니라 어떤 업계든 관심을 갖고 새로운 아이디어를 찾기를 기대했다. 컬럼비아가스트랜스미션이 다시 높은 성과를 올릴 수 있도록 하는 새로운 아이디어 말이다. 이 책을 쓰기 위해 그녀를 다시 만났을 때도 그 점을 재차 강조했다.

"임원에게 주어진 일의 가장 큰 부분은 시장 상황으로 눈길을 돌려 기업의 외부를 살펴보면서 어떤 아이디어를 우리 조직에 도입해야 하고 어떤 다른 업무 방식이 필요한지 묻는 것이다."

이런 접근법이 성장과 혁신을 촉진한다. 그리고 새로운 경쟁 압력과 변화에 적응하는 데 필요한 역량을 키워준다.

조직 전체에 대한 외부로부터의 관점을 취하고 자신의 기능에만 초점을 맞추는 내부로부터의 관점을 버리면 더 높은 차원의 새로운 영역을 향해 한 걸음 더 전진할 수 있다. 물론 성공적인 임원이 되기 위해 필요한 개인의 변화 과정들과 마찬가지로 이 같은 사고 전환이 뭔가 이상하고 불편하게 느껴질 수 있다. 하지만 '나'에서 '우리'로 그리고 '그들'로 초점을 전환하면서 시야 확대에 따르는 결과를 확인하게 되면 안도감이 커질 것이다.

Summary

조직 전체에 대한 외부로부터의 관점을 취하고
자신의 역할에 대한 내부로부터의 관점을 버리는 10가지 비결

1   임원에게는 비즈니스가 첫째고, 부서가 둘째라는 사고방식이 기대
    된다는 점을 명심하라.

2   정보의 축적이나 자원 비축을 통해서가 아니라 협력을 통해 영향력
    을 확대하라.

3   전체의 이익을 위해 핵심 자원을 희생하거나 기여해야 할 때를 파
    악하라.

4   파이의 가장 큰 조각을 차지하려 하지 말고 파이의 크기를 키우는
    데 초점을 맞춰라.

5   임원들이 함께 무엇을 성취해야 하고, 거기에 어떻게 기여할 수 있
    는지를 파악하라.

6   자신의 목표가 조직 전체의 목표에 어떻게 영향을 미치는지 자문함
    으로써 생각의 폭을 넓혀라.

7   회사 전체의 주요 재무지표와 전략을 더 깊이 이해하도록 노력하라.

8   사내의 각급 팀원들과 동료를 대화에 참여시켜 시야를 넓혀라.

9   외부 환경에 촉각을 곤두세우고 수시로 자신의 판단과 업무 관행에
    의문을 제기하라.

10 외부 네트워크를 구축하여 시야를 넓혀라.

더 큰 게임을 하라 10

당신의 이름 뒤에 임원이라는 직함이 붙으면 사람들의 기대치가 달라진다. 상사, 동료, 부하, 사내 다른 모든 직원들, 고객, 그리고 아직 만나보지 못한 사람들 모두 당신과 관련된 이야깃거리를 만들어낸다. 당신이 무엇을 해야 하고 임원으로서 어떻게 행동해야 하는지를 두고 모든 사람들이 서로 다른 기대를 갖는다. 그들은 당신에게 자신의 기대를 투사한다. 그러면서도 입 밖으로 꺼내지 않기 때문에 정작 당신은 그런 변화를 모른다. 사실 임원으로 승진한 당신에 대한 스스로의 기대가 바뀌었다는 사실조차 인식하지 못하는 사람들도 많다. 여러모로 볼 때 당신에 대한 기대라기보다는 임원의 역할을 맡은 사람에 대한 기대라고 보는 편이 옳다. 좋든 싫든 임원의 직함을 달면 기대가 달라질 뿐 아니라 더 높아진다. 그들은 '당신 같은 사람'이 뭔가를 보여주기를 기대한다.

이번 월요일에 임원으로 승진했다면 지난주 금요일과 달라진 게 없다고 느낄지도 모른다. 그건 문제될 게 없다. 임원이 되었다고 해서 당신이라는 사람 자체가 달라지지 않았다는 생각은 결코 나쁘지 않다. 겸손한 태도를 유지하는 것은 좋은 일이다. 하지만 이제 자신에 대한 다른 사람들의 기대가 달라졌다는 사실에 익숙해져야 한다. 합당한 기대도 있고 비합리적인 기대도 있다. 하지만 논리와 감정이라는 두 영역 모두에 대처해야 한다. 임원급 리더에게 논리적으로 기대하는 특정한 일들이 있는가 하면, 감정적으로도 많은 기대를 투영할 수 있다. 희망과 두려움, 충성과 배반, 열광과 절망 등이 모두 드라마틱하지만 그 정도는 임원이 대처해야 하는 감정적인 역학의 몇몇 사례에 불과하다. 신임 임원에게 가장 위험한 일 중의 하나는 자신에게 쏟아지는 그런 기대들을 인식하지 못하는 것이다.

바히야 잘랄은 메드이뮨의 연구개발 담당 수석부사장으로 발령받았을 때 그런 기대를 깨닫기 시작했다. "그 수준에 오르면 자리에 따라서 목소리가 얼마나 커지는지를 깨닫는 데 약간의 시간이 걸린다. 무슨 말을 하든 훨씬 더 크게 증폭된다. 시간이 흐를수록 자신을 대하는 사람들의 행동을 통해 그런 점을 느낀다. 자신의 말이 더욱 큰 영향을 미친다. 따라서 임원으로서 조직원들에게 본보기가 되는 행동을 솔선수범해야 한다."

이러한 새로운 역학에 대처하는 요령의 학습이 이 장의 주제다. 당신은 임원이 되기 전과 여전히 똑같은 사람이라 할지라도 자신의 역할에 대해 더 큰 영향력 관점을 취해야 한다. 역으로 직원들의 레이더망에 잡히지 않고도 효과적으로 일할 수 있다는 생각은 버려야 한다. 자신의 역할에 대한 작은 영향력 관점을 버려야 한다. 임원으로서 갖게 되는 큰 영향력의 결과는 크게 2가지 형식으로 나타난다. 첫째, 전보다 조직 내 모든 이해관계자들의 눈에 훨씬 잘 띈다. 둘째, 눈에 더 잘 띄기 때문에 조직에 더 큰 영향을 미칠 것으로 기대된다. 이 장에서는 이 2가지 문제에 어떻게 대처해야 하는지를 살펴보려고 한다.

주목받는 '어항 속 임원'의 성공 전략

임원이 되면 전보다 더 많은 주목을 받게 된다. 먼저 그런 삶이 어떠한지를 보여주는 몇 가지 짤막한 사례부터 보자. 먼저 비즈니스가 아니라 공연계의 사례다. 초등학교 3학년 때부터 가깝게 지낸 죽마고우 중에 마이클 서베리스라는 친구가 있다. 그는 배우이자 뮤지션으로 크게 성공했다. 스티븐 손드하임 뮤지컬의 전문 배우다. 〈암살자들(The Assassins)〉에서 존 윌키스 부스를 연기해 토니상을 받았고, 〈스위니 토드(Sweeney Todd)〉 리바이벌 작품의 주인공으로 토니상 수상 후보로 지명되기도 했다. 마이클의 첫 번째 도약의 계기는 1980년대 후반에 찾아왔다. TV시리즈 〈페임(Fame)〉에서 영국 로커 이언 웨어 역에 캐스팅되었을 때였다. 당시 마이클과 나는 뉴욕에 살고 있었다.

어느 날 오후 함께 영화를 보러 갔을 때였다. 영화는 별로 기억나지 않지만 그 뒤에 일어난 일은 생생하게 기억한다. 나와 아내, 마이클 셋이서 영화관 앞의 보도를 걸어가고 있는데, 서너 명의 10대 소녀들이 우리와 반대 방향으로 지나갔다. 몇 초가 지났을까. 그들은 몸을 돌리더니 일제히 "이언! 이언!" 하며 소리쳐 불렀다. 마이클은 다소 당황했지만 〈페임〉에 캐스팅된 후로 이런 일을 많이 겪었다고 말했다. 우리는 생면부지의 사람들이 유명인이 된 자신을 알아보는 게 얼마나 이상한 일인지에 대해 이야기를 나눴다.

몇 년 뒤 나는 컬럼비아가스트랜스미션에 인사 담당 부사장으로 부임했을 때 비슷한 경험을 했다. 물론 TV에 록스타로 출연하는 것만큼 매력적이지는 않지만, 임원 자리도 그렇게 흔한 건 아니어서 그랬던 것 같다. 지역사회는 우리 회사에 관심이 많았고, 내 상사 캐시 애벗은 많은 인사 교체를 단행했다. 그 때문에 내가 입사했을 때 나를 둘러싼 소문이 무성했다. 출근 둘째 날, 놀랍게도 본사 로비에 내걸린 플래카드에서 내 사진을 발견했다. 회사 쇄신운동을 이끌던 사람들이 나를 임원급 '변화의 기수'로 지목해서 다른 혁신적 임원들과 함께 내 사진을 거기에 넣은 것이었다. 그들이 나에 관해 무엇을 아는지는 중요하지 않았다(그들 대부분이 나를 만나보기도 전이었다). 단지 내가 인사 담당 부사장이었기 때문에 변화의 전도사로 점찍었던 것이다. 그뿐이었다. 그리고 처음 몇 주 동안 본사의 복도를 걸어갈 때 사람들이 내 이름을 부르며 아는 체하는 바람에 다소 어리둥절했다. 나는 그들을 알아보기는커녕 이름도 몰랐다. 갑자기 사람들의 레이더에 잡히게 되었다는 사실이 거북하고 당황스러웠다. 10대 소녀들이 내 이름을 소리쳐 부르지는 않았지만, 그날 뉴욕에서 마이클이 어떻게 느꼈을지 어느 정도 감이 왔다. 기이한 느낌이었다.

내가 인터뷰한 임원 다수가 비슷한 경험을 했다고 말했다. 그중 한 사람인 로라 올리는 매리엇에서 직장생활을 시작했다. 그 뒤 모기지업체 프레디 맥으로 옮겼다가 나중에 캐피털 원에 들어갔다. 임원이 되었을 때 사람들이 자신의 행동을 열심히 주시하고 '분석하는' 걸 보고 크게 놀랐다고 그녀는 말했다. 사람들이 그녀의 언행에 보이는 관심이 훨씬 더 커졌기 때문이다. 캐서린 랭그러니도 파리에 있는 글로벌 시멘트회사 라파즈의 감사로 들어갔을 때 같은 경험을 했다. 그녀는 그 느낌을 이렇게 묘사했다.

"어항 속에 있는 기분이었다. 특히 사람들이 나와 다른 방식으로 일하고, 결정을 내리고, 그러면서도 나를 지켜보는 듯해서 그런 느낌이 들었는지 모른다. 여하튼 그들은 내가 하는 작은 말 한마디 한마디에 현미경을 들이대고 관찰했다."

'임원 어항' 속에서 활동하는 데 따르는 기회와 의미에 관해 좀 더 깊이 논해보자. 임원으로서의 영향력은 좋거나 나쁜 쪽으로 큰 여파를 미칠 수 있다. 이와 관련해서는 퇴역 장성인 스티브 리피가 내게 말해준 미군의 격언을 떠올리면 이해가 빠를 듯하다.

"깃대에 높이 올라갈수록 엉덩이가 더 많이 드러난다."

하지만 방법이 있다. 신임 임원인 당신이 조직 내 부하들을 대할 때 다음의 가시적인 전략을 이용하면 자신의 몸이 너무 많이 드러나지 않도록 할 수 있다.

외교관처럼 행동하라

임원이 되면 스프린트/넥스텔의 수석부사장 밥 존슨이 말하는 이른바 '문화대사'가 된다. 어떤 책임을 맡는지, 임원의 직함이 얼마나 부풀려졌는지는 중요하지 않다. 중요한 건 회사의 최고 경영진을 대표한다는 점이다. 따라서 외교관처럼 행동할 필요가 있다. 좋은 외교관은 항상 말하기 전에 생각을 한다. 자신의 말이 어떤 영향을 미칠지 예상하고 소기의 성과를 거두도록 발언 수위를 조정한다. 임원에게도 그런 자세가 필요하다. 임원은 조직에서의 높은 역할만큼이나 그의 말이 큰 영향을 미친다. 임원이 하는 말이 조직의 사기에 엄청난 영향을 미칠 수 있다는 사실을 명심해야 한다.

유머를 자제하라

임원이 조직의 사기와 생산성을 떨어뜨리는 확실한 방법 중 하나는 감원, 구조조정, 보수와 수당, 실적 목표 같은 민감한 사안에 관해 조심성 없이 말하는 것이다. 이 때문에 나를 포함한 많은 임원들이 뼈아픈 경험을 했다. 심지어 유머조차도 조심하지 않으면 안 된다는 사실을 교훈으로 받아들여야 했다.

내가 인터뷰한 한 임원도 임기 초반에 그런 교훈을 깨달았다고 털어놓았다. 회사에서 구조조정이 계획되었을 때 그는 책임자 교체는 있지만 감원은 없다는 것을 알고 있었으면서도 직원들에게 일자리가 보존될지 알려주겠다고 아무 생각 없이 말했다. 당연히 직원들은 그의 말에 잔뜩 겁을 집어먹었다. 그나마 다행히도 이 임원은 조기에 그와 같은 사실을 알게 되었고, 따로 직원들을 찾아가 해명할 수 있었다.

말할 필요도 없이 피고용자 입장에서는 고용 안정에 관한 농담이 재미있을 리 없다. 조직의 아랫사람들은 임원에게 인사권이 있다는 사실을 늘 인식한다. 그런 점을 간과하는 임원이 많다는 사실이 놀라울 따름이다. 고용 안정에 관한 농담은 아무리 가볍거나 악의가 없다고 하더라도 전혀 웃기지 않는다는 점을 늘 명심해야 한다.

단지 임원의 말이라는 이유로 농담을 던지는 당사자는 생각조차 하지 않았던 의미를 사람들이 찾아낼 가능성도 있다. 바히야 잘랄이 수석부사장으로 승진하고 나서 불과 며칠 뒤 그런 일이 일어났다. 그녀는 이렇게 말했다.

"오랫동안 함께 일해온 사람들과 회의를 하던 중이었다. 한동안 얼굴을 보지 못한 사업개발 담당자에게 농담을 던졌다. 그냥 '아직 이 회사에서 일하느냐? 요즘 통 보이지 않던데. 어디서 일하느냐?'고 했다. 그때는 모두가 웃고 농담하며 즐거워했다. 그런데 회의가 끝나고 사람들이 돌아간 뒤 그가 나를 찾아와 말했다.

'저한테 하고 싶은 말씀이 있으신가요? 제가 무엇을 잘못했나요?'

나는 어안이 벙벙했다. 우리가 항상 즐겨 하던 농담이었으니까. 그래서 '아니, 그냥 농담이었어요. 평소 하던 대로 그저 긁려준 거라고요'라고 대답했다. 그러자 그가 말했다.

'그래도 연구개발 총책임자가 그런 말을 할 때는…'

그는 '당신'이라고 하지 않고 '연구개발 총책임자'라고 말했다.

'나는 주의 깊게 새겨들어야 하니까요.'

내게는 망치로 머리를 얻어맞은 듯한 충격이었다."

사실 이와 같은 일들은 기업들에서 매일같이 일어날 수 있다. 별 뜻 없이 한 말임에도 갑자기 달라진 힘의 역학 때문에 생각지 않은 무게가 실려 불필요한 오해를 불러일으키는 것이다. 이런 문제를 피하려면 말하기 전에 듣는 사람의 입장을 감안해야 한다. '내가 듣는 사람의 입장이라면 이 말에 어떻게 반응하거나 생각할까?'라고 자문해야 한다.

말하기 전에 생각하라

일부 임원이 갖고 있는 또 다른 나쁜 습관은 상급자와 하급자가 뒤섞여 있는 자리에서 '자신의 생각을 있는 그대로 발설하는' 일이다.

몇 년 전 어떤 회사의 한 부서를 한동안 지켜본 일이 있었다. 수석부사장이 새로운 비즈니스 환경에 대처하기 위한 다양한 구조조정 방안을 두고 고민 중이었다. 그런데 그는 앞에 누가 있든 상관없이 그때그때 자신의 구상을 입 밖으로 꺼내곤 했다. 그의 시나리오에는 대부분 감원이 포함되었다. 뻔한 일이지만 그럴 때마다 부서 내에 온갖 억측과 흉흉한 소문이 난무했다. 상황이 진정된다 싶으면 그가 또다시 '새로운 구상'을 이야기해 혼란을 야기하곤 했다. 이 부서는 그렇게 1년 동안 소모적인 혼란 속에서 지내야 했고, 결국 구조조정은 없었다.

이 임원은 갖가지 가능성에 관한 생각을 마구 발설하면서도 그것이 조직에 미칠 피해는 인식하지 못하는 사람이었다. 짐작하건대 정서적인 공감 능력이 부족한 데다 지나친 자만심에 빠진 탓으로 보인다. 결과적으로 직원들은 진짜 해야 할 일에 집중하지 못하고 계속 다른 데 정신을 팔았다.

◆ 데이터 포인트 ◆

'넥스트 레벨 리더 360도' 데이터베이스에서 부하직원들의 상사 평가에서 가장 점수가 낮게 나온 사항은 '자신의 발언이 조직의 사기에 미치는 영향을 이해하고 적절한 선택을 한다'였다.

회의 중 임원이 무심코 내뱉은 말에 충성스러운 부하직원들이 즉각 반응하여 의도하지 않은 결과가 초래된 사례도 있다. 최근에 〈포천〉의 500대 기업 한 곳에서 일하는 친구와 이야기를 나눈 적이 있다. 그에 따르면 몇 년 전 그의 회사 CEO가 내부 리더십 컨퍼런스에서 강연하는 도중 'A기업' 같은 곳에서 일부 인재를 영입하고 싶다고 말했다고 한다. 그리고 6개월 뒤 그의 회사는 A기업 출신의 신임 관리자들로 넘쳐나게 되었다. 리더십 컨퍼런스에서 CEO가 그 관리자들을 스카우트하라는 공식 지시가 없었는데도 말이다. 의욕적인 임원들이 A기업의 인재들을 영입했으면 좋겠다는 CEO의 말을 새겨듣고 과잉 반응을 한 결과였다. CEO의 뜻이라고 생각하고 즉시 행동에 착수했던 것이다. 한 곳에서 한꺼번에 많은 관리자들이 유입됨으로써 친구 회사는 한동안 업무처리 방식을 놓고 전에 없던 곤란을 겪어야만 했다.

임원이 되면 '무엇을 바랄지도 신중하게 생각해야 한다(특히 그것을 사람들에게 말할 때)'는 격언을 반드시 유념해야 한다.

대화에서 상대가 말할 여지를 남겨둬라

임원이 대화할 때 조심할 것은 또 있다. 바로 자신의 관점을 지나치게 강요함으로써 상대에게 의견을 개진할 여지를 남겨주지 않는 것이다. 동료와 논쟁할 때는 자신의 주장을 내세워도 문제가 되지 않는다. 하지만 부하직원과 대화를 통해 여러 대안에 대한 개방적인 토론을 하고 싶다면 대화를 독점하지 않도록 주의해야 한다. 자신은 활기찬 대화를 한다고 생각할지 모르지만 부하직원들은 임원이 자신의 뜻을 강요한다고 받아들일 가능성이 크다.

최근 한 신임 임원을 코칭했다. 그는 직장생활을 해오는 동안 다양한 잠재적 해결책에 관한 논쟁을 대단히 애용했다. 그런 토론을 하고 나면 더 나은 결과를 낳았기 때문에 그에게나 회사에 모두 유익할 수 있었다. 하지만 일단 임원이 되자 그 방식이 해결책 마련에 오히려 방해가 되는 경향이 나타났다. 임원과 논쟁을 벌였다가는 자리가 위태로워질 수 있다고 생각한 부하직원들이 몸을 사렸기 때문이다. 논쟁이 잘될 리 없었다. 그런데도 임원은 임원이 됨으로 해서 논쟁의 과정과 결과가 더 일방적이 되었다는 사실을 알아채지 못했다. 다행히 부하직원들의 피드백을 통해 그런 사실을 확인할 수 있었고, 덕분에 그는 조직 내에서 더 커진 영향력을 의식하여 약간 더 물러서 있어야 한다는 사실을 깨달았다.

피드백을 장려하라

피드백의 문이 열려 있음을 보여주는 한 가지 방법은 피드백을 요청하는 것이다. 임원은 직원들이 어떤 생각을 하고 무엇에 관심이 있는지 피드백을 받을 기회와 책임이 함께 주어진다.

에너지기업의 임원 시절에 내가 했던 가장 유용하고 보람 있는 일 중의 하나는 비공식적인 현장 방문과 대화였다. 컬럼비아가스트랜스미션은 전통적으로 지휘와 통제의 문화를 갖고 있었기 때문에 직원들은 임원이 현장을 직접 방문해서 일이 어떻게 진행되는지, 사람들이 무슨 생각을 하는지 묻는 상황을 낯설어 했다.

뉴욕에서 루이지애나에 이르기까지 가스 압축기지와 지구출장소를 돌아다닌 첫 해에 직원들로부터 입사 이래 인사 담당 부사장을 처음 대면한다는 말을 들었다. 그리고 동료 임원들과 함께 파이프라인을 돌아본 2년 동안, 직원들이 우리를 신뢰할 만한 사람들로 판단하는 데 어느 정도 시간과 요령이 필요하다는 사실을 확인하게 되었다. 우리는 질문을 던지고 답변을 귀 기울여 들으며 진심으로 그들에게 다가갔다. 정말로 어려운 질문에도 기꺼이 대답하려는 의지를 보여주었다. 그러면서 컬럼비아가스트랜스미션의 업무 방식이 조금씩 바뀌기 시작했다. 내 방 앞에서 직원들의 불평을 들은 적도 있었다. 임원들이 어떤 멍청한 짓을 하는지에 관한 내용이었다. 직원들이 불만을 제기하는 모습을 지켜보는 일이 썩 유쾌하지는 않았지만 그럼으로써 직원들이 회사에 기여하는 방식에 대해 우리 경영진이 새로운 기대를 갖고 접근한다는 자세를 보여줄 수 있었다.

우리 회사의 전통적인 업무 방식은 상사가 직원들에게 "여기서부터 저기까지 땅을 판 뒤 보고하면 다음 할 일을 말해주겠다"고 지시하는 식이었다. 그런 회사에서 직원들의 말을 경청하는 임원의 모습은 직원들에게 물리적인 힘뿐 아니라 두뇌로도 회사에 기여하기를 바란다는 메시지로 받아들여졌다.

눈에 띄어라

임원이 모든 직원들의 눈에 띄고 함께 어울림으로써 조직에 미칠 수 있는 영향을 과소평가해서는 안 된다. SNS를 비롯한 정보통신 기술의 폭발적인 성장으로 외부의 이해관계자들과도 360도 전방위 대화를 하기가 어느 때보다 쉬워졌다. 하지만 여기에만 얽매여서는 안 된다. 효과 측면에서 '현장에 있는 것'보다 좋은 방법은 없다.

임원은 리더의 역할을 수행해야 하는 존재로 사람들은 그의 생각을 듣고 어떤 인물인지를 알고 싶어 한다. 조직의 모든 사람들을 만날 수는 없겠지만 신중하고도 전략적으로 자신의 존재를 드러낸다면 현장 실무자들과의 상호작용으로부터 상당히 긍정적인 파급 효과를 낼 수 있다.

스프린트/넥스텔의 밥 존슨은 임원들이 자신의 영향력을 이용해 긍정적인 메시지를 보내는 것이 중요하다고 말했다. 그는 동료와 자신이 어떻게 지리적 한계를 뛰어넘어 문화대사 역할을 했는지에 관해 이렇게 묘사했다.

"우리는 지리적으로 광범위한 지역에서 사업부를 운영했다. 임원이 직원들에게 존재를 드러내는 일은 절대적으로 중요하다. 사장이나 최고운영책임자가 등장하는 웹방송을 내보내거나 그들의 서명이 담긴 대중적 커뮤니케이션 도구를 이메일로 배포하는 방법도 있다. 하지만 임원은 직원들이 정기적으로 대면하는 최고 선임자다. 현장에서 모습을 보이고 기꺼이 피드백을 받아야 한다. 직원들은 임원의 자기 변론을 듣고 싶어 하지 않는다. 그들은 오로지 임원이 피드백을 장려하고 진정으로 경청하고 수용하기를 바란다. 그러면 그들은 설사 아무런 조치가 취해지지 않더라도 임원이 귀를 기울였다고 느낀다. 물론 그들의 말을 듣고 조치를 취하는 것이 가장 이상적이다."

기회 있을 때마다 현장에 나가 직원들과 대화하고 어울리는 것이 모든 임원들이 구축하려는 조직 문화를 형성하는 가장 효과적인 방법이다. 휴렛팩커드의 제들메이어는 한 임원이 어떻게 효과적인 방법으로 그 일을 해냈는지 다음과 같이 설명했다.

"고위 임원들에게는 그들을 사람들로부터 멀어지게 하는 요소들이 많다. 그들은 사내를 돌아다니지 않는다. 직원들과 어울리지도 않는다. 그것이 임원이 범할 수 있는 가장 큰 실수 중 하나다. 임원이 자세를 바꾸어 현장으로 나가서 직원들과 마주 앉을 때 매우 발전적인 이야기를 들을 수 있다.

독일 사업부에서 아주 좋은 사례가 있었다. 그곳은 직원이 1만 명에 달했다. 그 자체로도 하나의 대기업이었다. 독일 임원은 이렇게 말했다.

'내가 이 화려한 집무실에 박혀 있고 다른 모든 사람들이 나와 어떻게 소통할지를 모른다면, 조직의 바탕이 무엇이고 사람들이 무엇을 생각하는지 내가 어떻게 알 수 있겠는가?'

그래서 그는 사내를 돌아다니며 몇 달에 한 번씩 책상 자리를 바꿨다. 그러자 직원들이 무엇을 하는지 이해하게 되었다. 그는 사람들에게 다가갔을 뿐 아니라 직원들을 이해하고 대화하려는 노력을 했다. 그러자 그들이 그에게 다가갔다."

리더가 긍정적인 영향을 미칠 수 있는 기회는 상상력을 발휘하고 의식적으로 노력하는 만큼 커진다. 자신에게 주어진 리더십을 발휘할 사람은 자신뿐이다. 리더의 역할을 최대한 전략적으로 활용해서 회사가 성장해 나가도록 해야 한다.

임원들의 주도권 싸움에 대처하는 법

〈동물의 왕국〉을 보면 치열하게 영역 다툼을 벌이는 야생동물들의 모습이 나온다. 두 마리 숫양이 머리가 깨질 때까지 박치기를 하거나 하마 두 마리가 서로 진흙탕을 차지하려고 결투를 벌인다. 회사에서도 그와 같은 일이 벌어질 때가 있다. 특히 임원으로서의 영향력이 커지면서 회사가 종종 〈동물의 왕국〉의 현실 버전처럼 느껴지는 경우가 있다. 이럴 때는 더 높은 차원의 미지의 영역을 헤쳐나가기가 어려울 수밖에 없다. 어떻게 해야 할까?

자신의 길을 선택하라

임원진 내부에서 주도권 싸움이 자주 벌어진다. 그래서 임원이 되면 선택을 해야 한다. 하나의 길은 주도권 싸움을 승자와 패자가 뚜렷하게 갈리는 제로섬 게임으로 접근하는 것이다. 그 길을 선택하면 스트레스와 불신으로 가득할 것이고, 장기적으로 별 성과가 없는 직장생활을 각오하라는 말 외에는 달리 해줄 조언이 없다. 그런데도 이 길로 가는 임원들이 적지 않다. 하지만 그들 대다수가 결국에는 패하고 만다. 불교에서는 그것을 '업보(karma)'라고 하고, 《성경》에서는 '뿌린 대로 거둔다'고 말한다. 나는 이를 '자업자득'이라고 여긴다. 자신이 상대를 어떻게 대하느냐에 따라 장기적으로 자신이 어떤 대접을 받느냐가 결정된다.

또 다른 길은 조직을 이끌어가면서 좌우를 살펴보는 습관으로부터 시작된다. 동료들을 알고, 신뢰를 쌓고, 신임을 얻고, 팀원들과 협력하려는 노력이 다른 실력자와 성공적으로 일하는 법을 터득하는 발판이다. 물론 협력적인 접근법이 언제나 호의적인 반응을 얻어내는 것은 아니다. 그렇더라도 자신이 선택한 길을 꾸준히 걸어가야 한다. 만만한 봉이 되어서도 안 되지만, 강경하거나 공세적인 입장을 취할 때에도 그 상황에 감정적이 아니라 전략적으로 대응해야 한다. 그런 식으로 하면 자신감도 생기고 장기적으로 더 많은 성과를 얻게 된다.

옳은 길보다는 효과적인 길을 선택하라

영향력이 큰 동료들과 협력관계를 구축할 때 신임 임원이 뛰어넘어야 하는 가장 일반적인 장벽 중 하나는 '내가 옳다' 증후군이다. 동료 임원들은 거의 대부분 어떤 특정 분야의 전문가다. 옳은 결정으로 많은 실적을 올린 사람들이다. 그 덕분에 파티에 초대받은 것이다. 하지만 거기까지다. 자기가 옳았던 과거의 기억은 버려야 한다. 상위 20대 기업의 리더십 개발과 관련된 조사를 이끌었던 휴잇 어소시에이츠의 마크 에프런은 그 이유를 다음과 같이 설명했다.

"개인 능력으로 평가받다가 임원의 역할로 전환할 때 극복해야 할 어려운 과제가 있다. 자신이 옳다는 사실이 항상 중요한 것은 아니라는 점을 깨달아야 한다는 것이다. 자신의 말이 옳을 수도 있지만, 사람들은 그런 말을 듣는 데 염증을 느낄 수도 있다. 옳은 해결책 역시 그렇다. 대다수 임원들이 자신의 선택에 비교적 만족해하며 문제를 해결해왔지만, 이제부터는 개인의 탁월한 능력보다 대다수 임원들의 합의가 더 중요하다는 점을 인식하는 데서 올바른 선택을 할 수 있다. 매우 어려운 일이다. 그들 중 다수가 오랫동안 옳은 결정을 하며 성공가도를 달려왔기 때문이다. 당신은 주식 종목을 정확하게 분석하고, 올바른 화합물을 만들어내고, 자신의 전문 분야에서 뛰어난 능력을 증명하는 데 필요한 일을 해냈다. 하지만 임원으로서 자신이 왜 옳은지에 관해 원칙론을 고수하거나 지나치게 자기주장을 내세우면 아무런 소득도 얻지 못한다."

'내가 옳다' 증후군과 밀접하게 관련된 증상으로 이른바 '우등생병'이 있다. 초등학교 때부터 대학 시절까지 항상 모든 문제의 정답을 맞히고 그 사실을 선생님과 친구들에게 알리려고 했던 친구가 주변에 한 명쯤 있었을 것이다. 하지만 친구들은 대개 우등생을 좋아하지 않는다. 임원진도 마찬가지다. 자신의 답이 항상 유일한 최상의 답이어야 한다고 주장한다면 결국에는 공격적이고 오만한 사람으로 여겨지기 쉽다. 결국에는 상대하기 어렵고 거시적인 안목이 부족한 사람이라는 낙인이 찍힐 수 있다.

임원들 모두는 저마다 큰 영향력을 갖고 있다. 게다가 똑똑하고 유능하다. 그런 임원 동료들에게 자신이 얼마나 똑똑한지를 보여주는 데 시간을 낭비해서는 안 된다. 오히려 그들의 자존심을 살려주고, 팀의 힘을 결집해서 확실한 결과를 이끌어내는 데 힘을 쏟아야 한다. 이것이 바로 당신이 선택해야 할 효과적인 길이다.

성공하는 임원들의 메시지·이미지 관리법

로저 에일스는 폭스뉴스 회장이 되기 전에 대단히 성공적인 정치 컨설턴트이자 TV뉴스 프로듀서였다. 한창 때 《당신이 바로 메시지(You Are the Message)》라는 근사한 제목의 흥미로운 책을 한 권 써내기도 했다. 우리가 주목할 것은 제목의 바탕에 깔린 철학이다. 임원으로서 영향력이 커질수록 더 많은 사람들에게 메시지가 전파된다는 것이다. 메시지의 대부분은 회사 내부 사람들에게로 향하지만, 외부 사람들이나 기관으로 전달되는 경우도 많다. 따라서 신경을 많이 써야 한다.

재차 강조하지만 임원 직함을 달면 자신이 속한 조직과 문화의 대사가 된다. 임원의 처신이 그대로 회사의 이미지로 연결되고, 행동 하나하나가 회사의 메시지가 된다. 항상 자신이 전하는 메시지에 기초해서 회사에 대한 외부 사람들의 이미지가 형성된다고 생각해야 한다.

그러면 이 문제와 관련하여 무엇을 해야 하고 무엇을 하지 말아야 할까? 나와 임원 멘토들의 경험을 바탕으로 그 답을 알아보자.

조직을 대변하라

나는 직장생활 초기에 메시지 관리의 중요성을 절감했다. 월스트리트 금융회사에서 얼마 동안 근무한 뒤 고향인 웨스트버지니아로 돌아가 주

정부 경제개발국의 조사전략기획 책임자로 일했다. 어느 날 아침 모 주립대학이 후원하는 경제개발 세미나에서 소집단을 대상으로 강연을 할 예정이었다. 그날 아침 〈월스트리트저널〉 1면에 웨스트버니지아를 비판하는 기사가 실렸다. 기사에는 사실과 다른 내용이 많았다. 나는 부당하고 비열한 공격이라고 생각했다. 강연을 시작하면서 그 기사를 언급했다. 분노를 나타내며 내 생각을 말했다. 그런 다음 준비한 내용으로 넘어갔다. 그리고 다음 날 아침, 지역 신문의 1면을 보고 깜짝 놀랐다. 주정부 경제개발국의 한 당국자(바로 나였다!)가 전날 강연에서 〈월스트리트저널〉을 정면으로 비판했다는 기사가 실려 있었다. 몇몇 기자가 신분을 밝히지 않은 채 내 세미나에 참석했던 모양이었다. 만약 내가 정치인이었다면 고위 인사의 허락 없이 조직을 대변해서는 안 된다는 사실을 인식하고 있었을 것이다. 이제 나는 주제넘은 발언을 한 죄로 해고당할 위기에 처했다. 다른 일자리를 찾아 부랴부랴 시나리오를 구상해야 할지도 몰랐다. 그런데 다행히 내 상사와 그의 상사(주지사)가 좋게 봐주었다. 나는 거기서 소중한 교훈을 얻었다. 그 뒤로는 한 조직이 부여한 타이틀을 달고 있을 때는 언제나 그 조직의 대표자일 수 있다는 사실을 인식하며 행동하게 되었다.

이와 같은 역학관계는 언론매체뿐 아니라 온라인에도 있을 수 있다. 블로그, 유튜브, 동영상카메라가 딸린 스마트폰의 시대이므로 말 한마디만 까딱 잘못해도 금세 퍼져나간다. 따라서 자신의 언행이 언제라도 〈월스트리트저널〉 1면에 실릴지 모른다는 생각으로 자신과 조직의 입장을 대변하는 자세를 취하는 것이 중요하다. 그런 자세라면 원치 않는 일로 구글 검색어 순위에 이름이 올라갈 일은 없을 것이다.

이 책을 쓰려고 임원들과 인터뷰를 하면서 공적인 자리에서 자신과 회사의 이미지를 보호하려고 얼마나 신경을 쓰는지를 물었다. 이미지는 주말에 가족과 함께 쇼핑하러 가거나 회사에서 파티를 주최하는 등 온갖 다양한 상황에서 얼마든지 다르게 만들어질 수 있다. 내가 인터뷰한 임원들은 "어떤 메시지를 전하고 싶은가?", "어떤 인상을 주고 싶은가?" 같은 질문을 스스로 한다고 말했다. 자신의 실제 모습과 다른 메시지를 전하려 한다는 의미가 아니다. 자신과 회사의 가장 좋은 모습과 일치하는 메시지를 의도적으로 내보이려 한다는 뜻이다.

다음은 한 글로벌 기업의 북미사업부에 근무하는 고위 임원의 이야기다. 그는 공적인 자리에서 자신을 어떻게 관리하는지에 대해 이렇게 설명했다.

"나는 재미를 추구하기 때문에 내게는 이미지 관리가 어려운 일이다. 그래서 재미를 좇을 때 항상 조심하게 된다. 가령 10년 전에 괜찮았던 일도 지금은 입방아에 오를 수 있다. 나는 파티를 즐긴다. 내 딸은 미시간에 있지만 내가 파티에서 무슨 행동을 하는지 정확히 알고 있다. 사람들이 파티에서 사진을 찍기 때문이다. 그 사진들은 곧바로 페이스북에 올라간다. 따라서 내가 파티에서 무엇을 했는지 딸아이가 금세 알게 된다. 카메라렌즈가 항상 우리를 향해 있다. 배우와 정치인, 그리고 그들이 치러야 하는 유명세를 생각해보자. 일부는 대단히 좋은 이미지를 남기는 반면, 좋지 않은 인상을 주는 사람들도 많다. 권한에는 책임이 따른다. 회사의 대표이거나 자신의 브랜드를 가진 배우라면 그 점을 이해하고 민감하게 신경을 써야 한다."

그렇다면 재미를 추구하면서도 리더로서 하지 않았으면 좋았을 언행을 하는 동영상이 유튜브에 오르지 않게 하려면 어떻게 해야 할까? 자신이 파티를 주최하는 입장이라면 입구에서 모든 참석자들의 몸을 수색해서 디지털 기기를 압수할 수도 있을 것이다. 하지만 그리 실용적인 방법은 아니다. 차라리 따분하게 행동해서 누군가가 이를 카메라에 담아 온라인에 올리더라도 구설에 오르지 않도록 하는 게 상책일 듯하다. 그러면 파티를 살리는 분위기 메이커는 되지 못하더라도 편안하게 시간을 보내면서 페이스북이나 유튜브에 오르는 위험도 덜 수 있을 것이다.

어울리는 차림을 하라

외모와 옷차림은 종종 간과되는 메시지 관리의 한 측면이다. 내가 보기에는 '금요일의 캐주얼 복장' 시대가 막을 내리거나 적어도 고급스럽게 재정의되는 것 같다. 정장 차림을 요구하지 않는 회사에서도 리더의 외모에 대한 기준은 여전히 높은 편이다. 나는 젊은 임원 고객들이 더 효과적인 리더가 되기 위해 무엇이 필요한지에 관한 피드백 조사를 실시하는데, 그때마다 '대학생 같은 옷차림은 이제 그만두라고 하라'는 반응을 자주 접한다.

경험에 비추어 볼 때 다른 임원들의 옷차림과 관련된 유용한 지침은 자신의 직속상사를 그대로 따라 하는 것이다. 그들이 재킷과 맞춤 바지 또는 스커트를 착용한다면 자신도 그런 옷차림을 따르는 편이 좋다. 또 고객들의 옷차림에 신경을 써서 그들의 스타일에 어울리는 차림으로 예의를 갖추는 일도 중요하다. 내가 아는 사람 중에 정부의 고위 인사들을 많이 상대하는 회사의 임원이 있었다. 그 임원은 캐주얼한 플란넬 셔츠와 팔꿈치에 헝겊을 덧댄 코르덴 재킷 차림을 좋아했다. 반면에 그가 만나는 정부 인사들은 보수적인 정장과 와이셔츠를 착용했다. 그의 동료들에 따르면 그가 똑똑하긴 하지만 옷차림 때문에 고객들의 신임을 잃었다고 한다.

옷차림으로 사람을 판단해서는 안 된다고 반론하는 사람이 있을지 모른다. 그 말이 맞을 수도 있다. 하지만 나는 기회 있을 때마다 이상과 현실 간의 괴리를 잊지 말아야 한다고 고객들에게 상기시킨다. 현실적으로는 대다수 사람들이 의식적으로든 무의식적으로든 외모를 중시한다. 최근에 한 영업 담당 임원은 팀원들에게 고객들을 만날 때 정장을 입도록 장려하기 시작했다고 말했다. 미식축구 선수가 경기에 출전할 때 유니폼을 착용하는 것과 마찬가지라는 이유였다.

임원이 되면 영향력이 커짐에 따라 항상 새로운 이미지에 대한 기대가 생긴다. 그런 기대를 이해하고 부응하려고 노력해야 한다. 그래야 자신이 전달하려는 메시지에도 관심이 집중될 가능성이 높아진다.

전화기를 내려놓고 일에 집중하라

메시지를 전달하는 임원들이 제거해야 할 방해 요소가 또 하나 있다. 함께 회의하는 사람들의 집중력을 흩뜨리는 휴대기기다. 회의를 할 때는 블랙베리, 아이폰, 노트북 등 멀티태스킹용 휴대기기를 모두 손에서 내려놓자.

임원이 되면 당신은 무대 위에 서는 배우라는 점을 명심할 필요가 있다. 사람들은 임원을 지켜보며 그가 누구에게 그리고 무엇에 얼마나 관심을 갖는지 알아내려 한다. 어떤 직급의 사람에게든 충분한 대화 시간과 관심을 주지 않는 것은 그를 존중하지 않는다는 신호로 읽혀진다.

회의 때 이메일 확인이나 스프레드시트 작업을 하던 습관을 버리고 나서 보다 임원다운 모습을 보여주는 이들이 적지 않다. 주로 혼자서 실적을 올리던 개인 플레이어의 단계를 뛰어넘어 조직 플레이어로서의 면모를 보이기 시작한 것이다. 회의 때 끊임없이 스마트폰을 만지작거리는 행동은 운전 중 문자 메시지를 보내는 것이 신변의 안전을 위협하는 것만큼이나 경력의 안전을 해칠 수 있다. '운전 중에는 휴대전화를 내려놓자'는 스티커는 자동차만큼이나 사무실에도 필요하고 유용하다.

임원이 되어 큰 영향력을 가지게 되면 모든 행동이 자신의 메시지가 될 수 있다는 사실을 명심하고 지위에 맞게 행동해야 한다.

'정치 자본'을 최대한 활용하라

임원의 더 큰 영향력에는 항상 더 큰 이해와 기대가 뒤따른다. 더 큰 영향력의 한 가지 이점은 '정치 자본'이 따라온다는 점이다. 그러나 정치 자본은 몸의 근육과 같아서 사용하지 않으면 위축되어 결국 사라진다. 효과적으로 사용하여 동료들과 협력하고 조직에 발전적인 성과를 가져옴으로써 주변의 기대를 충족시켜야 한다.

임원이 되기 전에 이미 책임자의 위치에 있었더라도 임원이 되고 나면 더 짧은 기간에 성과를 올릴 각오를 해야 한다. 굿윌 오브 그레이터 워싱턴의 캐서린 멜로이 사장은 직장 경력의 거의 대부분을 커뮤니케이션 방송업체인 클리어채널의 수석부사장으로 일했다. 그녀는 신임 임원들에게 다음과 같이 조언한다고 말했다.

"당장 조치가 취해질 것으로 기대된다는 점이 예전과 다른 부분이다. 최고 리더가 오늘 어떤 생각을 말하면 오후에 당장 집행되어야 한다. 바로 그것이, 특히 대기업의 손익을 좌우하는 부문의 임원이 되는 사람들이 새겨들어야 할 점이라고 생각한다. '당신은 오늘 나의 목표를 위해 무엇을 했는가?'라는 유머가 있지만, 요즘은 '지난 1분 사이 나의 목표를 위해 무엇을 했는가?'에 가깝다고 할 수 있다. 그런 접근법이 지나치다기보다는 단지 세상 돌아가는 속도가 그만큼 빨라졌을 뿐이다."

임원에게 주어진 역할은 문제를 해결하고 목표를 달성하는 것이다. 그러기 위해서는 오뚝이 같은 회복력과 창의성이 필요하다. 모기지업체의 임원인 폴 맥더모트는 임원으로 일할 때는 문제를 딛고 다시 일어나거나 문제를 우회해서 해결책을 찾아내는 일이 큰 부분을 차지한다고 강조하며 다음과 같이 말했다.

"그게 바로 그 자리에 오른 원동력이다. 엄청난 에너지와 열정을 지닌 사람이라고 주장만 하지 말고 뭔가를 보여줘라. 만사가 자동적으로 척척 들어맞지 않는 환경에 있을 때 가장 힘든 일은 자신의 무능을 탓하지 않고 아직 배울 점이 많다고 인식하는 것이다. 그러면 기회를 찾아내고 마음에 들지 않는 점이 있을 경우 개선할 수 있다. 나는 '문제가 있습니다' 하고 보고하는 데 그치는 사람이 되어서는 안 된다. '문제가 생겼는데 그것을 해결할 만한 3가지 방안이 있습니다. 그중 제가 추천하는 방안은 이것인데, 이유는 다음과 같습니다'라고 말할 수 있어야 한다."

임원이 되면 거의 분명히 모호함과 무기력으로 가득한 상황에 처하게 된다. 그렇다고 가만히 앉아서 다음에 무슨 일이 일어날지 지켜볼 수는 없다. 개선 방안을 찾아내고 동료들과 협력해서 그 방안을 실행에 옮겨야 한다. 그런 임원은 고위 경영진의 명확한 지시가 떨어질 때까지 기다리는 다른 임원들과 차별화된다. 필경 고위 경영진은 어떻게 하라고 지시하지 않는다. 그들은 스스로 알아서 해결하기를 기대한다.

당신이 동료 임원들과 상사에게 자신의 영향력을 이용해 성과를 올리는 사람으로 인식되면 정치 자본이 쌓여 더 많은 일을 성취할 수 있다. 중요한 것은 단지 자신의 성과를 올릴 뿐 아니라 동료와 협력함으로써 그런 성과를 올리는 사람이 되는 것이다. 역학관계를 고려하면 더욱 그렇다. 마이크 래니어는 버라이즌의 임원으로 일할 때 그런 교훈을 얻었다. 나와 가진 인터뷰에서 그는 버라이즌뿐 아니라 어떤 조직에서나 적용되는 경영진의 역학관계를 다음과 같이 묘사했다.

"임원급에서는 누가 성과를 올리고 누가 올리지 못하는지, 그리고 누가 빠르게 출세하는지를 훨씬 더 잘 인식한다. 출세가 빠른 사람이라고 인식되면 동료들로부터 더 많은 지지를 받는 경향이 있다. 상황이 아주 빈번하게 바뀌기 때문에 누가 고위 경영진의 지지를 받는지 재빠르게 인식한다.

누구나 다른 사람을 위해 일할 수 있고, 그것이 어떤 사람에게는 동기 부여 요소가 될 수도 있다. 그런가 하면 고위층에 영향력이 있는 동료가 어떤 일을 추진할 때 당신이 그것을 지지하지 않는 상황이 올 수도 있다. 하지만 그럴 경우 그를 비롯한 동료들은 당신의 지지 없이도 그것을 실현할 방도를 찾을 가능성이 크다. 그 결과 당신은 비협조적인 사람처럼 보이게 된다."

임원으로서 때로는 주도적인 역할을 하고, 때로는 보조 역할을 해야 한다. 사실 어느 쪽이든 회사는 굴러간다. '개들이 짖어도 마차는 굴러간다'는 아랍 속담처럼 나의 역할에 관계없이 회사는 다른 임원들에 의해 운영되어간다.

임원이라면 자신에게 주어진 더 큰 영향력을 최대한 활용하여 목표를 이룰 수 있는 길에 적극 동참해야 한다. 그와 함께 모든 일이 내가 중심이 아니라는 사실을 명심해야 한다. SAIC의 스튜 시어는 이렇게 말했다.

코칭 팁

: 한 문장으로 요약될 수 있는 리더십 유산을 남겨라

20세기의 박학다식한 지식인 클레어 부스가 언젠가 존 F 케네디에게 "위인은 한 문장으로 정의될 수 있다"고 말했다. 거기서 아이디어를 얻은 〈월스트리트저널〉의 칼럼니스트 페기 누난은 에이브러햄 링컨을 가리켜 '북군을 지키고 노예를 해방한 사람'이라고 평했다.

리더로서 남기고 싶은 영향이나 유산을 한 문장으로 요약한다면 무엇이라고 말하겠는가? 그 문장을 일상적인 의사결정의 지침으로 어떻게 활용할 수 있겠는가?

"의도적으로 다른 모든 사람들과 거리를 두는 순간 조직이 아니라 개인의 성공이 목표가 된다. 그리고 실패의 길로 들어서게 된다. 그러니 나를 위해 멘토 역할을 해주고 리더 위치로 이끌어준 주위 사람들에게 감사하라. 그리고 이제 다른 모든 사람들을 성공의 길로 이끄는 것이 내 일이라는 사실을 인식해야 한다."

Summary

**자신의 역할에 대한 큰 영향력 관점을 취하고
작은 영향력 관점을 버리는 10가지 비결**

1 임원 직함을 달게 되면 자동적으로 위상이 높아지고 모든 말과 행
   동의 영향이 커진다는 사실을 명심하라.

2 유머의 역학관계가 바뀔 수 있다. 농담을 던지기 전에 상대방의 입
   장에서 생각하라.

3 부하직원들 앞에서 무심코 말하는 데서 비롯되는 의도하지 않은 결
   과를 피하라.

4 자신의 견해를 강하게 제시하는 태도에서 한 발 물러나 부하직원들
   의 피드백을 장려하라.

5 직원들과 자주 접하고 대화를 가짐으로써 회사 문화의 외교관이 되
   어야 한다. 만날 동안에는 그들의 말에 귀를 기울여야 한다.

6 자신의 생각과 다른 말이나 행동에 곧바로 반응하기보다는 감정을
   억제하고 냉철하게 대처하라.

7   특정 사안에 대해 자신이 옳음을 입증하려 하기보다 동료들과 함께
    효과적인 결과를 도출하는 선택을 하라.

8   임원은 대외적으로 자신이 속한 조직의 대표자이기 때문에 자신의
    행동과 외모를 통해 전달되는 메시지가 결국에는 온라인에 공개된
    다고 가정해야 한다. 지위에 맞게 처신하라.

9   임원으로서의 영향력으로 정치 자본을 키워 성과를 올려라.

10 무엇을 하라는 지시를 기다리지 말고 어떻게든 일을 해내려고 함께
    노력하는 그룹의 일원이 되라.

전략적으로 선택하라

임원으로서 성공하는 데 가장 중요한 것이 '전략적 선택'이다. 따라서 전략적 선택을 할 수 있는 기술이 필요하다. 이 책을 쓰려고 내가 인터뷰한 사람들의 이야기와 리더십 코치로서 내가 코칭한 고객들의 삶을 살펴보면 한 가지 공통된 성공 주제가 있다. 임원에게 필요한 행동과 믿음을 취하고 그동안 도움이 된 행동이나 믿음을 버리는 용기가 무엇보다 중요하다는 것이다. 어떻게 해야 할까? 한발 뒤로 물러서서 이렇게 자문해보라.

'내가 하려는 일 또는 성취하려는 목표를 생각할 때 이런 행동이나 믿음이 나에게 도움이 되는가?'

아인슈타인은 '늘 하던 식으로 똑같이 일하면서 다른 결과를 기대하는 것이 바로 정신이상'이라고 말했다. 물론 변화의 회오리바람이 몰아치는 속에서 뒤로 물러나 앞으로도 계속 지켜가야 할 것과 시급히 바꿔야 할 것을 판단하기란 쉽지 않다. 하지만 변화에 적절하게 대처하고 미지의 영역을 잘 헤쳐나가는 사람들은 아무리 상황이 어렵다고 해도 시간을 가지고 무엇이 효과적이고 비효과적인지를 전략적으로 평가한다. 그런 다음 그 결과를 자신의 경력만이 아니라 인생 전체에까지 적용한다.

이 책은 미지의 영역을 헤쳐나가야 하는 임원으로서 성공하기 위해 취하고 버려야 할 행동과 믿음에 관해 상당히 구체적인 통찰력과 조언을 제공한다. 그러나 구체적이고 세부적인 사항 때문에 더 큰 그림을 못 보는 상황을 초래해서는 안 된다. 큰 그림에서 무엇을 취하고 버릴지를 결정하는 전략적 선택의 기술이 그래서 중요하다.

우리에게는 이제 미지의 영역으로 들어가 불완전한 정보를 바탕으로 중요한 선택을 해야 하는 상황이 인생의 예외가 아닌 규칙으로 자리 잡았다. 다시 말해서 우리 각자는 실행을 통해 배우고, 결과를 모니터하고, 필요한 경우 행동을 수정함으로써 미지의 영역에서 전진할 절호의 기회를 맞을 수 있다. 또한 새로운 도전을 요구하는 불확실한 순간에는 자신의 핵심 강점에 의존함으로써 자신감을 가질 수 있다. 자신을 평가하고, 취하고 버릴 것을 현명하게 선택하고 전진하는 용기는 자신이 최상의 상태일 때 어떠한지를 정확히 이해하는 데서 비롯된다.

3장에서 Life GPS®라는 도구를 소개했다. 자신이 최상의 상태일 때 보이는 특성을 확인하고, 일상적인 훈련을 통해 그 특성을 강화하며, 자신의 핵심 특성을 가장 중요한 결과의 성취에 활용할 수 있도록 해주는 도구다. 시간적 여유가 없어서 아직 자신의 Life GPS®를 만들지 않았다면 바로 지금 다시 3장을 읽고 자신만의 도구를 만들어볼 것을 강력 추천한다.

이미 언급한 대로 Life GPS®는 우리 각자가 독특한 개성을 가진 존재로서 경험, 기술, 특성이 천차만별이며, 그런 개성이 특정 시기에 우리가 직면하는 과제나 도전만이 아니라 인생 전체에 중대한 영향을 미친다는 생각을 바탕으로 만들어졌다. 우리는 누구나 최상의 상태일 때는 닥치는 도전을 거뜬히 극복할 수 있다. 과감히 미지의 영역도 개척할 수 있다. 당신도 과거에 그런 경험이 있을 것이다. 그리고 앞으로 다시 그럴 수 있다. 당신은 어느 누구와도 다른 개성적 존재이며, 그 개성에서 나오는 가장 좋은 면을 당신이 하는 모든 일에 활용할 기회를 매일매일 갖고 있는 것이다.

나는 우디 앨런의 영화 〈애니 홀〉의 한 장면만큼은 결코 잊을 수 없다. 애니와의 관계가 막다른 골목에 이르자 앨런은 카메라를 뚫어지게 쳐다보며 이렇게 말한다.

"내 생각에 인간관계란 상어와 같아. 상어는 계속 전진하지 않으면 죽거든. 근데 말이야, 지금 우리의 관계가 죽은 상어야."

인생도 마찬가지가 아닐까? 전진하면서 다음 단계로 넘어가는 것이 인생 아닐까?

《구약성서》시편에 "주의 말씀은 내 발에 등이요 내 길에 빛이나이다"라는 구절이 있다. 이는 우리가 다음 발걸음을 떼는 데 필요한 정보와 지식, 지혜가 충분히 주어지리라는 약속을 의미한다. 물론 정면을 3km 이상까지 비춰주는 고성능 할로겐 조명등이 있다면 문제없겠지만, 우리에게 주어진 것은 몇 걸음 앞까지만 밝혀주는 등불이다. 하지만 가만히 삶을 돌이켜보면 그런 등불 하나로 충분한 경우가 많았다는 사실을 깨달을 것이다. 미지의 영역으로 들어갈 때에도 한 걸음 한 걸음 찬찬히 발을 옮겨야 한다. 그렇게 발걸음을 하나씩 떼어가면서 무엇이 도움이 되고 방해가 되는지 깨닫는 의식을 발전시켜야 한다. 그래서 도움이 되는 것을 취하고, 새로운 기술과 마음가짐을 받아들일 자세를 갖고, 이전에는 도움이 되었지만 더는 쓸모가 없는 행동과 믿음을 과감히 버릴 수 있어야 한다.

아무도 머나먼 앞길에 놓인 모든 것을 볼 수는 없다. 우리가 가진 것이라곤 우리가 최상의 상태일 때 나타나는 특성을 바탕으로 전진하면서 그 특성을 활용하여 중요한 결과를 만들어낼 수 있는 기회가 전부다. 지형이 어떠하든 그다음의 영역으로 나아가려면 그 기회를 최대한 살려야 한다.

성공하는 임원의 석세스 플랜
(Executive Success Plan™, ESP™)

임원으로서 성공할 수 있는 검증된 방법 중 하나는 동료에게 피드백을 요청하고 그에 따라 마음가짐이나 행동을 고치는 것이다. 임원이라는 '넥스트 레벨'로 이동하면서 동료 피드백의 가치를 극대화하려면 '임원으로서의 성공 계획(ESP™)'을 세우는 프로세스를 활용하는 것이 바람직하다. ESP™을 독자적으로 만들 수도 있지만, 많은 임원들에 따르면 경험 많은 코치의 도움을 받는 것이 효과적이다. 노련한 임원 코치는 ESP™ 작성에 도움을 줄 수 있을 뿐 아니라 전반적인 프로세스의 수준을 높여주는 객관적인 지침과 관점을 제공할 수 있다.

스텝 1. **피드백팀을 선정하라**

피드백을 받고 싶은 믿을 만한 동료 10~20명을 선정하라. 부하직원, 동료, 그리고 조직에서 더 높은 지위에 있는 사람들이 고루 섞여야 한다. 당신의 상사도 반드시 포함되어야 한다.

스텝 2. **피드백을 요청하라**

피드백팀의 일원들을 일대일로 만나 '넥스트 레벨' 모델을 설명하라. 그 모델의 요소 중 어떤 것(두세 가지)이 당신이 임원으로서 성공하는 데 가장 중요한지 질문하라.

이 모델에서 당신의 성공에 가장 중요하게 인식되는 두세 가지 요소와 관련하여 동료들에게 당신이 최상의 상태일 때 나타내는 행동이나 특성이 무엇인지 질문하라. 그들의 답변을 메모해서 임원으로서 더욱 강화할 수 있는 특장이 무엇인지 확인하라.

	취할 것	버릴 것
개인으로서의 존재	자신의 존재에 대한 자신감	자신의 기여도에 관한 회의(懷疑)
	에너지와 관점의 주기적 재충전	지쳐 나가떨어질 때까지 전력 질주
	맞춤형 커뮤니케이션	맥락 무시한 획일적인 커뮤니케이션
팀으로서의 존재	팀에 의존하기	자신에게 의존하기
	해야 할 일 정의하기	세세한 실무 지시
	다수의 결과에 총체적 책임지기	일부 결과에 단편적 책임지기
조직 전체로서의 존재	이끌면서 좌우, 대각선 살피기	이끌면서 주로 위아래로 보기
	조직 전체를 밖에서 안으로 보기	역할을 안에서 밖으로 보기
	큰 영향력 관점으로 보기	작은 영향력 관점으로 보기

다시 이 모델에서 당신의 성공에 가장 중요하게 인식되는 두세 가지 요소와 관련하여 동료들에게 조언을 구하라. 예를 들어 팀 의존과 자기 의존 문제를 고민하는 사람 누구에게든 해줄 수 있는 조언이 무엇인지 물어라. 경험에 따르면 그런 식으로 묻는 것이 '팀 의존에서 더 잘하려면 내가 어떻게 해야 할까?'라고 묻는 것보다 더 유익한 답변을 들을 수 있다. 비교적 덜 개인적인 방식으로 질문하면 동료들이 더 솔직한 피드백을 제공한다. 그들의 반응을 메모해서 그 안에서 어떤 패턴이 나오는지 확인하라.

직접 나서기가 어렵다면 코치나 믿을 만한 제3자에게 당신을 대신해서 동료 피드백을 구하도록 하라. 여기에는 동료들과의 비공개 면담 또는 360도 다면 진단도 포함될 수 있다. 이렇게 피드백을 얻으면 결과가 좀 더 객관적일 수 있으며, 동료들로부터 더 솔직한 피드백을 이끌어낼 수 있다. 아울러 노련한 코치라면 피드백 데이터에서 당신이 인식하지 못하는 패턴을 찾아낼 수도 있다.

스텝 3. 피드백을 분석하라

피드백 대화 중에 기록한 메모를 분석하라. 당신의 특장에 관한 주요 주제와 개선 방안의 종합 리스트를 만들어라.

스텝 4. 효과가 더 클 수 있는 기회를 선택하라

당신의 특장을 새로운 사람들이나 방식에 적용할 수 있는 기회를 찾아라.

특히 어떤 점을 개선했을 때 임원으로 성공하는 데 가장 큰 파급 효과를 낼 수 있는지를 파악하라.

스텝 5. 당신이 내린 결론을 동료들에게 알리고 타당한지 확인하라

당신이 내린 결론을 피드백팀과 상의하라. 강점과 발전 기회에 관해 결론의 타당성을 그들과 논의하라. 당신의 주요 강점을 활용하는 방법에 관해 구체적인 아이디어가 있는지 물어보라. 아울러 효과가 클 수 있는 발전 기회를 활용하는 것에 대해 다른 사람이라면 어떻게 더 나은 결과를 얻을 수 있을지 한두 가지 의견을 구하라. 예를 들어 효과적인 권한 위임이 당신의 발전 기회 중 하나라면 그들에게 이렇게 질문하다. "권한 위임을 효과적으로 하려는 사람 누구에게나 도움을 줄 만한 좋은 방안은 무엇인가?" 그에 대한 답변의 요지를 메모하고 거기서 나타나는 패턴을 확인하라. 더 효과적인 권한 위임의 방안을 10명에게 물었을 때 후속 조치를 위한 체크리스트를 만드는 것이라는 답변이 네댓 번 나왔다면 바로 그것이 당신이 채택해야 할 방법일 가능성이 크다.

스텝 6. 실행에 옮겨야 할 행동을 선별하라

메모를 토대로 '개선 방안' 리스트를 만들어 각각의 내용을 검토한 뒤 향후 90일에서 150일 동안 꾸준히 할 의향이 있는 한두 가지 행동을 선별하라. 예를 들어 권한 위임의 효과를 개선할 수 있는 행동은 당신이 위임한 일의 결과를 팀과 함께 확인하는 정기적인 대화 시간을 갖는 것이 될 수 있다.

스텝 7. **행동 개선 노력에 피트백팀을 참여시켜라**

피드백팀 모두에게 당신이 고치려고 노력하는 행동이 무엇인지 알리고 그들에게 어떤 방식으로 노력하면 좋을지 지속적인 조언을 구하라. 그리고 당신이 특정 행동을 잘하는지 못하는지 계속 지켜보고 이야기해달라고 요청하라.

매주 피드백팀의 두세 명에게 당신이 고치려고 애쓰는 행동 중 적어도 한 가지에 대해 진척도가 어떤지 간단히 평가해달라고 요청하라. 업무회의가 끝난 직후 간단한 피드백을 요청하는 것도 좋다.

스텝 8. **당신의 전반적인 진척도를 확인하라**

예정된 90일 또는 150일이 끝나면 피드백팀 각자에게 당신의 진척도를 평가해달라고 요청하라. 긍정적인 변화가 있었는가? 아무런 변화를 감지하지 못했는가? 아니면 오히려 퇴보했는가? 당신이 열심히 노력했다면 긍정적인 변화가 있다는 평가를 받을 것이 틀림없다. 그리고 당신의 특장과 기회를 더 많이 발휘하고 활용할 수 있는 추가적인 아이디어가 있는지 그들에게 물어보라. 추가적인 아이디어가 없으면 당신이 임원으로서의 발전을 위해 노력했으면 좋겠다고 생각하는 다른 사안이 있는지 물어보라.

스텝 9. **전반적인 결과를 평가하고 다음 단계를 선택하라**

피드백팀의 평가를 당신의 원래 상태를 나타낸 데이터와 비교한 뒤 당신이 다음 단계로 초점을 맞춰야 할 사안이 무엇인지 결정하라. 새로운 사안이 있다면 ESP™ 프로세스의 스텝 4부터 스텝 8까지를 되풀이하라. 개선해야 할 사안이 따로 없으면 지금까지 해온 방식대로 계속 노력하라. 동료들에게 당신의 현재 상태와 개선할 점에 관해 자주 피드백을 요청하는 일도 거기에 포함된다. 조직이 별도의 기회를 제공하지 않는다면 당신 스스로 제대로 하고 있는지 확인하기 위해 적어도 1년에 한 번은 심층적인 동료 피드백을 요청하는 계획을 세우는 것이 바람직하다.

문제 해결 맞춤형 가이드
(Situation Solutions Guide)

임원 생활을 하다 보면 회사를 옮기거나 혁신을 위한 파괴적 변화를 이끌어야 하는 등의 어느 정도 예측할 수 있는 문제 상황에 놓일 때가 있다. 이와 관련하여 임원들이 직면하는 가장 흔한 상황과 그에 상응하는 솔루션을 표로 정리했다. 물론 각 솔루션의 내용은 이 책의 각 장에서 자세히 소개되었다. 좀 더 확실한 복습을 원하는 독자들을 위해 솔루션이 설명된 장을 별도로 표시했다.

상황	솔루션	관련 장
처음 임원으로 승진했다	1. 조직과 임원진의 문화 규범을 따르는 동료로서 행동하라.	2
	2. 임원 간 토의와 의사결정 과정에서 가치를 부가하는 관점을 제시하려고 노력하라.	2
	3. 특별히 시간을 할애해서 자신의 최선을 이끌어낼 수 있는 습관과 행동을 정립하고 연습을 통해 정착시켜라.	3
	4. 동료 임원이나 상사, 팀과의 대화에서 자신이 말하는 시간과 듣는 시간의 비율이 어떤지 늘 신경 쓰면서 말하기보다 듣기에 비중을 두려고 노력하라.	4
	5. 당신과 상사가 효과적으로 정보를 주고받을 수 있는 정기적인 대화 시간을 마련하라.	4
	6. 팀의 우수한 실적을 적극 홍보하고 당신의 상사가 그 정보를 동료 그리고 고위 경영진과 공유할 수 있는 기회를 만들어라.	4
	7. 당신의 생각이나 행동 계획을 성급하게 제시하지 말고, 고위 경영진의 관심사와 우선순위를 충분히 인지한 다음 생각을 정리해서 의견을 개진하라.	4
	8. '임원으로서 내가 가진 관점과 자원을 고려할 때 오직 나만 할 수 있는 일은 무엇인가?'라는 질문을 자주 던져 당신이 조직에 가치를 부가할 수 있는 최선의 방법을 찾아라.	5
	9. 조직이 당신과 팀에 기대하는 큰 그림(대승적 관점)의 결과를 분명히 인식하라.	6
	10. 조직이 임원에게 기대하는 것은 비즈니스가 최우선이며 기능적인 일은 두 번째라는 사실을 명심하라.	9
임원에서 더 고위직으로 승진했다	1. 아무리 노력해도 갖고 싶은 정보를 다 얻기는 불가능하다. 그런 점을 명심하고 불완전한 정보로도 행동에 들어갈 준비를 하라.	2
	2. 정기적인 재충전 시간을 일정에 넣어 쉴 새 없이 일하는 순환의 고리를 끊어라.	3
	3. 언제든지 예상치 않은 위기가 발생할 수 있다. 그런 위기는 불가피하게 당신의 노력과 맑은 머리의 사고를 요구한다. 그런 위기를 감안해 어느 정도의 시간을 일정에서 비워두라.	3

318

상황	솔루션	관련 장
	4. '당신은 일 자체가 아니다'라는 점을 명심하라. 일에 매몰되지 말고 객관적이고 균형 잡힌 시각을 유지하라.	3
	5. 상사나 동료, 팀과의 대화에서 자신이 얼마나 많이 말하고 다른 사람의 말은 얼마나 듣는지 그 비율에 신경을 써라. 말하기보다 듣기에 비중을 두려고 노력하라.	4
	6. 견해나 행동 계획을 성급하게 제시하지 말고 고위 임원의 관심사와 우선순위를 충분히 파악한 다음 생각을 정리해서 의견을 개진하라.	4
	7. 자신이 생각하는 주요 이슈와 제안을 단순 명쾌한 표현으로 포장하라. 거기에는 이슈와 제안의 의미와 행동 계획이 포함되어야 한다.	4
	8. 존재감이 존재감을 낳는다는 점을 명심하라. 사람들은 당신이 말하는 내용보다 몸짓언어와 어조에서 더 많은 힌트를 얻는다.	4
	9. 당신이 해낸 일보다는 팀이 성취한 일에서 보람을 찾도록 자신을 훈련시키고 자존심을 다스려라.	5
	10. 결과를 정기적으로 확인하는 시스템을 구축하라.	7
새로운 회사에 임원으로 입사했다	1. 새로 맡은 역할에서 어떻게 하면 성공할 수 있을지 정확히 파악하기 위해 의식적으로 학습 모드로 전환하라.	2
	2. 새로운 조직과 임원진의 문화 규범을 따르는 동료로서 행동하라.	2
	3. 임원 간 토의와 의사결정 과정에서 가치를 부가하는 관점을 제시하려고 노력하라.	2
	4. 자주 바람직한 결과를 떠올리고, 그 결과를 얻으려면 어떻게 행동해야 할지 머릿속에 그려보는 습관을 들여라.	2
	5. 정기적인 재충전 시간을 일정에 넣어 쉴 새 없이 일하는 순환의 고리를 끊어라.	3
	6. 자주 '발코니로 올라가서' 저 아래 '무도장 플로어'에서 무슨 일이 일어나는지 전체 그림을 보면서 리더십 관점을 회복하는 시간을 가져라.	3

상황	솔루션	관련 장
	7. 상사나 동료, 팀과의 대화에서 자신이 얼마나 많이 말하고 다른 사람의 말을 얼마나 듣는지 그 비율에 신경을 써라. 말하기보다 듣기에 비중을 두려고 노력하라.	4
	8. 당신과 상사가 효과적으로 정보를 주고받을 수 있는 정기적인 대화 시간을 마련하라.	4
	9. 프레젠테이션을 하기 전에 참석자들에게 중요한 것이 무엇인지, 그들에게 가장 효과적인 커뮤니케이션 방법은 무엇인지 파악하라.	4
	10. 어떻게 되겠지 하고 기다리지 말고 먼저 결과를 얻어낼 수 있는 팀을 구축하라. 임원 차원의 업무 속도는 매우 빠르기 때문에 부족한 능력을 가진 팀으로서는 그 속도를 따라갈 수 없다.	5
	11. 팀을 평가할 때 이렇게 솔직하게 자문하라. '올바른 팀원들로 구성되어 있는가?' 정직한 대답이 '노'라면 팀원을 신속히 교체하되 존중과 동정심을 가져라.	5
	12. 동료 임원들에게 단답형이 아니라 개방형 질문을 함으로써 관심과 호의를 보이고 친해져라.	8
	13. 상사에게 업무 방식이 아니라 무슨 일을 해야 하는지 목표를 정확히 정해달라고 요구하라.	8
	14. 예상 밖의 일로 불쾌한 경험을 하지 않으려면 조직의 모든 차원에서 일어나는 일을 파악하라.	8
	15. 정보나 자원을 끌어모으거나 혼자서 쌓아두지 말고 협조와 협력을 통해 영향력을 확장하라.	9
	16. 임원들과 함께 성취할 필요가 있는 것이 무엇인지 파악하고, 당신이 거기에 어떻게 기여할 수 있을지 판단하라.	9
	17. 당신의 목표가 조직 전체의 목표에 어떤 영향을 미치는지 자문하면서 더 크게 생각하라.	9
	18. 비즈니스 전체의 핵심 재무지표와 전략을 더 잘 이해하려고 노력하라.	9

상황	솔루션	관련 장
	19. 직원들과 가까이 지내고 그들이 부담 없이 의견을 개진할 수 있도록 친절하게 대하라. 회사 문화의 표본이 되도록 노력하라. 직원들 앞에 자주 모습을 보이되 자신이 말하기보다 그들의 이야기를 많이 들어라.	10
	20. 무엇을 하라는 지시를 기다리지 말고 어떻게든 일을 해내려고 함께 노력하는 그룹의 일원이 되라.	10
주어진 역할을 해낼 수 없다고 느낀다	1. 기능적인 실무 전문가로 인정받아야 편안하다는 생각을 버리고 새로운 역할에 익숙해지도록 노력하라.	2
	2. 아무리 노력해도 갖고 싶은 정보를 다 얻기는 불가능하다. 그런 점을 명심하고 불완전한 정보로도 행동에 들어갈 준비를 하라.	2
	3. 목표한 결과를 얻는 데 자신이 어떤 기여를 해야 하는지 과거와 달리 판단하라. 자신이 직접 결과를 얻으려고 애쓰지 말고 팀이 그런 결과를 얻어내도록 유도하는 역할을 맡아야 한다.	2
	4. 자신을 최상의 상태로 일하지 못하게 방해하는 요인이 무엇인지 확인하고 그 방해를 최소한으로 줄여라.	2
	5. 자주 바람직한 결과를 떠올리고 그 결과를 얻으려면 어떻게 행동해야 할지 머릿속에 그려보는 습관을 들여라.	2
	6. 정기적인 재충전 시간을 일정에 넣어 쉴 새 없이 일하는 순환의 고리를 끊어라.	3
	7. 자주 '발코니로 올라가서' 저 아래 '무도장 플로어'에서 무슨 일이 일어나는지 전체 그림을 보면서 리더십 관점을 회복하는 시간을 가져라.	3
	8. 언제든지 예상치 않은 위기가 발생할 수 있다. 그런 위기는 불가피하게 당신의 노력과 맑은 머리의 사고를 요구한다. 그런 위기를 감안해 어느 정도의 시간을 일정에서 비워두라.	3
	9. '당신은 일 자체가 아니다'라는 점을 명심하라. 일에 매몰되지 말고 객관적이고 균형 잡힌 시각을 유지하라.	3
	10. 존재감이 존재감을 낳는다는 점을 명심하라. 사람들은 당신이 말하는 내용보다 몸짓언어와 어조에서 더 많은 힌트를 얻는다.	4

상황	솔루션	관련 장
	11. 팀을 평가할 때 이렇게 솔직하게 자문하라. '올바른 팀원들로 구성되어 있는가?' 정직한 대답이 '노'라면 팀원을 신속히 교체하되 존중과 동정심을 가져라.	5
	12. '임원으로서 내가 가진 관점과 자원을 고려할 때 오직 나만 할 수 있는 일은 무엇인가?'라는 질문을 자주 던져 당신이 조직에 가치를 부가할 수 있는 최선의 방법을 찾아라.	5
	13. 임원은 'What'의 관리자이지 'How'의 달인이 아니라는 점을 명심하라.	6
	14. How에 개입하고 싶은 충동을 느낄 때는 '이런 일에 내 시간을 할애함으로써 더 나은 결과가 나올까?'라는 질문을 자신에게 던져라.	6
	15. 당신이 직접 실무에 개입하지 않으면서도 결과의 질적 수준을 제고할 수 있는 간단한 제어장치를 만들어 실행하라.	6
	16. 당신이 해낸 일보다는 팀이 성취한 일에서 보람을 찾도록 자신을 훈련시키고 자존심을 다스려라.	7
	17. 모든 결과에 개인적인 책임을 지려는 생각을 버려라.	7
	18. 당신의 열정과 에너지를 편협한 기능적 관심사에서 더 넓은 전략적 영역으로 옮겨라.	7
	19. 평소에 자신이 자주 하는 질문이 무엇인지 살펴보라. 그러면 자신이 폭넓은 책임이라는 전략적 영역에서 일하는지 일부의 결과에 개인적인 책임을 지는 전술적 영역에서 일하는지 파악할 수 있다.	7
	20. 임원에게 떨어지는 더 큰 문제를 해결하기 위해 동료 임원들과 협력할 수 있는 방법을 찾아라.	8
혁신을 위해 파괴적 변화를 이끌어야 하는 입장에 처했다	1. 새로 맡은 역할에서 어떻게 하면 성공할 수 있을지 정확히 파악하기 위해 의식적으로 학습 모드로 전환하라.	2
	2. 아무리 노력해도 갖고 싶은 정보를 다 얻기는 불가능하다. 그런 점을 명심하고 불완전한 정보로도 행동에 들어갈 준비를 하라.	2
	3. 임원 간 토의와 의사결정 과정에서 가치를 부가하는 관점을 제시하려고 노력하라.	2

상황	솔루션	관련 장
	4. 자주 바람직한 결과를 떠올리고 그 결과를 얻으려면 어떻게 행동해야 할지 머릿속에 그려보는 습관을 들여라.	2
	5. 자주 '발코니로 올라가서' 저 아래 '무도장 플로어'에서 무슨 일이 일어나는지 전체 그림을 보면서 리더십 관점을 회복하는 시간을 가져라.	3
	6. 언제든지 예상치 않은 위기가 발생할 수 있다. 그런 위기는 불가피하게 당신의 노력과 맑은 머리의 사고를 요구한다. 그런 위기를 감안해 어느 정도의 시간을 일정에서 비워두라.	3
	7. 프레젠테이션을 할 때 사고와 느낌, 행동 면에서 참석자들의 상태가 어떤지, 그들을 어떤 방향으로 이끄는 것이 좋을지를 고심하라.	4
	8. 자신이 얼마나 많이 말하고 다른 사람의 말은 얼마나 듣는지 그 비율에 신경을 써라. 말하기보다 듣기에 비중을 두려고 노력하라.	4
	9. 자신이 생각하는 주요 이슈와 제안을 단순 명쾌한 표현으로 포장하라. 거기에는 그런 이슈와 제안의 의미와 행동 계획이 포함되어야 한다.	4
	10. 임원의 관점에서 팀에게 요구하고 그 결과를 해석함으로써 당신의 부가가치를 높여라.	4
	11. 팀에 바람직한 목표를 명확히 정의하고 모든 팀원에게 주지시키는 데 초점을 맞춰라.	5
	12. 조직이 당신과 팀에 기대하는 큰 그림(대승적 관점)의 결과를 분명히 인식하라.	5
	13. 자주 뒤로 물러서서 현 시점에서 무슨 일을 해야 할지, 현재까지의 진척도는 어느 정도인지 재평가하라.	6
	14. 동료 임원들과 자주 회합을 갖고 정보를 교환하고 서로의 상황을 이해함으로써 신뢰를 쌓아라.	6
	15. 예상 밖의 일로 불쾌한 경험을 하지 않으려면 조직의 모든 차원에서 일어나는 일을 파악하라.	8
	16. 당신의 목표가 조직 전체의 목표에 어떤 영향을 미치는지 자문하면서 더 크게 생각하라.	8

상황	솔루션	관련 장
	17. 당신의 팀원들과 '관점 이전'을 연습하라. 그래야 그들도 승진했을 때 주어진 역할에 무난히 적응할 수 있다.	9
	18. 자신의 생각과 운영 방식에 자주 의문을 던짐으로써 끊임없이 변하는 외부 환경에 적응하라.	9
	19. 외부 네트워크를 구축하여 시야를 넓혀라.	9
	20. 임원이라는 직함만으로 당신의 존재감이 커지고 모든 언행이 이전보다 더 큰 영향력을 갖는다는 사실을 명심하라.	9
	21. 지위가 달라지면 농담의 효과도 달라진다. 농담을 건네기 전에 부하직원의 입장을 감안하라.	10
	22. 부하직원들 면전에서 현재로서는 생각만으로 그쳐야 할 자신의 의중을 드러내어 의도치 않은 결과가 나오지 않도록 신중을 기하라.	10
	23. 부하직원들에게 자신의 관점을 전하되 강요하지 말고 피드백을 하도록 격려하라.	10
	24. 직원들과 가까이 지내고 그들이 부담 없이 의견을 개진할 수 있도록 친절하게 대하라. 회사 문화의 표본이 되도록 노력하라. 직원들 앞에 자주 모습을 보이되 말하기보다 그들의 이야기를 많이 들어라.	10
	25. 임원 신분에 수반되는 자본을 최대한 활용하여 목표를 달성할 수 있는 정치 자본을 쌓아라.	10
동료 임원과 갈등을 겪는다	1. 임원의 차원에서는 독자적 행동보다는 상호 의존에 성공 여부가 달렸다는 사실을 명심하라.	8
	2. 동료 임원들에게 단답형이 아닌 개방형 질문을 함으로써 관심과 호의를 보이고 친해져라.	8
	3. 동료 임원들과 자주 회합을 갖고 정보를 교환하고 서로의 상황을 이해함으로써 신뢰를 쌓아라.	8
	4. 동료들과 협력관계를 구축하려면 자신의 입장을 내세우는 논쟁을 피하고 서로의 내재적인 이해관계를 이해하려고 노력하라.	8
	5. 동료들과의 협력관계에서 도움을 주고받는 비율이 동등하게 균형이 맞도록 노력하라.	8

상황	솔루션	관련 장
	6. 정보나 자원을 끌어모으거나 혼자서 쌓아두지 말고 협조와 협력을 통해 당신의 영향력을 확장하라.	9
	7. 전체의 이익을 위해 자신이 가진 핵심 자원을 희생하거나 다른 사람에게 넘겨주어야 할 시점을 올바로 판단하라.	9
	8. 자신이 파이의 가장 큰 조각을 차지하려고 하지 말고 파이 전체의 크기를 키우는 데 초점을 맞춰라.	9
	9. 자신이 동의하지 않는 행동이나 노력에 반발하기보다 감정을 자제하고 객관적인 반응을 보여라.	10
	10. 특정 사안에서 자신이 옳다는 점을 입증하려는 욕구를 자제하고 동료들과 함께 좋은 결과를 얻으려고 노력하라.	10
상사가 바뀌었다	1. 임원 간 토의와 의사결정 과정에서 가치를 부가하는 관점을 제시하려고 노력하라.	2
	2. 잘못된 결정이 내려질 수 있다고 생각되면 자신의 직감을 믿고 과감하게 반대 의견을 개진하라.	2
	3. 당신과 상사가 효과적으로 정보를 주고받을 수 있는 정기적인 대화 시간을 마련하라.	4
	4. 팀의 우수한 실적을 적극 홍보하고 당신의 상사가 그 정보를 동료, 그리고 고위 경영진과 공유할 수 있는 기회를 만들어라.	4
	5. 동료 임원들이 진척 상황과 해결해야 할 문제점을 이해할 수 있도록 자신이 얻은 결과를 투명하게 공개하라.	4
	6. 프레젠테이션을 하기 전에 참석자들에게 중요한 것이 무엇인지, 그들에게 가장 효과적인 커뮤니케이션 방법은 무엇인지 파악하라.	4
	7. 상사에게 업무 방식이 아니라 무슨 일을 해야 하는지 목표를 정확히 정해달라고 요구하라.	8
	8. 자신이 동의하지 않는 행동이나 노력에 반발하기보다 감정을 자제하고 객관적인 반응을 보여라.	10
	9. 무엇을 하라는 지시를 기다리지 말고 어떻게든 일을 해내려고 함께 노력하는 그룹의 일원이 되라.	10

상황	솔루션	관련 장
준비되지 않은 상황에서 새로운 리더십 역할을 맡았다	1. 360도 다면 진단과 성격 및 스타일 평가에 기초한 코칭을 통해 자신이 최상의 상태일 때 어떤 역량을 발휘할 수 있는지 정확히 파악하라.	2
	2. 기능적인 실무 전문가로 인정받아야 편안하다는 생각을 버리고 새로운 역할에 익숙해지도록 노력하라.	2
	3. 새로 맡은 역할에서 어떻게 하면 성공할 수 있을지 정확히 파악하기 위해 의식적으로 학습 모드로 전환하라.	2
	4. 아무리 노력해도 갖고 싶은 정보를 다 얻기는 불가능하다. 그런 점을 명심하고 불완전한 정보로도 행동에 들어갈 준비를 하라.	2
	5. 조직과 임원진의 문화 규범을 따르는 동료로서 행동하라.	2
	6. 자신을 최상의 상태로 일하지 못하게 방해하는 요인이 무엇인지 확인하고 그 요인을 최소한으로 줄여라.	2
	7. 자주 바람직한 결과를 떠올리고 그 결과를 얻으려면 어떻게 행동해야 할지 머릿속에 그려보는 습관을 들여라.	2
	8. 정기적인 재충전 시간을 일정에 넣어 쉴 새 없이 일하는 순환의 고리를 끊어라.	3
	9. 자주 '발코니로 올라가서' 저 아래 '무도장 플로어'에서 무슨 일이 일어나는지 전체 그림을 보면서 리더십 관점을 회복하는 시간을 가져라.	3
	10. 특별히 시간을 할애하여 자신의 최선을 끌어낼 수 있는 습관과 행동을 정립하고 연습을 통해 정착시켜라.	3
	11. 당신과 상사가 효과적으로 정보를 주고받을 수 있는 정기적인 대화 시간을 마련하라.	4
구조조정과 감원 상황에서 팀을 이끌어야 한다	1. 아무리 노력해도 갖고 싶은 정보를 다 얻기는 불가능하다. 그런 점을 명심하고 불완전한 정보로도 행동에 들어갈 준비를 하라.	2
	2. 임원 간 토의와 의사결정 과정에서 가치를 부가하는 관점을 제시하려고 노력하라.	2
	3. 자주 바람직한 결과를 떠올리고 그 결과를 얻으려면 어떻게 행동해야 할지 머릿속에 그려보는 습관을 들여라.	2

상황	솔루션	관련 장
	4. 자신이 동의하지 않는 행동이나 노력에 반발하기보다 감정을 자제하고 객관적인 반응을 보여라.	2
	5. 자주 '발코니로 올라가서' 저 아래 '무도장 플로어'에서 무슨 일이 일어나는지 전체 그림을 보면서 리더십 관점을 회복하는 시간을 가져라.	3
	6. 언제든지 예상치 않은 위기가 발생할 수 있다. 그런 위기는 불가피하게 당신의 노력과 맑은 머리의 사고를 요구한다. 그런 위기를 감안해 어느 정도의 시간을 일정에서 비워두라.	3
	7. 특별히 시간을 할애하여 자신의 최선을 끌어낼 수 있는 습관과 행동을 정립하고 연습을 통해 정착시켜라.	3
	8. 프레젠테이션을 할 때 사고와 느낌, 행동 면에서 참석자들의 상태가 어떤지, 그들을 어떤 방향으로 이끄는 것이 좋을지를 고심하라.	4
	9. 상사나 동료, 팀과의 대화에서 자신이 얼마나 많이 말하고 다른 사람의 말을 얼마나 듣는지 그 비율에 신경을 써라. 말하기보다 듣기에 비중을 두려고 노력하라.	4
	10. 커뮤니케이션에서 소매와 도매식 접근법을 적절히 혼합하라.	4
	11. 팀의 우수한 실적을 적극 홍보하고 당신의 상사가 그 정보를 동료, 그리고 고위 경영진과 공유할 수 있는 기회를 만들어라.	4
	12. 팀을 평가할 때 이렇게 솔직하게 자문하라. '올바른 팀원들로 구성되어 있는가?' 정직한 대답이 '노'라면 팀원을 신속히 교체하되 존중과 동정심을 가져라.	5
	13. 팀원들에게 무엇을 해야 하고 왜 해야 하는지 교육하고 팀의 역량을 키우기 위해 '관점 이전'을 연습하라.	5
	14. 팀이 무엇을 해야 하는지, 임원으로서 당신이 언제 어떻게 개입하고 싶은지에 관한 기본 규칙을 모두에게 주지시켜라.	6
	15. 예상 밖의 일로 불쾌한 경험을 하지 않으려면 조직의 모든 차원에서 일어나는 일을 파악하라.	6
	16. 임원이라는 직함만으로 당신의 존재감이 커지고 당신의 모든 언행이 이전보다 더 큰 영향력을 갖는다는 사실을 명심하라.	10

상황	솔루션	관련 장
	17. 지위가 달라지면 농담의 효과도 달라진다. 농담을 건네기 전에 부하직원의 입장을 감안하라.	10
	18. 부하직원들 면전에서 현재로서는 생각만으로 그쳐야 할 자신의 의중을 드러내어 의도치 않은 결과가 나오지 않도록 신중을 기하라.	10
	19. 직원들과 가까이 지내고 그들이 부담 없이 의견을 개진할 수 있도록 친절하게 대하라. 회사 문화의 표본이 되도록 노력하라. 직원들 앞에 자주 모습을 보이되 자신이 말하기보다 그들의 이야기를 많이 들어라.	10
옛 동료들을 리더로서 지휘해야 한다	1. 새로 맡은 역할에서 어떻게 하면 성공할 수 있을지 정확히 파악하기 위해 의식적으로 학습 모드로 전환하라.	2
	2. 자신을 최상의 상태로 일하지 못하게 방해하는 요인이 무엇인지 확인하고 그 요인을 최소한으로 줄여라.	2
	3. 프레젠테이션을 할 때 사고와 느낌, 행동 면에서 참석자들의 상태가 어떤지, 그들을 어떤 방향으로 이끄는 것이 좋을지를 고심하라.	4
	4. 업무 대화에서 자신이 얼마나 많이 말하고 다른 사람의 말을 얼마나 듣는지 그 비율에 신경을 써라. 말하기보다 듣기에 비중을 두려고 노력하라.	4
	5. 팀의 우수한 실적을 적극 홍보하고 당신의 상사가 그 정보를 동료, 그리고 고위 경영진과 공유할 수 있는 기회를 만들어라.	4
	6. 믿을 만한 동료에게 임원 차원에서 당신에게 도움이 될 수 있는 당신의 강점이 무엇인지, 억제하고 덜 사용해야 할 당신의 강점은 무엇인지 피드백을 요청하라.	5
	7. 당신이 해낸 일보다 팀이 성취한 일에서 보람을 찾도록 자신을 훈련시키고 자존심을 다스려라.	5
	8. 팀과 경쟁하지 말고 팀의 역량을 강화하기 위해 당신의 에너지를 사용하라.	5
	9. 팀을 평가할 때 이렇게 솔직하게 자문하라. '올바른 팀원들로 구성되어 있는가?' 정직한 대답이 '노'라면 팀원을 신속히 교체하되 존중과 동정심을 가져라.	5

상황	솔루션	관련 장
	10. GRPI 모델을 사용하여 방향을 설정하고 효과적인 팀을 구성하라. '좋은' 팀을 넘어 '위대한' 팀을 만들기 위해 팀워크를 구축하는 데 시간을 투자하라.	5
	11. 팀이 무엇을 해야 하는지, 임원으로서 당신이 언제 어떻게 개입하고 싶은지에 관한 기본 규칙을 모두에게 주지시켜라.	6
	12. 팀의 결과가 나오는 시기와 그에 관한 커뮤니케이션을 전략적으로 관리함으로써 팀의 노력을 지원하라.	7
	13. 성과가 좋을 때는 팀과 함께 공을 나누고, 일이 잘못되었을 때는 혼자서 비난을 감당하라. 목표 달성에 실패했을 때는 빨리 털어버리고 거기서 얻은 교훈을 바탕으로 다음 프로젝트에 착수하라.	7
	14. 팀이 실제 상황을 투명하게 보고해도 아무런 탈이 없다고 느낄 수 있는 프로세스와 틀을 만들어라.	7
	15. 지위가 달라지면 농담의 효과도 달라진다. 농담을 건네기 전에 부하직원의 입장을 감안하라.	10
	16. 부하직원들에게 자신의 관점을 전하되 강요하지 말고 피드백을 할 수 있게 격려하라.	10
까다로운 고위 임원을 위해 일하게 되었다	1. 새로 맡은 역할에서 어떻게 하면 성공할 수 있을지 정확히 파악하기 위해 의식적으로 학습 모드로 전환하라.	2
	2. 아무리 노력해도 갖고 싶은 정보를 다 얻기는 불가능하다. 그런 점을 명심하고 불완전한 정보로도 행동에 들어갈 준비를 하라.	2
	3. 임원 간 토의와 의사결정 과정에서 가치를 부가하는 관점을 제시하려고 노력하라.	2
	4. 자신을 최상의 상태로 일하지 못하게 방해하는 요인이 무엇인지 확인하고 그 요인을 최소한으로 줄여라.	2
	5. 자주 바람직한 결과를 떠올리고 그 결과를 얻으려면 어떻게 행동해야 할지 머릿속에 그려보는 습관을 들여라.	2
	6. 잘못된 결정이 내려질 수 있다고 생각되면 자신의 직감을 믿고 과감하게 반대 의견을 개진하라.	2
	7. 정기적인 재충전 시간을 일정에 넣어 쉴 새 없이 일하는 순환의 고리를 끊어라.	3

상황	솔루션	관련 장
	8. 자주 '발코니로 올라가서' 저 아래 '무도장 플로어'에서 무슨 일이 일어나는지 전체 그림을 보면서 리더십 관점을 회복하는 시간을 가져라.	3
	9. 특별히 시간을 할애하여 자신의 최선을 끌어낼 수 있는 습관과 행동을 정립하고 연습을 통해 정착시켜라.	3
	10. '당신은 일 자체가 아니다'라는 점을 명심하라. 일에 매몰되지 말고 객관적이고 균형 잡힌 시각을 유지하라.	3
	11. 프레젠테이션을 할 때 사고와 느낌, 행동 면에서 참석자들의 상태가 어떤지, 그들을 어떤 방향으로 이끄는 것이 좋을지를 고심하라.	3
	12. 당신과 상사가 효과적으로 정보를 주고받을 수 있는 정기적인 대화 시간을 마련하라.	4
	13. 팀의 우수한 실적을 적극 홍보하고 당신의 상사가 그 정보를 동료, 그리고 고위 경영진과 공유할 수 있는 기회를 만들어라.	4
	14. 조직이 당신과 팀에 기대하는 큰 그림(대승적 관점)의 결과를 분명히 인식하라.	6
	15. 조직 안에서 기대되는 격식이나 상식의 수준에 맞춰라.	8
새로운 조직을 만들거나 신사업을 시작했다	1. 목표한 결과를 얻는 데 자신이 어떤 기여를 해야 하는지 과거와 달리 판단하라. 자신이 직접 결과를 얻으려고 애쓰지 말고 팀이 그런 결과를 얻어내도록 유도하는 역할을 맡아야 한다.	2
	2. 언제든지 예상치 않은 위기가 발생할 수 있다. 그런 위기는 불가피하게 당신의 노력과 맑은 머리의 사고를 요구한다. 그런 위기를 감안해 어느 정도의 시간을 일정에서 비워두라.	3
	3. 커뮤니케이션에서 소매와 도매식 접근법을 적절히 혼합하라.	4
	4. 당신과 상사가 효과적으로 정보를 주고받을 수 있는 정기적인 대화 시간을 마련하라.	4
	5. 동료 임원들이 진척 상황과 해결해야 할 문제점을 이해할 수 있도록 자신이 얻은 결과를 투명하게 공개하라.	4

상황	솔루션	관련 장
	6. 팀에 바람직한 목표를 명확히 정의하고 모든 팀원에게 주지시키는 데 초점을 맞춰라.	5
	7. 팀에 권한을 위임할 때 '만족스러움'이 어떤 수준인지 명확하게 현실적으로 판단하라.	5
	8. GRPI 모델을 사용하여 방향을 설정하고 효과적인 팀을 구성하라. '좋은' 팀을 넘어 '위대한' 팀을 만들기 위해 팀워크를 구축하는데 시간을 투자하라.	5
	9. 자주 뒤로 물러서서 현 시점에서 무슨 일을 해야 할지, 현재까지의 진척도는 어느 정도인지 재평가하라.	6
	10. 팀원들에게 무엇을 해야 하고 왜 해야 하는지 교육하고 팀의 역량을 키우기 위해 '관점 이전'을 연습하라.	6
	11. 팀이 주어진 기회를 활용하고 어려운 문제를 극복하기 위한 새로운 접근법과 해결책을 고안하도록 유도하라.	6
	12. 팀의 결과가 나오는 시기와 그에 관한 커뮤니케이션을 전략적으로 관리함으로써 팀의 노력을 지원하라.	7
	13. 결과를 정기적으로 확인하는 시스템을 구축하라.	7
	14. 정보나 자원을 끌어모으거나 혼자서 쌓아두지 말고 협조와 협력을 통해 당신의 영향력을 확장하라.	9
	15. 전체의 이익을 위해 자신이 가진 핵심 자원을 희생하거나 다른 사람에게 넘겨주어야 할 시점을 올바로 판단하라.	9
	16. 무엇을 하라는 지시를 기다리지 말고 어떻게든 일을 해내려고 함께 노력하는 그룹의 일원이 되라.	10
운영을 담당하는 임원에서 더 높은 역할을 맡게 되었다	1. 360도 다면 평가와 성격 및 스타일 평가에 기초한 코칭을 통해 자신이 최상의 상태일 때 어떤 역량을 발휘할 수 있는지 정확히 파악하라.	2
	2. 기능적인 실무 전문가로 인정받아야 편안하다는 생각을 버리고 새로운 역할에 익숙해지도록 노력하라.	2
	3. 새로 맡은 역할에서 어떻게 하면 성공할 수 있을지 정확히 파악하기 위해 의식적으로 학습 모드로 전환하라.	2
	4. 아무리 노력해도 갖고 싶은 정보를 다 얻기는 불가능하다. 그런 점을 명심하고 불완전한 정보로도 행동에 들어갈 준비를 하라.	2

상황	솔루션	관련 장
	5. 조직과 임원진의 문화 규범을 따르는 동료로서 행동하라.	2
	6. 자주 '발코니로 올라가서' 저 아래 '무도장 플로어'에서 무슨 일이 일어나는지 전체 그림을 보면서 리더십 관점을 회복하는 시간을 가져라.	3
	7. 언제든지 예상치 않은 위기가 발생할 수 있다. 그런 위기는 불가피하게 당신의 노력과 맑은 머리의 사고를 요구한다. 그런 위기를 감안해 어느 정도의 시간을 일정에서 비워두라.	3
	8. 특별히 시간을 할애하여 자신의 최선을 끌어낼 수 있는 습관과 행동을 정립하고 연습을 통해 정착시켜라.	3
	9. '당신은 일 자체가 아니다'라는 점을 명심하라. 일에 매몰되지 말고 객관적이고 균형 잡힌 시각을 유지하라.	3
	10. 동료 임원이나 상사, 팀과의 대화에서 자신이 말하는 시간과 듣는 시간의 비율이 어떤지 늘 신경 쓰면서 말하기보다 듣기에 비중을 두려고 노력하라.	4
	11. 커뮤니케이션에서 소매와 도매식 접근법을 적절히 혼합하라.	4
	12. '임원으로서 내가 가진 관점과 자원을 고려할 때 오직 나만 할 수 있는 일은 무엇인가?'라는 질문을 자주 던져 당신이 조직에 가치를 부가할 수 있는 최선의 방법을 찾아라.	6
	13. 임원은 'What'의 관리자이지 'How'의 달인이 아니라는 점을 명심하라.	6
	14. How에 개입하고 싶은 충동을 느낄 때는 '이런 일에 내 시간을 할애함으로써 더 나은 결과가 나올까?'라는 질문을 자신에게 던져라.	6
	15. 한 차원 높게 생각하면서 일하도록 팀원 모두를 격려하여 팀의 역량을 강화하라.	8
	16. 임원이라는 직함만으로 당신의 존재감이 커지고 당신의 모든 언행이 이전보다 더 큰 영향력을 갖는다는 사실을 명심하라.	10
	17. 지위가 달라지면 농담의 효과도 달라진다. 농담을 건네기 전에 부하직원의 입장을 감안하라.	10

상황	솔루션	관련 장
	18. 부하직원들에게 자신의 관점을 전하되 강요하지 말고 피드백을 하도록 격려하라.	10
	19. 직원들과 가까이 지내고 그들이 부담 없이 의견을 개진할 수 있도록 친절하게 대하라. 회사 문화의 표본이 되도록 노력하라. 직원들 앞에 자주 모습을 보이되 자신이 말하기보다 그들의 이야기를 많이 들어라.	10
업계나 회사, 대리점이 어려움을 겪는다	1. 아무리 노력해도 갖고 싶은 정보를 다 얻기는 불가능하다. 그런 점을 명심하고 불완전한 정보로도 행동에 들어갈 준비를 하라.	2
	2. 임원 간 토의와 의사결정 과정에서 가치를 부가하는 관점을 제시하려고 노력하라.	2
	3. 자신을 최상의 상태로 일하지 못하게 방해하는 요인이 무엇인지 확인하고 그 요인을 최소한으로 줄여라.	2
	4. 자주 바람직한 결과를 떠올리고 그 결과를 얻으려면 어떻게 행동해야 할지 머릿속에 그려보는 습관을 들여라.	2
	5. 잘못된 결정이 내려질 수 있다고 생각되면 자신의 직감을 믿고 과감하게 반대 의견을 개진하라.	2
	6. 정기적인 재충전 시간을 일정에 넣어 쉴 새 없이 일하는 순환의 고리를 끊어라.	3
	7. 자주 '발코니로 올라가서' 저 아래 '무도장 플로어'에서 무슨 일이 일어나는지 전체 그림을 보면서 리더십 관점을 회복하는 시간을 가져라.	3
	8. 언제든지 예상치 않은 위기가 발생할 수 있다. 그런 위기는 불가피하게 당신의 노력과 맑은 머리의 사고를 요구한다. 그런 위기를 감안해 어느 정도의 시간을 일정에서 비워두라.	3
	9. 특별히 시간을 할애하여 자신의 최선을 끌어낼 수 있는 습관과 행동을 정립하고 연습을 통해 정착시켜라.	3
	10. '당신은 일 자체가 아니다'라는 점을 명심하라. 일에 매몰되지 말고 객관적이고 균형 잡힌 시각을 유지하라.	3
	11. 프레젠테이션을 할 때 사고와 느낌, 행동 면에서 참석자들의 상태가 어떤지, 그들을 어떤 방향으로 이끄는 것이 좋을지를 고심하라.	4

상황	솔루션	관련 장
	12. 커뮤니케이션에서 소매와 도매식 접근법을 적절히 혼합하라.	4
	13. 팀의 우수한 실적을 적극 홍보하고 당신의 상사가 그 정보를 동료, 그리고 고위 경영진과 공유할 수 있는 기회를 만들어라.	4
	14. 자신이 생각하는 주요 이슈와 제안을 단순 명쾌한 표현으로 포장하라. 거기에는 그런 이슈와 제안의 의미와 행동 계획이 포함되어야 한다.	4
	15. 동료 임원들이 진척 상황과 해결해야 할 문제점을 이해할 수 있도록 자신이 얻은 결과를 투명하게 공개하라.	4
	16. 팀을 평가할 때 이렇게 솔직하게 자문하라. '올바른 팀원들로 구성되어 있는가?' 정직한 대답이 '노'라면 팀원을 신속히 교체하되 존중과 동정심을 가져라.	5
	17. 팀에 바람직한 목표를 명확히 정의하고 모든 팀원에게 주지시키는 데 초점을 맞춰라.	5
	18. 팀에 권한을 위임할 때 '만족스러움'이 어떤 수준인지 명확하게 현실적으로 판단하라.	5
	19. 결과를 정기적으로 확인하는 시스템을 구축하라.	7
	20. 팀이 실제 상황을 투명하게 보고해도 아무런 탈이 없다고 느낄 수 있는 프로세스와 틀을 만들어라.	7
	21. 예상 밖의 일로 불쾌한 경험을 하지 않으려면 조직의 모든 차원에서 일어나는 일을 파악하라.	8
	22. 전체의 이익을 위해 자신이 가진 핵심 자원을 희생하거나 다른 사람에게 넘겨주어야 할 시점을 올바로 판단하라.	9
	23. 비즈니스 전체의 핵심 재무지표와 전략을 더 잘 이해하려고 노력하라.	9
	24. 자신의 생각과 운영 방식에 자주 의문을 던짐으로써 끊임없이 변하는 외부 환경에 적응하라.	9
	25. 외부 네트워크를 구축하여 시야를 넓혀라.	9
	26. 임원이라는 직함만으로 당신의 존재감이 커지고 당신의 모든 언행이 이전보다 더 큰 영향력을 갖는다는 사실을 명심하라.	10

상황	솔루션	관련 장
	27. 부하직원들 면전에서 현재로서는 생각만으로 그쳐야 할 자신의 의중을 드러내어 의도치 않은 결과가 나오지 않도록 신중을 기하라.	10
	28. 직원들과 가까이 지내고 그들이 부담 없이 의견을 개진할 수 있도록 친절하게 대하라. 회사 문화의 표본이 되도록 노력하라. 직원들 앞에 자주 모습을 보이되 자신이 말하기보다 그들의 이야기를 많이 들어라.	10
	29. 무엇을 하라는 지시를 기다리지 말고 어떻게든 일을 해내려고 함께 노력하는 그룹의 일원이 되라.	10